ちくま文庫

「日本人」力　九つの型

齋藤孝

筑摩書房

目次

「日本人」力　九つの型

「日本人」力とは何だろうか——文庫化に寄せて

✝若者はなぜ傷つきやすくなったのか

この文庫本は約十年前に出版した『日本を教育した人々』（二〇〇七年）と『代表的日本人』（二〇〇八年）の二冊の新書をあわせて一冊にしたものです。文庫化にあたって、書名に「日本人」力を入れたのは、近代日本をつくりあげた人々のパワーこそが「日本人」力であり、私たちはそれを受け継いでいくべきだと考えたからです。

この本には、近代日本をつくりあげた吉田松陰（一八三〇—五九）、福沢諭吉（一八三五—一九〇一）、夏目漱石（一八六七—一九一六）、司馬遼太郎（一九二三—一九九六）の四人の生き方と、与謝野晶子（一八七八—一九四二）、嘉納治五郎（一八六〇—一九三八）、佐藤紅緑（一八七四—一九四九）、斎藤秀三郎（一八六六—一九二九）・秀雄（一九〇二—一九七四）親子、岡田虎二郎（一八七二—一九二〇）の五つの力を取り上げています。

彼らが日本という国をどのようにつくり、次の世代に何を残そうとしたのか、その精神の系譜が日本の歴史を物語っているのではないでしょうか。私の専門は教育学ですが、彼らのパワーと情熱に、未来を生きる人々への教育の意思を感じます。

本文庫に収めた二冊の新書を刊行してから、この十年の間にはさまざまなことがありました。たとえば携帯電話はスマートフォンに替わり、電車の中で本や新聞、雑誌を読む人の姿が消えて、ほぼスマートフォンなどのＩＴ機器を繰る人たちだけになっています。これは二冊の新書を刊行した十年前には想像できないことでした。

その結果、人々はＳＮＳで頻繁に連絡を取り合い、自分の考えを外に向けて発信するようになりました。仲間うちでは大変便利なことですし、誰もが世界中に自分の意見を発表できる力を持てたことは素晴らしいといえます。

この文明の利器をうまく使えば、民主主義という制度をいっそう充実させることも可能でした。しかし実際には若い人たちを中心に疲弊した気分や徒労感が広がり、しばしば心が傷んでしまっているのが現状です。大学で教員をしている私は、日々そうした現実に直面しています。

いまの若い人たちは、ＳＮＳをやって「いいね！」をもらわないと気を病み、その日一日気分がすぐれないようです。あるいはＬＩＮＥで既読のまま返信がないと、それだけで気分が落ち込んでしまう。そのように刻一刻、自分が他者からの評価で揺らいでしまうのです。彼らの揺らぐ脆弱な心を何とかしなければ、彼らはずっと不安定な時を過ごすことになるのです。

自分のことで手一杯な人ばかりの国というのは非常に危険です。

では、なぜ日本人の心がこれほどまでに傷みやすくなってしまったのでしょうか。それは、精神の継承がうまくいっていないからではないでしょうか。

私は精神と心は分けて考えたほうがいいと思っています。精神とは個人のものではなく、伝統として引き継がれていくものです。一方、心は個人のもので、そのときどきで移り変わります。

たとえば「武士道の精神」という場合、その精神は個人のものではありませんし、時が経ってもあまり変わりません。しかし心は、昨日と今日でも変わるし、人の心と自分の心は違います。だから精神と心とをとりあえず分けて考えると、私たちの心がどうして不安定になってきたのかが理解しやすいと思います。

ちょうど鏡餅のようなものを想像していただけるとわかりやすいでしょう。人間のあり方の一番土台に身体があり、その上に精神の伝統があります。そして一番上にのっかっているのが、鏡餅の上にのっている橙やみかん、すなわち心です。

精神の上に心がのっている。だから心を安定させるには、精神の土台をしっかり築いたほうがいいわけです。

†全体を意識する姿勢が心の安定を生む

近代日本をつくってきたのは、まさに「日本人」力の精神を凝縮したものだと思います。いま、海外の人たちは日本人を見て「とにかく日本人は真面目だ」「約束を守る」「意志が強い」「忍耐力がある」「個人的なことは後回しにして全体に尽くす」などと評価するでしょう。

そうした日本人のさまざまな精神の美徳を凝縮したかたちが、近代日本をつくってきた人たちにあったのです。彼らの精神のあり方を見ることにより、それぞれが身に備えているに違いないある種の徳を顕在化することができるのではないか。そう思ったわけです。

その精神の美徳のひとつが志です。私が強く感じるのはこの五十年の間で志に対する価値づけが低くなっているのではないか、ということです。志にはいろいろな定義があると思いますが、「私」より「公」を優先的に考える強い精神のあり方こそが、志ではないでしょうか。

何か事が起きたとき、これは自分のためにはなるが、公のためにならない。あるいは自分のためにはならないが、公のためにはなる。どちらを取るか。その選択で「でも全体のためを思って行動しよう」という人がたくさんいれば、非常に強い集団が形成されることになるでしょう。つまり個々の人々の公に向かう志があれば、全体としてうまくいくわけです。

それだけでなく、実は志を持つと、個人の心の問題も解決されます。人は自分より他のものに気持ちをつかったときのほうが安定しやすいのです。卑近な例を挙げれば、ペットを飼って世話をすると、自分の心が安らぐのはそのためです。あるいは植物の世話をするとき、成長して伸びていくのは植物ですが、世話をしている自分の心が安定します。

宮沢賢治は、「世界がぜんたい幸福にならないうちは個人の幸福はあり得ない」(「農民芸術概論綱要」)と書いています。彼は、自分の身を犠牲にしてたくさんの農民たちを救った『グスコーブドリの伝記』などさまざまな童話や詩で、くり返し「全体のために何かすることが個人のやりがいになる」と言っています。

もちろんそれが行き過ぎれば、自己表現から遠く離れた、単なる自己犠牲になってしまいますが、全体のためにできることをやっているときは、自分にとって充実感が感じられるのは事実です。

戦前の集団主義や全体主義への反省から、この五十年ほどの間は、「個性」や「自己実現」を重んじる傾向がありました。しかしその結果、人々は実際に個性的になったでしょうか。自己実現の名のもとに行われてきたことが、逆に重荷になってきた面もあるのではないでしょうか。

自分がやりたいことを重視することはもちろん大切ですが、自分が属しているさまざまなレベルの集団（社会）から求められている役割を果たし、強い意志を持って自分一人ででも集団（社会）を支えていこうとする志も、同様に大切なのではないでしょうか。

†「公」と「私」を循環させる

一九七〇年代は一億総中流といわれた時代です。そういう時代から比べると、いまの時代はふつうに結婚することさえ、経済的には難しくなっているとも言えます。年収二百―三百万の世帯が増えていて、全体的には格差が広がっています。しかしこの現実こそが、志の欠如の結果ともいえるわけです。

たとえば会社は社会の公器といわれているのに、しかるべき役割を果たさずにただ金儲けに走り、ケイマン諸島などタックスヘイブンにペーパーカンパニーをつくり、税金を納めないところもあります。

渋沢栄一（一八四〇―一九三一）などの名前を挙げなくても、近代日本をつくった人々からすれば、なぜそんなことが起きてしまうのか、理解に苦しむことでしょう。まさに志の欠如に見えるに違いありません。

ふり返れば、徹底した覚悟が、ようやくにしてこの国をこれだけの水準に押し上げてきたのです。アジアの中でも日本は近代国家の建設に成功し、現在も整った国を維持しています。そういう意味で私たちは先人の精神のあり方に学ぶ必要があります。そのことがむしろ心を安定させる鍵になるのではないでしょうか。

近代日本を支えてきた人たち一人ひとりが、非常に強い精神の背骨を持っていました。福沢諭吉が『学問のすゝめ』の中で、「自分ひとりで日本を背負って立つぐらいの気概でやれ」と言っていますが、彼らにはそういう気概を感じます。

だからこそ、夏目漱石もノイローゼになってしまうわけです。国を背負って立とうとするあまりに力みすぎて、心を病んでしまいます。そこで漱石がどうしたのかというと、もう一度自分に立ち戻りました。

漱石が言っている個人主義・自己本位は、一度国を背負い、そして自分に戻り、自分の中から湧き出るものを表現していこうということです。「公」から「私」に行き、また「公」に帰っていく。漱石にはそういう循環がありました。

与謝野晶子も自分の感情を爆発させていきますが、そこには女性の歴史に対する強い思いがありました。平安時代には女性があのようにおおらかに自分を表現できたのに、江戸時代にはそうした女性の歌人がほとんど見当たりません。

どうして女性はそうなってしまったのか。男は偉そうに天下国家を論じていますが、女性にはそれとは違う女性のパワーがあるはずです。恋の歌を思い切り歌って何が悪い、そういう強い覚悟があったわけです。

与謝野晶子は個人の感情だけを歌ったのではありません。女性全体の運命を引き受け、自分の中でいったんそのことを咀嚼したうえで、その結果を発信しました。そして日本における女性の歴史を動かしていったのです。そこにはやはり「公」から「私」へ、そして「公」へという循環がありました。

「公」を考えるからこそ「私」が安定し、「私」が安定すれば、「公」に尽くすことができるのです。

†長谷部誠選手の場合

全体のことを考えているときは、自分の悩みがちっぽけに感じられます。自分のことだけで心がいっぱいになっているときは、まるで「私」という小さい盥で海を渡るように、とても不安定な感じがします。でも「公」というもっと大きな船に乗り、「自分がその船の舵を取っているんだ」というぐらいの気持ちでいれば、不安がありません。

やじろべえに喩えれば、腕が短いとすぐに倒れてしまいます。でも腕を大きく伸ばすと中心軸が安定します。ですから視野を広く持ち、未来のヴィジョンを持つ。そして集団（社会）全体のことを考える。そうすることで心が安定し、整っていくのです。

サッカー日本代表の歴代キャプテンの中で、最高の能力を発揮したといわれているのが長谷部誠選手です。彼は高校時代にはキャプテンの経験はありませんでした。しかし日本代表でキャプテンの役割を担ううちに、その資質をどんどん身につけ、開花させていきました。

もちろん、彼にはもとからキャプテンの資質があったのかもしれません。しかしそれ以上に、役割の中で身につけていった部分が大きかったと思います。キャプテンという役割を与えられたことで、視点が「私」から「公」に向かい、心が安定したことが彼を人間としても成長させていったのです。

長谷部選手が身につけたのはそれだけではありません。彼は行く先々のチームでポジションを変えさせられていますが、すべてに対して見事に要請に応えています。本来はわりと前のほうの攻撃的なポジションでプレーする選手だったのに、チームによっては、守備的なボランチやサイドバック、センターバックをやったこともあります。

そしてドイツのチームでは、ブンデスリーガ（ドイツのプロサッカーリーグ）で二〇一八年から一九年にかけての上半期のベストイレブンに選ばれているのです。その年、すでに長谷部選手は日本代表を引退しています。そのときにベストイレブンに選ばれるとは、何ともすごい選手です。

さらに注目すべきは、ベストイレブンに選ばれたときの彼のポジションです。長谷部選手はセンターバックという、ゴールキーパーのすぐ前のポジションで指名されたのです。

もともとは攻撃的な選手だったのに、そのときどきの監督の要請に応え、チームに欠けているものを補うためにさまざまなポジションを務めたのが長谷部選手です。背もそれほど高くないのに、ある試合ではゴールキーパーさえやったことがあります。

彼は自分自身について次のように語っています。「自分は外から見ると、ちょっとわかりにくい選手だと思います。なぜならチームに足りないところを埋めていく選手だからです」

まさに全体のために尽くす「公」の志が彼にはあったわけです。

さらに彼は戦術理解度が高く、どんなポジションにいっても、ちゃんとした任務遂行能力と覚悟がありました。つづめていえば、私はこれこそが「日本人」力ではないかと思います。「日本人」力とは真面目さの中にもっと大きな、自分の利益を越えたところにある「公」の明るい未来を見ていく力です。

「自分、自分」と言い出すと、「日本人」力を失ってしまいます。自己表現はけっこうなことですが、求められていることに対して応えていく、あるいは結果を恐れずに自分の力を全力で出し切っていくことも大切ではないでしょうか。

その躊躇のなさ、迷いのなさを、改めて「日本人」力と呼んでみたいとも思うのです。

†AIと共存する方法

いまはAI（人工知能）が発達し、人の仕事を奪うと考えられています。そういう未来をおそれている方もいらっしゃるかもしれませんが、世界の変化に対応する「日本人」力を私たちは持っていると思います。

日本人の対応力は非常に柔軟性に優れていて、急な変化を恐れません。たとえば文部省が近代学校の学制を敷いたのが明治五年ですが、そのとき、西洋の学問一本でやると決定したのが、佐賀藩出身の江藤新平（一八三四—一八七四）と大木喬任《たかとう》（一八三二—一八九九）の二人でした。

当時、日本には国学や漢学もありました。彼らは漢学にも優れた知識があったのに、それをひとまずきっぱりと捨てて西洋の学問、すなわち実学で行くという方針を決めたのです。捨てるときには、以前のものを躊躇なく切り捨てられるのが「日本人」力です。たとえば新美南吉（一九一三—一九四三）の『おじいさんのランプ』は、そうした事情を詩情豊かに描いています。

やがて全国に、あっという間に小学校が一万校くらいできました。「こう決めたら、こうやるのだ」という柔軟な対応力が「日本人」力です。それがあればAIが出てきても動ずることはありません。AIを私たち全体の幸福のためにどうつかったらいいのか考えればいいのです。

経営者も自分の会社の利益を上げるだけが経営の目的ではありません。みんなが食べていける社会をつくるのが経営です。「経世済民」という言葉がありますが、まさに経営で世の中の民を潤していくのが本当の経済です。それができる人が経営者に値するでしょう。

私たちはＡＩを恐れすぎず、自分たちに求められている仕事をそのつどしっかりやっていき、最終的にはセンターバックやゴールキーパーさえやるという覚悟と柔軟性を持ち続けていればいいのです。そこにあるのは、長谷部選手のような戦術的理解力とねばり強さです。そのあたりを意識して、広い視野で見ていけば、心の安定にも役立つのではないでしょうか。

†「遠くを見つめるまなざし」について

いま、日本にはさまざまな課題があります。外交問題、経済問題、個人の問題もありますが、それらの問題をミッションとして引き受けて、「自分は全体のために貢献しているのだ」という意識を持っていくといいでしょう。

そうすれば一種のキャプテン意識が育っていきます。「自分がこのチームを支えているのだ」という意識を持つことで、心が整っていくのです。期せずして、長谷部選手のベストセラーは『心を整える』（幻冬舎、二〇一一年）でした。与えられた役割をきちんと果たすことで、弱い心も整い、安定してくるのです。

　ちょうど自転車に乗れるようになったばかりのころを思い出してみるといいと思います。まだふらふらしている時期は、足元ばかりを見ていると転んでしまいます。でも遠くをまっすぐ見て、背筋を伸ばすと転びません。

　近代日本をつくった人たちは、日本という国家が成立できるかどうかの瀬戸際で仕事をしていました。ですから、「遠くを見つめるまなざし」という意識に迷いはありませんでした。ふらふらする足元ではなく、背筋を伸ばして、遠い日本の未来を見ていたのです。この本で取り上げた人々に限らず、ほとんどの人はその意識を持って仕事をしていたと思います。

　いま「自分の能力を開花させる」「個性を実現する」「自己実現する」などとさかんに言われていますが、それだけを目標に掲げるのは少し狭くて小さいような感じがします。そうではなくて、もっと大きな志を持つことが重要ではないでしょうか。

　福沢諭吉は日本国の独立や日本の未来を担う人材の育成など、大きなものを見つめていました。ですから自分の問題で思い煩ったり、悩んだりすることがあまりありませんでした。

　吉田松陰も、刑死するときでさえ、心が揺れたり、弱音を吐くことはありませんでした。心がまったくぶれていません。「かくすれば かくなるものと 知りながら やむにやまれぬ 大和魂」という句を獄中で詠んでいます。こうすれば捕まってしまうとわかっているが、それでもやってしまう、せざるを得ない。刑死することすら自分の運命であって、「なすべきことをしたのだ」と考えているのです。

こういう精神のあり方に触れると、私たちも「なんで毎日、こんなちっぽけなことで悩んでいたんだろう」と思わざるをえません。なぜSNSで「いいね！」の量が少なかったことくらいであんなに悩んでいたのか。小さかったな自分はと、みなさんがこの本を読み終わったときに、そう思っていただければ幸いです。

そしてさらに、この本が少しでも前に進む力になるのだとしたら、この十年の月日の中で新しく起きた事態に対してもなお、この本が存在する意義があったことを心から嬉しく思います。

第Ⅰ部

日本を教育した人々

はじめに

「日本を教育した人々」というと、一見おかしなタイトルのように見えるかもしれない。だが、あえていまこのことについて論じようとするのは、日本の行く末についてただならぬ不安感が漂っているからだ。

少なくとも戦後の復興時には、迷いはなかっただろう。戦後は明らかに、復興に向けて生活を向上させなければいけないという方向性がはっきりしていた。そのときはさほど意識せずに済んだが、いまは方向性を見失ってしまっており、改めて考えなくてはいけなくなったということである。

実態にそぐわない不安感の表出は、日本社会に特有のものであると思われるほどだが、近年の現象は、一過性のものとしてやり過ごせないような性質をそなえているように感じられる。

そういうときは基本に戻ることが大切である。スポーツでも何でも、スランプに陥ったときは基本に立ち返るのが一番だ。問題にすべきは、戻るべき基本を持たないことである。基本を持たず、行き当たりばったりでいろいろなことをやっていると、自分の得意だったフォームさえも崩してしまう。

いままでは何でもなかったことも出来なくなり、新しく手をつけてみたところで身につかない。すると、以前のパフォーマンスよりずっと低いところまで落ちてしまい、精神的にも活力を失って進退に窮まってしまうのである。スランプをきっかけにした不調の拡大である。

同様のことが、集団や国のレベルにもあてはまるだろう。だから、日本全体がスランプにおちいっているいま、あらためて国家百年の大計としての「日本の教育」の基本に戻ることが大切だと思う。

しかし戻るべき基本といっても、平安時代の国風文化や『源氏物語』、あるいは大化改新の時代に戻ろうとするのは、あまりにかけ離れていて現実的ではない。私たちにとっては、身近な歴史として近代日本の基礎となった幕末から明治維新期に思いをめぐらせてみるのが妥当なのではないだろうか。

激しく揺れ動き、それまでの価値観が大きく揺さぶられた時代の転換期に、当時の人々はどのように向き合ったのか。そして、その彼らを支えたものは何だったのか。同じ日本人としての生き方を、そうした視座から見つめ直してみることの中で、私たちが現在抱えている問題とも共通する要素を見出せるかも知れない。

近代日本の基本をつくった人々について学ぶことを通して、戻るべき基本を確認すると同時に現在の迷いのもとを断つのが、私たちが選択すべき道であり、新たな成長に向かう一歩になると思う。だから不安があっても慌てることはないし、ましてや浮き足立つことなどない、と私は思っている。

第一章

吉田松陰と沸騰する情熱の伝播

山口県にある松陰幽囚の旧宅（毎日新聞社提供）

†革命家の孵化器「松下村塾」

誰が「日本を教育した人々」なのかということを考えてみると、まず思いつくのは長州藩士であった吉田松陰ではないだろうか。彼が松下村塾という私塾を通して若者に大きな影響を与えたということは、多くの教科書に記載され、人口に膾炙《かいしゃ》している。

確かに松下村塾はたった一年しか続かなかったが、そこからは高杉晋作や久坂玄瑞など、幕末の長州藩の動向を左右し、徳川幕府を倒すうえで大きな原動力になった人々が現れた。

さらに伊藤博文、山県有朋など、明治維新以降、明治政府の中に入って中核的存在となって活躍した人材を輩出している。なかでも伊藤博文は、日本の骨格をつくった総理大臣として歴史に名を残している。そういう人々が一つの塾にいたということは、歴史上の奇観としか言いようがない。

もちろん長州藩が幕府を倒したわけだから、長州藩内の元気のいい連中が集まって幕府を倒し、新政権の実権を握ったといってしまえばそれまでだが、それにしても一つの塾が、徳富蘇峰の言葉によれば「徳川政府顚覆の卵を孵化したる保育場の一」――つまり革命家たちの「卵の孵化器」のようになって、次から次へと雛が生まれてきたのは、やはり稀なことだといわざるを得ない。

日本の歴史全体を見渡してみても、これほど感化力の強かった教育者をほかに見つけるのは難しいだろう。

松陰は実際の政府をつくったわけではない。彼が行った事をひとことで言うと、国を根本的に変えなければならないという志を相手に伝染させたことである。人を選ばずどんどん伝染させたその伝染力が、松陰の教育力の凄さを物語っている。

松下村塾では、来る者は拒まず、去る者は追わず、月謝は基本的に取らないという方針だった。来る人の時間帯もバラバラだった。たとえば高杉晋作は上級侍の息子だったので、前科者である松陰の塾に堂々と通うわけにはいかなかった。家の人に悟られぬよう、夜中に家を抜け出して来たという。

もちろん昼間に来る人もいる。いろいろな時間にバラバラと五月雨式にやって来るのを厭わず、松陰は一人ずつ相手にした。いまのような一斉授業の形ではなく、どちらかというと討論とか対話という形を取らざるを得なかったのである。

実はこの本で取り上げる「日本を教育した人々」にかなり共通しているのが、対話的な関係を築く能力である。思想家というだけならば必ずしも対話能力は欠かせないものではないが、教育者となると、やはり対話能力が必要だ。

たとえ著書の中で自分の意見を述べるにしても、対話能力がある人の文章と、ない人の文章とでは、自ずと読者への染み込み方が違ってくる。読者と対話するような気持ちで書く人の文章は、多くの人に受け入れられていく。著書においてさえも対話的なものが表れてしまうのだから、現実の場ではなおさらである。

その人が対話的な人格であるのかどうかが、教育の効果を決定的に左右する。私たちは対話ができない人の言うことは、なかなか素直には聞けない。もちろん、たとえばヒトラーのようなタイプの人物であれば、対話的でないほうがカリスマになれるし、暴力などの有形無形の圧力を背景に人を支配することはできる。

しかし、それを教育とは呼ばない。教育とは学ぶ側の自由意思が重要である。マインドコントロールのような形ではなく、自由に出入りができる形で、精神的な影響を与えるのが教育である。だから教育者にとって、対話能力は不可欠になってくるのである。

しかし松陰が生きた江戸時代は、対話的な関係をあえて拒絶していた社会だった。封建的身分制度がその最たるものである。江戸時代には士農工商という四つの身分があり、さらにそのなかでも細かく分かれていた。したがって身分制度は四つどころではなく、何十という細分化が行われていて、その制度の枠を超えては、対等に対話をすることができないシステムがつくられていた。なぜなら、そのほうが徳川幕府にとって都合がよかったからである。

将軍を頂点とした体制を安定して維持するには、下ができるだけバラバラなほうがクーデターの可能性も低い。しかもそこに絶対的な身分の差をつけ、将軍を雲の上の存在として設定すれば、将軍がカリスマ的権力を発揮して、人民を支配することができる。逆に言えば、身分を超えて対話する関係ができたとき、いままでの体制が危うくなってしまうのである。

もちろん、徳川幕府が倒れた要因には、さまざまなことが絡みあっている。たとえば米を中心にした経済が貨幣中心の経済に変わってきたために、幕府が商人に対して借金を負ってしまったという経済的要因もある。また政治的には外圧等もあり、薩摩藩や長州藩のように外国の影響を受けたところが強大な武力を持った点も大きい。

しかし根本的には、身分の上下を超えた対話的な関係が出現し、それを推し進めた人たちの力が怒濤となって徳川幕府を飲み込み、明治政府の中核も貫いていって、現代の日本の礎を築いたのである。その対話的な関係をつくったのが、教育の力だったのではないだろうか。

教育は、武力によって政府を倒すこととは必ずしも直結しない。しかし国が根こそぎ変わろうとする時には、必ず教育を背景にしたヴィジョンが必要になる。たとえば、徳川幕府を武力によって倒したとしても、そこに何かしらの理念や次の社会をつくっていく知力がなければ多くの人の支持も長続きせず、ただ旧体制を倒しただけで終わってしまう。

それでは政権交代に過ぎない。たんに徳川幕府を倒し、次々に政権交代が起こるだけなら、現在の日本にはつながっていなかっただろう。次の社会を構築するところまで進めたのは、やはり教育の力だと思う。

だから私は、迷ったときには、とにかく教育の力を信じて次の一歩を踏み出すのが一番だと思っている。たんに私の職業的な関心からそう考えるのではない。そのほかのことは、たとえば何らかの施設や武力であっても、それを使って何かをやってみたとしても、それを担う人材がいなければ一過性に終わり、次の新しい世界を築くことにはつながらない。投資したエネルギーはすべて消えていってしまう運命にある。

松陰は明治政府のシステムを考えたり、外国とどういう条約を結んで、どんな外交政策をとればいいのかを具体的に教えたわけではない。誤解をおそれずに付け加えるなら、松陰はそんなことよりもっと大事なものがあると考えたのだ。

確かに、社会を動かす技術として、そうしたものが欠かせないのは言うまでもない。しかし、動かす対象は人間の社会である。松陰が塾生に刻印したのは、消え去りようのないものだった。彼は塾生と一緒に『孟子』を読み、それを通して次の世代に伝わるもの、消えない志を教えたのである。

†漢学に培われた松陰の日本語能力

松陰は二十四歳のとき、下田に来た米国の軍艦に乗り込もうとしてつかまり、投獄された。野山獄《のやまごく》というその牢で、囚人たちに教えたのが『孟子』であり、その講義をまとめたものが『講孟箚記《こうもうさつき》』（『講孟余話』）である。『講孟箚記』は孟子に関する講義なので、テキストは古いが、松陰が語っている内容が新しいことにまず驚かされる。彼らが生きている幕末のまさにその時代のことを、生き生きと語っているのだ。

『講孟箚記』を読むと、授業では何をテキストにするかは、必ずしも問題ではないことがよくわかる。大切なのは、現在自分たちがどのような状況に置かれているのかという問題意識と、これから何をすべきかという課題意識を教師が強く持っていて、生徒たちに発することである。つまり問題意識や課題意識を、相手に喚起させることが教育の狙いなのである。

その材料として、『論語』がよければ『論語』でいいし、あるいは欧米のものでもかまわない。松陰がその時に使ったのが、たまたま『孟子』だったというだけのことだ。松陰は欧米の言語ができるわけではないので洋書を読むわけにはいかなかったが、小さい頃から厳しい漢学のトレーニングを受けてきており、それが彼の基本を形づくっていた。

松下村塾という塾は、もともとは松陰の叔父に当たる玉木文之進が始めたものだ。玉木はかなり力のある藩士として知られており、松陰に対して幼いころからエリート教育をほどこしてきた。松陰は叔父の元で漢学のプロとして育てられ、すでに十歳のときに明倫館という藩校で講義をしたという。

この辺りの逸話は司馬遼太郎の『世に棲む日日』でご存知の方も多いと思うが、とにかく吉田家の家学が山鹿流兵学であり、これを継いでいくために、家のミッションとして松陰は漢学を勉強していたのである。

彼が受けたトレーニングは極めて厳しく、少しでも姿勢を崩すと殴られるというような、かなりハードなものだったらしい。そうでなければ、十歳で講義ができるところまではいかないだろう。講義の内容はいまの小学生の授業のようなものではなく、大人が読む漢文を講釈するわけだから、十歳でそれができるというのは、その背後でどれほどの努力が必要だったか想像に難くない。しかし十歳で教壇に立つというのは、やはり異例なことで、松陰の秀才ぶりが抜きん出ていた証でもある。

こうして身につけた漢学のおかげで、松陰は高い日本語の言語能力を有していた。漢学が、なぜ高い日本語の能力と結びつくのか不思議に思われるかもしれないが、ここで勘違いしてはいけないのは、漢学は中国語や中国について勉強するものではなく、中国語を日本語に変換する技術なのだということである。

そもそも日本人が習う漢文の勉強と中国語の勉強は性質が異なる。白文で記されれば同じに見えるが、漢文は中国語で読むわけではない。返り点をつけたりして、日本語流に直して読んでいくのである。その証拠に、多くの日本人が漢文を書き下し文では読めるが、中国語の原語で読める人はほとんどいない。空海など中国に留学した人を除くと、日本で中国語ができる人は少なかった。

また、そうしなくてはいけないという要請もなかった。なぜなら漢文を日本語に直して読みこなしていけば、その内容や思想はほとんど吸収できたからである。つまり、漢学を勉強することによって中国の思想や抽象的な概念を日本語に変換し、吸収する能力が養われ、高い日本語能力につながっていったのである。

さらに、漢文の読み方や語彙が日本語のひとつの骨格、とくに男性の文章の骨格をつくっていたことも、高い日本語の言語能力を養う上で役立った。要するに、日本語の骨格を形成する上で、漢文のトレーニングが非常に大きな役割を果たしていたのだ。

この日本語の多彩でしっかりした骨格を身につけていたということが、松陰だけではなく、その他の「日本を教育した人々」に共通する能力である。彼らは皆、意味の含有率が高い、明快な日本語を駆使していた。

日本語力の骨格が身についていたからこそ、言葉に気迫が乗り移り、人々の気持ちを動かすような文体になったのである。人を動かす力は言葉が中心であって、決して彼らの姿かたちが揺り動かしたわけではない。彼らの話す日本語と、書かれた言葉が人を動かし、日本を変えていったのだ。

教育の根本は言葉の力のうちにある。その言葉の力は何を軸にしていたかというと、漢学の力だ。中国語を書き下し文のように日本語に変換し、漢字の熟語を自由自在に応用できる力を持っていた。そのことが、新しい概念をつくったり考えを広げたりしていくときに、大変役立つ武器になったのである。

これは、あとで触れる福沢諭吉にも共通するが、諭吉もオランダ語から始まって英語を習得し、洋学を修めたことが有利な能力になっている。自分の考えを表現し、世に知らしめるにあたって、彼は漢文を軸にした日本語力を駆使している。諭吉の本が世の中に広く受け入れられたのは、幼少期に漢文で鍛えられた、卓越した日本語力があったからにほかならない。

松陰の場合は、家学を修めるのに漢学が必要だったために集中的なトレーニングを受けていたわけだが、当時、漢学は武士だけではなく、普通の寺子屋などでも同じようなテキストを用いて教えられていた。つまり松陰には、江戸時代の教育のエッセンスが集中して注ぎ込まれていたのである。

これは皮肉なことである。なぜなら、幕府は社会を安定させるために孔子、孟子などの漢学を学ぶことを奨励してきたからだ。これらの学問は特に反権力的というわけではなく、むしろ既存の体制に対していくらか保守的ともいえるものだった。だからこそ幕府も、その学習を容認するだけでなく積極的に推進し、テキストとして広めようとしていたのである。ところが、そういう学習を集中的に強いられたエリートが、結果として幕府転覆を試みる勢力の中心的な役割を担うことになったのである。

しかし、どんな学問でも徹底していけば、原理的な思考ができるようになる。なぜなら本当に学問を修めるということは、それを書いている人間と同じレベルに立って考えられるようになるということだからだ。だから松陰は、内容を学んで、ただそれを人に伝えるだけの伝言板のような教師になるな、と言い続けるのである。

†現実にコミットする学問に突き進む

松陰が塾生たちに何を要求したのかというと、ひとつには、読書をし学問を徹底的に修めるということだが、それだけでいいとは言っていない。現実感覚を持て、と言っている。たとえば、松陰は新しく塾に入る若者に対して、いま自分が何をしたいのか、この塾になぜ入ってくるのかという問いを必ず投げかけた。

すると聞かれるほうは、本音では「お金儲けをしたい」とか「出世したい」と思っていても、改まって師匠を前にすると、そのような下世話なことは言えない。そこでそれなりに形のある志を述べるのだが、その志がいかに素晴らしいものであるのかを、松陰は質問しながら当人に自覚させていくのである。

松陰が伝えようとしたのは、いま自分がどういう世界に生きて、何をしなければならないか、何を使命として生きなければならないかという意識だった。その使命感に対するセンスがなければ、学問をしても意味がない。もし学問をする意味があるとすれば、そのような使命感を自覚するところにある。

松陰が小さい頃から教えられてきた学問は、必ずしも国を動かすものではなかったはずだが、その追求の過程で、松陰自身は、学問は現実をどう変えるのかという課題とセットでなければ意味がない、と思うようになっていたのである。

松陰が学問を修めながらも、学問のための学問ではなく、その枠を大きくはみ出していったのは、松陰の生まれ持った気質にも一因がある。当時、儒学は四書五経を中心とした古典の正確な理解をめざすことによって、基礎学力をつけようとする学問だった。しかも、儒学は世間的な道徳を基本的に押さえているので、みんなで儒学を学んで、社会で問題が起こらないようにしていたのである。

儒学は、先ほど言った上下関係の身分制社会を維持するための理論的な装置であり、儒学者たちはそれを教える役目を果していた。しかし松陰の場合は、儒学者の域を突き抜けて、現実のなかに飛び込んでいってしまった。

それは、松陰がひじょうに純粋な気質だったからである。純粋な気質とは、純粋さを愛する気質ということだ。人はそれぞれ純粋なところを持っているが、純粋さを愛するかどうかという点になると、ある種の気質に左右されるように思う。

物事を突き詰め、原理的なものを追求していく学究肌の人がいる一方、ジャーナリストのように、原理的な思考というよりは現実の変化に敏感に反応するタイプの人もいる。それはそれぞれの気質によるところが大きい。松陰の場合は前者の突き詰めていくタイプであり、現実の問題に対してラディカル（根本的、革新的）な取り組み方をするほどに純粋だった。その純粋さに火をつけてしまったのが黒船来航という出来事だったのである。

つまり、儒学を徹底的に修めた結果として「松陰」が生まれたというのではなく、松陰という歴史的人物が登場したのは、「黒船」という日本史上の大事件があったからである。黒船あったればこそ「松陰」は生まれた、ということだ。松陰の一生はまさに黒船に支配され、黒船に対抗した人生だったともいえる。

それまで日本は、幕府を頂点とした鎖国体制のなかで、農民たちはつらい思いをしていたが、それなりに回っている社会をつくっていた。現代に比べればたしかに自由度は低く、民主的でもなかったが、それはそれで安定した社会だったわけである。

そこにアメリカから黒船がやってきて、いきなり大砲を撃ち込み、「開国しろ」と迫ったのだ。ひじょうにはた迷惑な国である。「開国して港をよこせ。開かなければ砲弾を撃ち込む」などと言ってくるというのは、ちょっと非常識だ。しかも、これがきっかけとなって、日本が長年にわたって苦労する不平等条約を結ばされることになるのだから、それは土足で他人の家に上がり込むというレベルすら超えている。

外国がいきなりやって来て要求を突きつけ、有無を言わさず砲弾を撃ち込む。こんなことは、もちろん日本にとっては初めての体験で、国全体が恐怖と驚愕の感情に包まれざるを得なかった。刀を持って丁髷《ちょんまげ》を結っている人たちが大砲の砲弾を撃ち込まれるという、日本が元寇に続いて経験した激烈な外圧だった。

幕府は慌てて、諸藩に相談した。「このようなことを言われたが、どうしたらいいものか」というのである。この時点で、すでに幕府の権威は失墜している。それまでは幕府がすべて決めていて、諸藩はすべて幕府の決定に従うだけだった。国の進路をめぐって、幕府が誰かに相談することなどあり得なかった。

ところが黒船がやって来たとき、まず相談した相手は、海外の事情をよく知っていた薩摩藩や長州藩であった。その結果として、徳川家と親しい譜代大名ではなく、幕府とは敵対関係になり得る外様大名の発言権が増してきた。

幕府は外圧でいきなり倒されたわけではない。外圧をきっかけにして、国というものをもう一度考え直さなければならない必要に迫られたとき、薩摩藩や長州藩のような、地理的に外国に近く、情報が入って来やすい人々の価値が増大していったのである。

幕末の大まかな対立軸は、開国を主張した幕府と、尊皇攘夷を掲げた薩長などの雄藩との間にあった。ところが、薩長などの反幕勢力は激しい攘夷思想を背景にしていたにもかかわらず、驚くほど簡単に開国に踏み切り、外国人の文化や体制を一〇〇パーセントに近い形で受け入れてしまう。

攘夷とは、簡単に言えば外国人は斬ってしまえという思想だが、最終的に明治政府をリードした薩長の指導者たちが行ったことは、「外国人を斬ってしまえ」どころか、外国の文物を次々に輸入して、外国人技師を雇い入れて、彼らからすべてを教わろうとしたことである。

では、同じ人であるにもかかわらず、なぜ全く反対の方針を受け入れることができたのだろうか。それは、もともと「やっても勝てない」ことを肌身に沁みて理解させられたからである。そのために、変わり身が早かったのである。

たとえば、生麦事件がきっかけで薩摩藩とイギリスとの間で始まった薩英戦争で（戦争にもなっていなかったが）、薩摩藩はイギリス艦隊の実力を身をもって知った。長州藩も、イギリス、フランス、オランダ、アメリカの四カ国の軍隊を相手にした馬関（現・下関市）戦争を通して、列強の武力に直接触れることになった。このことが、明治に入ってから急速な開国政策を後押しすることになったのである。

そして、その武力や経済力を背景にして徳川幕府を倒すことができた。自分たちの力の源が実は欧米化にあることを自覚していたからこそ、あんなに積極的に開国を進めることができたのである。

†「狂」がつく情熱が人々を感化する

松陰が黒船に対してまず取った行動は、外国に渡ろうとすることだった。鎖国という国禁を犯して、密航しようとしたのである。彼は友人と一緒に小舟を盗んで、大胆にも下田の沖合に停泊中のアメリカの艦船に乗り込んだ。しかし横文字がまったく読めず、筆談も通じない。「乗せていってくれ」という意志は何とか伝わったのだが、もちろん断わられるほかない。そして幕府によって投獄されてしまうのである。

松陰は外国人を斬るために、艦船に乗り移ったのではない。まず「学びたい」という意志が先にあった。日本をこんな状況に追い込んでいる当の相手を知らなければならない。戦争を考える以前に相手を知りたい。これも一種の対話的な関係だと思うが、「相手を知りたいから、乗せていってくれ」という交渉をした人は珍しい。外国人を斬った人はいるが、当面のトラブルの相手国に強引に留学したいといったのは、松陰が初めてではないだろうか。この点でも、相当傑出した人物だったことがわかる。

しかし留学したいというのは、いま思えば、それほど突飛な申し出ではない。なぜかというと、明治になってから、政府は官費でエリートたちをたくさん留学させているからだ。有名なところでは漱石、鷗外がいる。憲法を作るとなれば伊藤博文が洋行する。資本主義を打ち立てようとすれば、渋沢栄一がパリの万国博覧会に行って衝撃を受け、資本主義を学んでくる。しかしいかんせん、松陰は早すぎた。意志と情熱の命じるところに従っていち早く動こうとしたのだが、時代は松陰に追いついていなかったのだ。彼の大本にあるパッションとは、日本はこのまま手を拱いていては、いつか外国に飲み込まれてしまう。民族のすべてが失われ、外国に奪われていってしまうという不安感であり、危機感だった。

この感覚は平安時代の人たちにはなかったものだし、鎌倉時代、室町時代、江戸時代にもなかった。せいぜい元寇のときに感じられたぐらいだったろう。その元寇も水際で押さえているので、庶民のレベルでは、外国に飲み込まれるという危機感はほとんどなかったと思う。

そもそも大国である中国とは、ある程度友好的な関係を維持してきた。とくに明との貿易においては、足利義満が苦労して金閣寺をつくり、そこを迎賓館として貿易関係者を迎えたということもあって、中国の属国とは言わないが、ひとまず中国に臣下の礼をとる形で、良好な関係を保ってきた歴史がある。だから外国から支配されたり、植民地化される不安とは無縁ですごしてきたのである。

しかし、「黒船」以前の一八四〇年にアヘン戦争があった。日本がつねに手本とし、文化の源として政治形態、社会制度もすべて輸入してきた強大な中国が、欧米の植民地とされてしまったのである。北京が占領されて、宮殿が焼かれたという出来事も伝わってきて、これは大変なことだと日本中の誰もが思わざるを得ないようになった。

松陰が周りにいる人たちの意識を根本から目覚めさせる感化力を発揮したのは、このときだった。彼は、自分とふれあう人たち全部を感化していくのだ。

その感化力のもととなったのは、彼の情熱である。松陰は学問を修めたあと、全国を国内留学という形で歩き回った。江戸では佐久間象山のような洋学の大物からも学び、いっそう「西洋のことを知らなければならない」という思いを強くする。

そこにあるのは「狂」という字がつくほどの情熱である。この場合の「狂」は、頭が狂っているというよりは、そこまで情熱が煮詰まって、沸騰しているような状態のことである。頭はしっかりしていて、理屈も通っているのだが、「やらなければいけない」という思いや志が沸騰している。それが「狂」という状態である。

そういう精神でないと、古い体制を打ち破り、新しい時代を切り開くことはできなかった。『講孟劄記』で松陰は孟子の言葉を引き、「狂」について次のように述べている。

「何を以て狂というか。狂とはその志が浩然として誇り高く語り得るものであり、言、行をかえりみず、行、言をかえりみないことである。」

実際、松陰をはじめ、幕末を生きた志士たちには「狂」の情熱があったことは確かである。高杉晋作は自らの号を「西海一狂生」とし、自分は「狂」であると宣言している。

松陰の号は「二十一回猛士」というように、死ぬまでに全力を挙げて二十一回の行動を起こすと誓っている。有名なものは、『留魂録《りゅうこんろく》』の最初に書かれた「身はたとひ武蔵の野辺に朽《くち》ぬとも留置《とどめおか》まし大和魂」という和歌だ。たとえ自分の身が朽ちていっても、大和魂を留め置きたいと述べている。留めるといっても、墓に留めるのではない。それを同志に伝えていきたいというのである。

松陰は『留魂録』の第八章で、自らの人生を穀物に例え、短いながらも春夏秋冬を経たのだと言っている。そして人生は長さの問題ではなく、事をなすことが大事なので、十歳で死ぬ者には十歳の四季が、二十歳で死ぬ者には二十歳の四季があるはずだと述べている。松陰は三十歳で死刑になっているが、『留魂録』には次のように書き記している。

「吾れ行年三十、一事成ることなくして死して禾稼《かか》の未だ秀でず実《みの》らざるに似たれば惜しむべきに似たり。然れども義卿の身を以て云へば、是れ亦秀実の時なり。何ぞ必ずしも哀しまん。（略）若し同志の士其の微衷を憐み継紹《けいしょう》の人あらば、乃ち後来の種子未だ絶えず、自ら禾稼の有年《ゆうねん》に恥ざるなり。同志其れ是れを考思せよ。」

自分は三十歳で死んでも、四季は備わっており、花や実がついているはずだと言っている。もとより、その実は籾殻《もみがら》なのか、成熟しているのかわからない。しかし自分の志を受け継ごうという者がいれば、その種子が絶えずに実っていくので、収穫があったようになっていくだろう。そのように同志に考えてほしいというメッセージを、死ぬ間際に送っているのだ。

この『留魂録』は無事に門下生のところに渡り、バイブルになっていく。松陰の魂のメッセージがきちんと受け取られていくのである。『留魂録』は遺書であり、塾生ではない普通の人にも感動を生じさせるものである。

いまの学校教育は、基本的に効率的な知識の伝授を目標にしている。カリキュラムがそのように組まれているし、誰が先生になっても、ある程度効果があるようにつくられている。またそうでなければ困ってしまう。先生が辞めてしまったり転校すると、授業の水準がまったく違ってしまうというのでは現場は混乱する。

社会科なら社会科のカリキュラム、数学なら数学のカリキュラムどおりに教えてくれれば、いちおういいというのが、学校教育にまずは求められていることだ。学校教育に個性的な教師を求めても、それは無理な注文というものだ。ある程度のスタンダードさが要求されているのである。

松陰の場合、そのようなものとは違って、あくまでも個人的な関係における感化である。学校と違って、塾は個人的な関係である。長州藩の藩校として有名な明倫館で講義をするのと、松下村塾では事情が異なる。明倫館はいまの学校教育に近いものだったので、どうしても授業は型どおりにならざるを得ない。

しかし、松下村塾は個人的な塾であるから、そこに来る若者たちに語るときには、自分の志や情熱が沸騰した「狂」というものを伝えてもいいのである。

たとえば、高杉晋作に宛てた手紙で、「男子の死すべきところは？」と彼から聞かれたことに答えて、「死は好むものではなく、また憎むべきものではない。私も投獄されて以来、男子の死ぬべきところをずっと考えてきたが、死して不朽の見込みあらば、いつ死んでもよし。生きて大業を成しとげる見込みあらば、いつまでも生きたらよい」と述べている。成すべきことをなす心構えが大切なのだ、というわけである。

これは、死ぬことが大事なのではなく、死ぬことで後に残ることがあるなら、死をも厭わない。生きて大業を成すことが大事だと思えば、生きるほうがよいということで、特攻隊のようにむやみに「死ね」と言ったわけではない。この世においてやるべきことをきちんと自覚せよと言っているのだ。松陰は、自分の志を受け継いでほしいというメッセージを『留魂録』で伝えているのである。

†牢獄で看守と囚人を集めて講義を行う

『留魂録』は遺書なので、そのような強烈な志の伝授をうたっているのは理解できるが、『講孟箚記』は投獄された野山獄で、十人ほどの囚人を前に『孟子』について講義したものを書き留めたものである。そんな牢屋のようなところで授業をする人がいるだろうか。しかし、まさにそのようなギリギリの逆境にあっても、楽しく授業をして、たちまち周囲の人を感化してしまうのが、「全身教師」たる松陰の魅力である。

それにしても『孟子』は、読んでいて革命への思いが湧いてくるようなものではない。むしろ読んでいて、「人の道についてうまく言っているが、もっと過激に言ってほしい」と思ってしまうぐらい「中庸」を旨としたものである。それなのに、ひとたび松陰の手にかかると、凄まじい革命の書に読めてくるのはどういうことなのか。

いま改めて『講孟劄記』を読むと、古いテキストが、読む人によってはまったく違う命を吹き込まれるものだということがよくわかる。むしろ、その語り口にこそ、その人の教師としての真骨頂が表れる。

『講孟劄記』では、まず序のところで、『孟子』を読んで「道」という問題を考えようと言っている。ここだけ読めば、とくにどうということもない話だが、そのあとが違う。

「わたくしは、このたび米艦によって渡航しようとして失敗し、その罪によってこの野山《のやま》の獄に投ぜられたが、吉村五明《よしむらごめい》・河野子忠《こうのしちゆう》・富永有隣《とみながゆうりん》という三人の友人を得て、ともに書物を読み、人たるの道を窮《きわ》め、互いに意見を交換してますます喜ぶに至った。そこでいうことには、「わたくしも、皆さんも、今、逆境にある。このことは、励んで道を得るためのよい境遇である」と。かくして、遂《つい》に『孟子』の書を手にして、ともに研究し激励しあって、孟子のいうところの道というものを求めようとした。司獄《しごく》の福川氏も、この集まりに参加されて「これはよいことだ」といってくれた。そこでわたくしは、悠然《ゆうぜん》として楽しみ、莞然《かんぜん》として笑い、もはや、わが身が獄中にあるという苦しみをも覚えなくなったのである。かくして遂《つい》に『孟子』研究によって得たところを記録し、それを『講孟箚記《こうもうさつき》』と名づけた。」

（『講孟箚記』近藤啓吾全訳注、講談社学術文庫）

罪人として牢に入っているのに、看守も集まって勉強会を開いてしまい、みんなで「この逆境こそ、学問をするのによい」と楽しんで、笑っている。すごい、のひとことにつきる。これぞ教師の姿というか、「教師」のレベルを超えている。いわば「感化力先生」みたいなものだ。周りにいる人がみんな感化されてしまう。

まるでソクラテスのようでもある。ソクラテスも囚われているとき、弟子たちが来て、逃げようと思えば逃げられるので、一緒に逃げましょうと言うが、「自分は逃げない。法に従う」と諭す議論をしている。松陰の場合、周りの人と一緒に勉強会をしてしまうわけだから、「共に学ぶ」姿勢はソクラテスに匹敵する。

もちろん、松陰という人が、それだけの学を修めてきた人物だから尊重されたという面もあるだろう。けれども彼は、牢獄という環境であるにもかかわらず、そこで討論が可能な関係をつくってしまった。

松陰の「対話する構え」は、読書の仕方にも当てはまる。松陰は、あくまで同時代人の著作物として、目の前の人と問答を交わすかのような形で『孟子』を読み進んでいく。

『孟子』をたんなる古典としてではなく、現在の自分が直面している課題に引きつけて読む。現在、松陰自身が置かれている立場から、これを読み解くという、緊張感に満ちた読み方をしていくのである。

我が身を懸けて読むというのは、読書の一番身になる読み方だ。松陰はそれを自ら実践し、ほかの人はそれを聴くことができるから、必然的に感化を受けることになる。私も『講孟箚記』を読んだ時、自分もそこにいたら間違いなく影響を受けただろうと感じた。それぐらい、松陰には人間味がある。ただの激情に駆られて教えているのではなく、古典を腑に落ちるように丁寧に説明しているのだ。

たとえば『講孟箚記』では、「楽しみ」ということをわかろうではないかと言っている。『孟子』の「賢者《けんじゃ》にして而《しか》る後《のち》に此《これ》を楽《たの》しむ。不賢者《ふけんじゃ》は此《これ》ありと雖《いえ》ども楽《たの》しまざるなり」という文章について、君主や王は、民が楽しむのを楽しむべきであって、民は王が楽しむのを楽しまなければいけない。両方がその楽しみを楽しむような関係を築かなければいけないということを、投獄されている自分の状況に置き換えて言っている。

つまり、自分はいま野山の獄に囚われていて、楽しみがない。しかし諸君とともに人の道を研究し、投獄の苦しみを忘れることができれば、それこそ真の楽しみを楽しむことになる。だから、一緒にこの楽しみを楽しもうというのだ。

あるいは「凡《およ》そ政《まつりごと》は戸《こ》口《こう》を増すを主《しゅ》とす」、つまり政治は人口を増加させることを主眼とするとも言う。その点から考えてみても、現在の少子化社会とは政治の失敗にほかならないことがすぐにわかる。

松陰にとっては、古典を読んでいると、こうした志が自然に噴出してくるところが数多くある。「縦令《たとい》幽囚に死すと雖も、天下後世《こうせい》、必ず吾が志を継《つ》ぎ成す者あらん」。つまり志を成し遂げてくれる人がいれば、それをもって、すべてよしとしようというのである。そのほかのこと、たとえば社会で成功したり、出世するといったことなどはすべて天命であって、私が顧みるところではない。ひたすら志を受け継いでくれるかどうかという一点に、自分の存在意義を懸けていると述べている。

†国家の存在に気づいた松陰の視点

さらに、時代を超えて私たちの現状にも通ずることを述べている。それは、以下のように記されている。

「「国と休戚《きゆうせき》を同じうする者」なれば、凡《およ》そ今日に生れ世禄の沢《たく》に浴《よく》する者は、一身の憂楽《ゆうらく》を捨《す》て、国家の休戚《きゆうせき》を以《もつ》て吾《わ》が休戚となすべきこと、論を待たず、苟《いやしく》も此の志なき者は人に非《あら》ざるなり。」

今日の世に生まれて国の恩恵を受けている者は、国家にとっての喜びや悲しみを我がこととして、国家と運命を共にする決意を持つべきである。国家とともにやっていこうという志のない人は、独立した人格とはいえないという意味だ。

ここで、松陰が「国家」という言葉を使っているのは注目すべきことである。なぜなら、当時はまだ明治維新の前だから、幕府はあったが、明治以降のように「国家」というものはなかったからだ。にもかかわらず、松陰は「国家」を憂えている。だからこそ、「徳川幕府ではダメだ」と言っているのである。

幕府イコール国であった時代に、国と幕府は別物であって、幕府に任せているとこの国はダメになってしまうという松陰の指摘は鋭い。そしてこの指摘は、幕末の憂国の志士たちにも共通する。憂国の志士のなかには攘夷派もいたし、開明派の者もいた。いろいろ意見の対立はあったが、幕末になって初めて「国」というものを憂える感覚が出てきた点に注目したい。若き松陰もそのひとりだったわけである。

さて、ここで面白いのは、松陰の「余禄の沢に浴する者は」という言葉だ。これはいまの時代に言い換えると、世界の中で豊かな日本に生まれたという、それだけですでに幸せなことだといえる。ところが、その恩恵を存分に受けているにもかかわらず、その社会を維持して行こうとする意欲がないのは、人として果たして正しいことなのか、という意味だ。恩恵を受ける一方で、何かにぶら下がって、いわば誰かの足を引っ張るだけの人というのは、「人に非ず」と松陰は言っているのだ。

たとえば高齢の方がいるとすれば、その方たちは充分には働けないので、当然ながら若い人たちが面倒を見なければいけない。にもかかわらず「自分さえよければ、人のことはどうなってても別にいいじゃん」と年金を払わなければどうなるか。「給食費を払わなくてもいいじゃん」「給食費を払わなくてもいいじゃん」「電気代を払わなくてもいいじゃん」と、みんなが放棄し始めると、いまの社会の水準が保てなくなる。だから恩恵を受けている者は、ちゃんと志を持たなければいけないということを松陰は言っているのである。

百五十年ほど前の議論を紹介しているのだが、いまの社会にも立派に通用する言葉だ。日本で教育を受けビジネスに成功しても、日本国に税金を収めないように細工している「エリート」もいる。松陰ならば、それを見て何と言うだろうか。

†興奮を伝達する松陰の教育

志について松陰は、「志が定まるか定まらぬかは、みずから決断するか否かにかかっている」と言っている。すなわち「決断しろ」、決断によって志がピシッと定まり、そのことによって学問も本気でやる気になるのだ、と松陰は言うのだ。

そして、国を繁栄させる学問について書かれた孟子の文章を読んでいたく感激し、「余常に茲《ここ》に志あり、而《しこう》して未《いま》だ及ぶこと能《あた》はず。今、此の章を読みて益と奮発《ふんぱつ》す。願はくは徐《おもむろ》に諸君と之《これ》を謀《はか》らん」と述べている。要するに、自分はつねに志を持っているが、この書を読んでますます奮発することを促された。みんな、これについて話し合おうじゃないか、といっている。

松陰は、誰もがある程度知っている古典を共に読み込み、興奮の波に全身をゆさぶられたのだ。松陰の教育の基本は、まさにこの興奮に象徴されている。テキストを見ながら、「みんなで語ろうではないか」というのが松陰のスタイルだ。本来、授業とはそういうものである。ただ一方的に先生が話すのではなく、目の前で一緒に同じテキストを読む。そうして、「おまえは、これをどう読む？」と話し合いながら、意見を戦わせて高めていく。だから教材には、教師自身が「あこがれ」を感じるものを選ぶことが大切なのだ。

ただ教科書を読めば身につくというのであれば、先生は要らない。それでは教育とは言わない。テキストや教科書はあくまで材料であって、それをもとに議論を戦わせ合うことによって、志が伝わるのだ。一番大事なものは、知識や見識以上に志の教育だ。

松陰は孟子のテキストを題材にして、「みんな、これを読んで興奮しないか？」と問いかけているのだ。「自分は志を持っているけれど、いまだに何もしていない気がする。しかし孟子のこの文章を読むと、ますます奮発してしまう。みんなでこれからやる事業の相談をしようじゃないか」と興奮して語りかけているのである。

みなさんも経験があると思うが、何かをみんなで「やりましょう！」と盛り上がるときの興奮状態は、非常に幸福である。体中をアドレナリンが巡ってドーパミンが出ているような興奮状態が幸福感を呼ぶ。

脳が感じる感情には、セロトニン神経系が働く落ちついた幸福感と、ドーパミン神経系の興奮する快感、そしてノルアドレナリンが関与する不快感の、だいたい三つの種類があるそうだ。

松陰は、人柄としては落ち着いた人物であった。激昂したり、声を荒げることもなく、いつも丁寧な口調で塾生に接していたという。おそらく小さい頃からメンタルコントロールができていたのだろう。いちいち一喜一憂せず、喜怒哀楽を表に出さない人だった。その意味ではセロトニンの神経系が発達している、情緒の安定した人だったといえよう。

その証拠に、死罪に当たるような罪ではないのにそう宣告されたときも、彼は驚くほど淡々とそれを受け入れ、従容《しようよう》として死に赴いたといわれている。いろいろな罪人を見てきた人が、いつもと変わらない松陰の様子を見て意外に思ったという記録が残っているぐらいだから、本当に落ち着いた人だったのだろう。

そのようなセロトニン系の安定思考を持ちながら、書物を読むと興奮できることがまさに「教育する人」にとって一番重要な才能だ。読んでみたらわかるが、『孟子』はそれほど興奮するような本ではない。しかし、一見地味に思える本当に優れたテキストを見つけてきて、それがいかにすばらしいかを、自らの素直な心の動きや感動を交えて語ることができるのが、人を教育する人である。

たとえば理科の先生で、「光合成」のすばらしさに感動して、夜も眠れないという人がいたとする。こんなにも優れた仕組みのお陰で私たちが生きていられるという、その光合成の奇跡に興奮して、もう語らずにはいられない。だから、次の日に子供たちに向かって、光合成がいかに神秘の達成であるかということを熱く語り、それを解明した人間のすばらしさを語らずにはおられない。こういう人は立派な教師である。

なぜなら熱く語れるのは、そのことの本当の価値を知っているからである。光合成に限らず、何かについて熱く語れる人は、その人のいわば興奮状態が他の人にも伝染し、心を動かしていく。それが教育という営みになっていく。

いま私は、教師を目指す人々に向けて、「すごい！ すごすぎるよ‼ シート」というのを作っている。そして「遺伝子」や「不定詞」「大化改新」「廃藩置県」などのテーマを与えて、熱く語るレッスンをやっている。たとえば廃藩置県について熱く語れない人は、もう歴史を語る資格なしというような感じでレッスンを進めるのだ。

たんに知識の羅列ではいけない。その意義をクリアに捉えて、そのすごさがいかに自分自身に伝染して、化学反応を起こしてしまったのかを語らなければいけない。「これは、こんなにすごいんだよ」という、教師自身が知識と遭遇したときに経験する化学反応を生徒にも引き起こさなければならない。

昔、理科の実験で、マグネシウムが燃えるのにビックリした経験はないだろうか。いわば、あの実験の興奮を、先生自身が燃えて、再現するのである。先生が化学反応して燃えてしまった。よくあんなに燃えられるな！　先生を燃やしてしまうそれはなんの物質だ？　と生徒もびっくりする。そのとき先生と一緒にテキストを読んでいれば、「『孟子』とはそういうものか」とわかるので、生徒も一緒に興奮できる。

たんに『孟子』を読んで、「休み明けに試験をするから」と言っても、ほとんどの人は興奮しない。もちろん勉強とは本来面白いものだから、一部の才能ある人たちは受験勉強にさえ興奮して、喜んでやっている。未知のことが既知になる瞬間は、誰にとっても楽しいことに違いないはずだ。しかし普通の人間は、すぐにそこまで行き着けない。だから興奮を教える先生が必要なのだ。何がすごいかを伝えるのが先生の仕事である。

松陰は、ふだんはセロトニン系の落ち着いた人だったのに、教えることに対しては、自分がいまどう興奮し、感動しているかを、漫画『巨人の星』の主人公・星飛雄馬のように、瞳をメラメラと燃えあがらせて、それを生徒の前であからさまに見せることができる人だった。先生のなかには、常に落ち着いて語る人もいるだろうが、自分の興奮を見せることができるのは、教師としてはよりレベルの高い人だと思う。なぜなら、普通はそんなことをいちいちやっていては、身がもたないからだ。

しかし松陰は興奮を見せられる人だったし、ほかにも宮沢賢治もまた教師時代、興奮をあからさまにした人だった。花巻農学校では生徒たちと歩いている時も、インスピレーションが浮かぶと、「ほっほ〜っ」と言いながら飛び上がっていたらしい。身体から身体へと、賢治の興奮状態が生徒に伝わっていく。みんなに教えるはずの先生が飛び上がり、踊っている。「どうして先生は、こんなことで興奮できるのか」という、疑問の連鎖が生み出す興奮の伝播があるわけだ。

松陰は、たとえば孟子の「子噲人《しかいひと》に燕《えん》を与《あた》ふることを得ず、子之《しし》燕を子噲に受くることを得ず」（上巻）という一文に対する解釈で、下田や函館をアメリカに与え、大泊をロシアに与えようとしている幕府の態度は理解できない。土地は天子から賜り伝えられたものなのか、幕府の私有地なのか、と怒っている。

孟子の一文に触発されて、延々と語っているのだが、この『講孟箚記』は『孟子』を一冊読んで解釈するのではなく、一文ごとに解説している。『孟子』を語りながら、現在の問題意識と結びつけて化学反応を起こしているわけである。

また孟子の「其《そ》の心に作《おご》りて、其の事に害あり。其の事に作りて、其の政《まつりごと》に害あり。聖人復《また》起るとも、吾《わ》が言を易《か》へず」という一文から、「何事によらず、初めの一念が大切だ」と言い、自分の一念はどうかと深く反省し、つねに振り返ってみなければいけないと言っている。

†松陰のまいた種が明治に花開く

『講孟箚記』「巻の四上」では、松陰は獄から出て家に戻され、孟子の講義を一時中断していたが、「千万年に伝へんとす」という気持ちで、再び講義を再開することを宣言している。現在は『講孟箚記』を読んでいる人は少ないかもしれないが、本がいまだに出版され、版を重ねているということは、松陰の志が後世に伝わっているといえる。

同じく「巻の四上」で松陰は、「遊学の益あることを知る」と言い、「断然国を出でて遊学をな」せば、「志」や「学」も百倍になるとしている。普段は忙しさにかまけているが、思い切って国を出て学問をするなら、その成果も百倍になるだろうと主張しているのだ。

これは、考えようによっては脱藩の勧めである。事実、彼は東北のことが知りたくて、藩の命に背いて東北に行ってしまったために罪に問われるわけだ。別に東北に行かなくてもよかったのだと思う。しかしすでに平戸に行き、江戸に行き、全国を見ているので、まだ行っていない東北に行きたいと思ったのだろう。

結果的に藩を抜けることになり、こうした行為が最終的に松陰を追い込んでいく。しかし、学問をするためにはそのような出会いが必要で、旅をしながらいろいろな人に出会って学ぶことが、藩に閉じこもっているより百倍も学問は進むのだと、松陰は見抜いているのだ。

『講孟箚記』「巻の四中」には松下村塾の教育目的が書いてある。

「故に吾 苟《いやしく》も英才を得て是《これ》を教育せば、是即《これすなわ》ち其の人ならん。是《これ》余が志なり。君子の楽しみなり。」

それほど大勢の人間ではないかもしれないが、その人間に自分の教育をすることができれば、それが志の受け継ぎになっていく、と述べている。まさにこれが松下村塾の目的だったわけである。

「狂」ということに関しては、「巻の四下」に「先駆は狂者の事なり」とあり、松陰は「先駆は狂者の任務」であると言っている。つまり道を起こそうという人は、「狂」というものがないとできないのである。

この『講孟劄記』という名前だが、「劄」はどういう意味かということが「跋《ばつ》」に書いてある。

「『講孟劄記』成る。因りて復《ま》た瀏覧《りゆうらん》一週し、遂《つい》に名を『講孟余話《よわ》』と改む。蓋《けだ》し劄は鍼刺《しんし》なり。凡《およ》そ其の記する所、精義を発し、文藻《ぶんそう》を擒《ひら》くこと、鍼の膚《はりはだ》を刺《さ》して鮮血迸出《ほうしゆつ》するが如《ごと》く、鍼の衣を刺して彩線絺繡《ちしゆう》するが如くにして、而《しか》る後に以《もつ》て名に称《かな》ふと為《な》すに足るのみ。」

意味を要約すると、「劄」とは「針で刺す」という意味だから、もし私の書いたものが、針で肌を刺して鮮血がほとばしり出るがごとくに本当の意義を引き出しているのなら、「劄記」という名に値する。しかし、そこまでのものになっていないので、『講孟余話』にしようかという遠慮もある、と言っている。

刺して鮮血がほとばしり出るというのは二つの意味があって、『孟子』というテキストに針を突き刺すことによって、孟子の教えが鮮血になってその血を浴びるように生きたものとして感じるということがひとつ。もうひとつは、松陰自身が孟子に刺されて鮮血がほとばしり出ている。文章にもあちこちに松陰の鮮血のほとばしりが感じられる。

そして三つ目を言うのであれば、ここに書いてある松陰の言葉が聞く者、読む者の心を突き刺して、鮮血をほとばしり出させることができたのではないだろうか。そのようなものを書いたという思いが、この「箚」の字に込められていると思う。

そのように他人の心を針で突いて鮮血をほとばしり出させることができたのは、逆説的にいえば、それを目的として言った言葉ではないからだともいえる。自分は安全なところにいて、他人だけに強要することがよくある。しかし松陰の場合、自分がいかに興奮しているか、どうなってしまっているかを見せることによって、「ねえ、みんな、これについて語らないか？」という感じで巻き込んでいく。いわば共感的な関係に入ってしまうのである。

どちらかというと師弟関係というより、友情の関係性に入っていったことが、他人の心をゆさぶり、針で突いたのである。

いわゆる師弟関係では、先生は不動の存在というイメージがある。人格も見識も定まっていて、生徒から影響を受けるようなものではないというのが普通である。しかし松陰には身分の上下、師弟の上下も関係なく、「みんな共に学ぼう」という姿勢があった。この平等性が当時の社会では受け入れられなかったのだ。

松陰の場合、現実感覚と本格的な学問の力が合体して、炸裂してしまった。外圧に対して、「この先、日本はどうなってしまうのか」と受け止める現実感覚と純粋な感受性。それにプラスされたのが、しっかりとした学問の力だった。そしてこのふたつが融合した結果が志になり、志が駅伝のたすきのように、弟子たちに受け継がれていったのだ。弟子たちが松陰先生のたすきを受け取り、次々と伝えていくのである。高杉晋作などは松陰の伝記を書こうとした人の文章を見て、「こんなものは、松陰先生の伝記でもなんでもない」と怒って破り捨ててしまったほどである。「そんなものでは伝わらない」というぐらい、受け取ったほうも強い思い入れがあり、それを受け取った人から、また次の人が受け取っていくという具合に、志が受け継がれていった。

「日本をどうするのか」という問いと、「君自身は、個人としてどう生きるのか」という問いが繋ぎ合わされたところに、志が生まれ、初めて生きる価値が生まれると考えたのが松陰だったのである。

日本国の国民全員がそういう生き方をしなくてもいいかもしれないが、少なくともそういう志を持っている人がいなければ、日本は外国にいいように翻弄されてしまう。学び、向上することを中核にした関係が友情の関係性だとすると、共に高め合っていく関係性をつくり、対話的な関係のなかで、志というものを伝染させていったのが松陰の教育スタイルである。

それが、松下村塾や牢獄での勉強会という身の回りの小さな規模での教育だったにもかかわらず、その教えが日本中に広まっていった要因である。松陰が抱いた国を想う心が明治以降、若い書生たちを中心に当たり前のものになっていくのである。

明治時代になると、松陰が伝染させた国家と個人を重ね合わせる考え方が、むしろスタンダードになっていく。その意味で明治時代は、松陰の蒔いた種が急激に広まった時代だったといえる。もちろん明治時代以降の思想内容については、松陰よりも福沢諭吉らがリードした。しかし、松陰はわずか三十年しか生きなかったにもかかわらず、「起爆剤」として日本に多大な影響を与えたのである。

松陰の生涯は密度の濃いものだった。幼少期に最高水準の学問で鍛錬され、国内留学的に各地を旅して、学問を実地見聞し、人と人とのあいだで現実感覚を磨いていった。そして黒船事件を自分の問題として捉えて密航を企て、投獄された時代があり、松下村塾で一年間教えた時代があり、最後に自分自身の死というものもテキストにして、「このような死に方にも意味があるのだ」という形で教材にして残していった。

その三十年足らずの生涯の中に四季どころか、いくつもの季節を織り込んでいった彼の生涯は、その密度の濃さも含めて、一種の爽やかさと美しさがある。

彼の美しさは若くして死んだことにではなく、自分の欲得は抜きにして、ひたすらこのメッセージを伝えたいのだという純粋さにある。志を伝えることへの純粋な情熱が人の心を打った。その純粋な情熱のほとばしりや威力に裏打ちされた生き方全体が、ひとつの書物、作品そのものであったといえるだろう。だからこそ、最初からほかの人に影響を与えようというような、見え透いた意図をもって書かれた書物よりはるかに大きな影響を与え、後世の人のモデルになっていったのだ。

松陰は人に教えた時間も短く、直接教えた人数も必ずしも多いわけではないが、いまだに日本人に「志」を教育し続けている人物である。

第二章

福沢諭吉の「私立」という生き方

福沢諭吉の著書『改暦弁』の表紙（毎日新聞社提供）

†いまだに影響力を持つ実際的な教育者

福沢諭吉は、「日本を教育した人々」のなかでも最も明確な業績を残した人である。書いたものは全集にすると何万頁にも及ぶ。また彼がつくった慶応義塾の卒業生は相当な人数になっている。日本の私立のなかで最もレベルが高く、しかも伝統があり、医学部を含めてすべての領域をカバーする総合的な大学をつくっている。その意味でも、現在における直接的な影響力が極めて大きい人物である。

しかも、慶応義塾では幼稚舎から中・高・大と、福沢諭吉の存在がいまだ生きつづけている。創立者の名前と銅像だけが残っているところとは違って、教育の理念や方法そのものが生きているという点では、近代の学校教育のなかの、小学校から大学までの教育すべてにわたって、いまだに隆盛を誇っているのが福沢諭吉の教育事業だといえよう。その礎を築き、実質をつくったという意味でも、実際の教育者として明確な形を残した。

しかし諭吉の場合は、いま残っている全集や慶応義塾以上に、当時の人々に与えた気力の鼓舞が大きかったのではないかと、私は思う。福沢諭吉がやろうとしたことをひと言で言うと、「独立の気力を持て」というメッセージを送ったことではないだろうか。シンプルなメッセージだが、諭吉の場合は「独立」というワードが決定的に重要だった。しかも、独立するにあたって必要なことは、「独立の気力」であると言い切っている。その気力を持てというメッセージが、まさに『学問のすゝめ』だったのである。

日本の出版物のなかでも特筆すべき本である。この本は当時、十七編の小冊子になっていて、一冊が十枚ばかりのものだった。これが日本近代における大ベストセラーになったのである。

どれくらい売れたのかというと、福沢諭吉の言葉によれば、十七編全体で三百四十万冊ぐらい流布したのではないかと言っている。明治の初期において十七編全体で三百四十万冊というのは、当時の人口比、出版事情からして、どれほどの数であるか。計り知れない大ベストセラーであることは間違いない。

冒頭の「天は人の上に人を造らず人の下に人を造らずと言えり」(『学問のすゝめ』岩波文庫。以下の引用は同書による)という有名な文章を、当時の日本人で知らない人はいなかったろう。一編が十頁程度。しかもあまり学問を積んでいない人でも読みやすいように、話し言葉で書いたと自分でも言っている。最初から、多くの人に読んでもらえるように書いたのである。

第五編を読むと「民間の読本《とくほん》または小学の教授本に供えたるものなれば、初編より二編三編までも勉《つと》めて俗語を用い……」と書いてある。諭吉はこれを小学校のテキストに使いたいと思っていたのだ。

福沢諭吉が日本を教育したビッグな存在だったことには、異を唱えるものはいないだろう。たんに学者という存在にとどまらない。言ってみれば、死ぬまでヒットし続けた歌手のようなものだ。年代を問わず、ずっと世の中に受け入れられ続けた美空ひばりか、中島みゆき的存在といってもよい。

彼が素晴らしかったのは、知識人として新しく時代をリードしていったばかりでなく、まだ無学な者に対しても、知識を与えたり、考える力を教授した点だ。それこそがまさに啓蒙にほかならない。日本最大の啓蒙家は誰かといえば、百人のうち九十人が「福沢諭吉」と答えるだろう。

彼は満六十六歳で亡くなっているから、明治維新の前後で三十三年ずつ生きたというわかりやすい人生を送っている。彼の人格形成はほぼ江戸時代にでき上がっているわけだが、考えてみれば、明治維新はすべて江戸時代の人が行った改革である。また明治時代の社会は、江戸時代に生まれた武士や民衆によってつくられた。それができたのは、江戸時代の教育がかなりの水準に達していた証拠である。

国民全体の教育の高さという点でも、寺子屋をはじめとする江戸時代の教育は、全世界でも最も水準の高いものだったといわれている。これは識字率の高さなどを見ても明らかである。そのうえに、エリート教育として漢文を幼い頃から学ぶことによって、いわば日本語能力の柱である書き言葉の能力が確立されていた。

話すことはどの民族でもできるが、読み書きとなると、それなりに教育を受けていなければできるようにならない。だから読み書きができるのは、はっきりした教育の成果である。福沢諭吉はそこを鍛え上げようとしたのだ。

『学問のすゝめ』では、最初は初心者向けにやさしい話し言葉で書いていて、ある程度文語体は残っているが、いまの子供が音読しても、なんとか意味が通じるようになっている。しかし、途中から漢文調になっている。諭吉も第四編、第五編辺りは学生に対する論なので、難しい文体にしてしまったが、勘弁してほしいと書いている。本当のところを語ろうとすると、やはり漢文調になってしまったのだろう。

ただ、漢文の語彙を駆使しているが、内容はかつての儒家のように空疎な繰り返しではなく、西洋の実学を踏まえた中身のあるものになっている。そのため意味の含有率が高い、書き言葉のモデルになる文体が『学問のすゝめ』で体現されている。

このような日本語をこの時期に使えたという例はあまりない。たいていは漢文の文体が残ってしまう。森鷗外の書いた『舞姫』などがいい例で、いま読むと相当辛い。たとえば古文に近い表現があったり、漢文の得意な人がおちいりがちな、文章を美しく整えるということをやっている。文章がきらびやかで、対句が多くてきれいだが、内容はさほどではないという美文調の文章の書き方は、福沢諭吉が嫌った文体だ。

福沢諭吉は、文章のきらびやかさより、書かれている内容と、人々がわかりやすい文体を創出することに重点を置いた。多くの人の心に直接訴えるようなベストセラーを明治の初めに出したことで、啓蒙思想家として確固たる地位を築いたのである。

†カラリとした精神と合理的な性格

諭吉の生涯を見渡してみると、家庭もきわめて円満。すべての事業がうまく行き、それなりに苦労や孤独はあったと思うが、最終的に安定した、幸せな一生をまっとうした人物である。その少し前の時代は松陰をはじめ、久坂玄瑞、坂本龍馬、西郷隆盛と、多くの逸材がみな志なかばで倒れていったことを思うと、福沢諭吉は人々にずっと受け入れられたまま生涯を終え、死してなお人々に評価しつづけられている幸福な人生を送っている。

いまや、出世に出世を重ねて一万円札の看板になってしまった。昭和時代には一万円札のことを聖徳太子と呼んでいたが、今ではすっかり諭吉の代名詞になっている。漱石が千円札の座を野口英世にとってかわられても、福沢諭吉はなぜか交代という話になっていない。五千円札の新渡戸稲造も樋口一葉に代わったのに、諭吉はそのままである。

これほど有名でなじみ深い福沢諭吉だが、その人物が何をしたかについて具体的に知っている人は少ないのが実情ではないだろうか。

私は『座右の諭吉』（光文社新書）という本で諭吉の考え方、生き方について書いたことがある。諭吉は性格的にとても合理的な人で、子供の頃、神社のご神体の代わりに石を入れるといういたずらもしたくらい神仏をまるで信じていなかった。『福翁自伝』では「子供ながらも精神は誠にカラリとしたものでした」と自ら語っているが、私はその文章がとても気に入っている。諭吉のカラリと晴れた、湿度の低い精神を端的にあらわしているからだ。

諭吉がもともと医学を修めた実学系人間ということも影響していると思うが、論理的にすっきりしているところがある。彼が医学を学ぶのは、緒方洪庵の適塾に入ったことがきっかけだった。江戸に留学する途中に大坂に寄り、適塾に入ったのだが、緒方洪庵は大変立派な人物なので、諭吉はおおいに影響され、オランダ語を勉強して医学をおさめる。

そのときも、牛を解体してみんなで食べてしまったり、いろいろと大胆な遊びをしつつハードな勉強もする、メリハリのある生活をしていた。諭吉には、「ザックリこの辺は取ってしまおう」という外科的な感覚があるようだ。

良いものは良い、悪いものは悪い。あれこれ議論をしていても始まらない。とにかく治らなければ意味がないのが医学だから、グダグダ言うだけでちっとも治らない当時の漢方医学に対しては批判的だった。合理的な西洋医学にふれた諭吉が、その魅力にひかれていったのもうなずける。

西洋医学の考え方が、福沢諭吉のカラリと晴れた湿度の低い感性にピッタリ合って、実効性のないものは意味がないと世間に対して言い切るような諭吉の態度を形成していく。その対極にあるのが儒家だから、自《おの》ずと儒家が彼の敵になっていった。儒家の、理屈を弄《もてあそ》ぶ抽象的な議論に対して、現実的な効果がないにもかかわらず、それをごまかす態度だとして批判したのである。

諭吉は儒家の非合理的態度は嫌いだったが、漢学は大好きであった。彼は下級の藩の出身で、長男でもなかったため、漢学を始めたのは吉田松陰より遅かった。スタートは十二、三歳頃になってからだが、それでも勉強を始めてみると、秀才なので一気に進む。そのときの勉強の仕方が激しくて、自分が好きな『左伝』という全十五巻の本を十一回ぐらい繰り返して読んだという話がある。それだけ読むと、面白いところは暗唱できる。

彼が日本語で書くものは、そのときに得た漢語の能力を活かしている。諭吉が翻訳する際に造った訳語もとても多い。たとえば「ライト（right）」という単語を、諭吉は「権理通義」と訳した。漢学の素養をフルに活用して、日本語にない外国語の訳をどんどん造っていくわけである。

ちなみに、「ライト」という言葉はひじょうに重要な言葉であって、西洋では近代市民社会をつくっていくときの一つの柱である。「リバティ（自由）」という概念と共に「ライト」、要するに、人民の権利というものが近代市民社会をつくったキーワードである。「ライト」は現在は「権利」と訳されることが多いが、福沢諭吉が『学問のすゝめ』

の中で権利について述べているところでは、「ライト」を「権理」と訳している。意味は「権理通義を等しくする」ということで、それを略して「権理」とした。定着はしなかったが、権利が「権理」だったら、日本はずいぶん変わっていたに違いない。というのは、「ライト」という言葉の意味の中には、いまで言う権利を主張する意味もあるが、「正しい」という意味もあるからだ。「権利」という言葉だと、自分の利益ばかり主張するという感覚がある。しかし本来は、「正しいことを主張する」という意味での権理だった。「ライト」の元のニュアンスを活かして使うのならば、「理」を使ったほうがよかったのである。福沢諭吉は漢語能力を正しく運用して訳語をつくっていたといえる。

†諭吉に見る学ぶ「構え」

福沢諭吉自身は漢学を修めた江戸時代人であり、紛うことなき武士であった。三十三歳で明治維新を迎えているということは、もう完全に武士としての自己形成を終えているわけである。諭吉の自由闊達な言動を見る限り、生まれついての明治人のような感じさえするが、実は完全な武士であり、江戸時代人であったわけだ。

彼は武士の漢学の素養をもとにし、学習する構えを完成させていたのである。適塾に行ったときには、もう学ぶ構えが仕上がっていたはずである。

日本人の教育のなかで最も大事なものとして、構えの教育があったと私は思っている。私が教育学を学問のテーマとして選んだときの最大のキーワードは「構え」という概念だった。「構え」とは、私の考えでは、物事に向かうときの身体や心がセットになった姿勢のようなものを指す。たとえば、学ぶ構えのない人に何かを教えようとしても、少しも吸収されない。

しかしひとたび学ぶ構えに入ったときには、同じことを聞いても吸収度がまったく変わってくる。まったく走る気のない人にサッカーを教えても無駄である。それと同じことが勉強でも起こっている。やる気のない人たちに一所懸命教えても、深く入り込むような学びは起こりにくい。あるいは先生が信頼されていないのに、一所懸命やっても効果を発揮しない。

すなわち教育においては、信頼関係と構えづくりが、まず優先されるべき根本的な仕事なのだ。その認識のもとで、私はどこへ行ってしまったかというと、指圧の研究に入っていった。そこから少々行き過ぎて、教育学なのに、私は指圧やマッサージの研究にどんどんのめりこんでいった。

指圧やマッサージにおいては、受け手は相手に身を任せることが必要である。リラックスしていないと効果が出ない。その「相手に身を任せる」、積極的に受け入れる構え（積極的受動態）をつくることが、上手な指圧マッサージ師の仕事になる。

そのためには相手から信頼されなければいけない。最初に上手に触って気持ちよくしていくと、相手が信頼してどんどん身を任せてくる。するとぐんぐん吸収がよくなる。そういう好循環をつくっていけばいいのだ。

勉強の場合でも同じことがいえる。たとえば、学年の初めの授業で生徒を惹きつけられない先生は、一年かけてもなかなか生徒を思い通りにはできない。この人は実力がある、本物だと認められれば、その先生は一年間信用してもらえて授業効果が上がる。

身体レベルでその人に対してオープンになるということと、心がオープンになるということをセットで考えたいというのが私のテーマである。そういう身体レベルでの関わり合いを見るには、指圧やマッサージがいいだろうということで身体の研究にのめりこんでしまったわけだ。

そもそも日本の教育は、実は身体から入る教育だった。たとえば、正座で数時間いるのは、とても足が痛いし、合理的とは言えない。もっと疲れにくい椅子でリラックスして勉強したほうが授業は効率的なので、いまはそうしている。

しかし、一見すると非合理的に見える身体の型のなかにも、意味のある合理性があった。つまり自分の「学ぶ構え」を、姿勢として崩さずにつくっていく、自分の身を律していくというメンタルコントロールを同時に行っていたわけである。日本の教育は学問の内容と同時に、身体に対する意識の教育も行っていた。身体をコントロールできるということは、自分の中の欲望をコントロールできるということにつながるからだ。どういうことかというと、身体は楽になるほうを求めている。正座が五分、十分とつづけば辛くなるのは当たり前だ。そのときに、楽になりたい、姿勢を崩したいと思う自然な気持ちを、あえて意志でコントロールすることによって、自分の中の易きに流れる欲望をコントロールしていく。それが授業を受ける構えとして自然に訓練されていたのである。

かつては、身を律することが業として生活のなかに入り込んでいたために、欲望をコントロールする技術が自然に学ばれていた。

また子供たちにも、難しい漢文を素読という形でどんどん読ませていた。その素読も、先生が頭ごなしに「意味がわからなくても、とにかく百回読め」と押しつけるのではなく、先生が音読して復唱させることで意味を伝えていた。先生は意味のニュアンスを伝えようとしながら音読するので、子供がそれを復唱すれば、自然と意味が身体から身体へと伝わっていくのである。

英語でも漢文でも古文でも、みな同じだが、音読させればその人の実力がわかる。どこで単語を切るか、どこに抑揚をつけるかで、中身を理解しているかどうかが一目瞭然になる。だから意味を理解している先生がまず音読し、それを復唱することで、個々の単語や漢字の意味を知らなくても、全体のニュアンスが何となく伝わっていくのである。

†西洋を紹介する濾過器となる

そのときに大切なのは、身体の構えを崩さないということだ。福沢諭吉も武士だから、身を律する訓練ができている。そのような身体の訓練があったうえで、さらに諭吉は漢学をやっているので、中国語で書かれたものを解体して、日本語に直して読む訓練を積んでいる。

だから西洋を知るためにまずオランダ語を習うわけだが、訓練を積んでいるので、すぐにマスターできてしまう。そして西洋を理解するのに実際に必要なのは英語だとわかると、今度は英語をやり直して、すぐに習得してしまう。幼いころからつねに中国語という外国語に接していて、しかもそれを日本語で解釈するという訓練を続けてきたからこそ、オランダ語も英語もすぐに習得できたのである。

その根本にあるのは、卓越した日本語能力である。オランダ語ができるのも英語ができるのも、母国語ができるからだ。もっといえば、構文を理解して違う言語に置き直す力があれば、どんな外国語を学んでも、読み書きに関してはとくに上達が早い。

文章の構造を解体して、母国語に変えて表現できる力は母国語の力にほかならない。外国語の習得能力は、母国語の能力に比例する。たとえば母国語能力が百の人が外国語を勉強すると、外国語能力が六十、七十のレベルまで習得できる可能性がある。しかし母国語能力が五十の人が外国語をいくら勉強しても、二十か三十にしかならない。

これは当たり前のことだが、どんな言語でも言葉は普遍的な構造を持っている。だから言語が違っても、どんな意味でも伝え合うことができる。日本語できちんとした意味があれば、それは英語にでも何語にでも訳せる。しかし、日本語として意味をなさないものは訳しようがない。

福沢諭吉の文章を読んでいて一番感じるのは、意味がきちんと通っているということである。現代の人が読んでも、言っていることがスッと頭に入ってくる。これは、諭吉が高い日本語能力を持っており、しかもそれを運用するにあたって、内容に意味があるかどうかをつねに問い返していたからだと思う。

漢文の弱点は、先ほど言ったように美文調に流れていって、内容が空疎であってもごまかしが利いてしまう点だ。諭吉は西洋の実学を吸収することによって、空疎な美文の対極にある事実の実証や、伝えるべき意味の豊富さを実感した。そしてもはや、日本にはたんなる美文や抽象的なだけの議論は必要ではなく、きちんとした意味のあることをわかりやすい言葉で伝えることが大切なのだと決意したに違いない。自分自身を西洋文明の濾過器にしようと思ったのである。

ひとくちに西洋といってもいろいろなものがある。なかには、わざわざ学ばなくてもいいものもある。その中で学ぶべきものを純化して、それをふさわしい形の日本語にして、みんなにわかりやすい言葉で紹介する濾過器が諭吉だったのだ。福沢のように膨大な情報処理能力をもった濾過器を通過すると、情報はいい按配のウイスキーのような感じになって、人々に届いたのである。

†攘夷思想と一線を画す個と国家の独立

福沢諭吉は『学問のすゝめ』だけではなく、それ以前に『西洋事情』という本も書き、やはりベストセラーになっている。これはまさに、「西洋の事情を知っているのは、この人なのだ」ということを世に知らしめたタイトルの本である。

諭吉は当時としては珍しく、外国旅行を三度経験している。一回目は、勝海舟が艦長だった咸臨丸に運よくもぐり込んで、サンフランシスコに行った。当時のサンフランシスコはまだそれほど大都市ではなかったので、諭吉にとってはカルチャーショックを受けるというより、面白さの印象のほうが強かったようだ。

しかし、そのあとヨーロッパに行ったときは、欧米列強の圧倒的な力を目の当たりにして、「とても勝てない」と強い衝撃を受けて帰ってくる。そしてこの経験を、諭吉は何としても日本の人々に伝えようとしたのである。

彼が感じたのは、西洋の科学技術に対しては、日本はとうてい勝ち目がないということだった。このまま手を拱いていたら、日本は欧米の植民地か属国にされてしまう。だからこそ、西洋の科学技術などの実学を吸収することによって、欧米に対して独立した国になろうと思ったのである。これは現在の日本にも通用する正攻法の考え方である。

諭吉は、攘夷運動の「外国人を斬り捨てよ」「日本人は優れている」「特別に神から恵みを与えられた神国である」という国粋主義的な思い込みからは、完全に解き放たれている。彼は、「落ち着いて周りを見てみよう」と言っているのだ。

欧米と日本では明らかに実力が違う。相手を斬って捨てたり、もう一度鎖国をして、その中で静かに暮らすことができるのならそれでもいいが、向こうがどんどんドアを叩いて「開けろ、開けろ」と開国を迫っているときに、そんなことはできるわけがない。現に清国は欧米列強によって国土や主権を蚕食されてしまっているではないか。

その外圧を目の当たりにすれば、日本が植民地にされないために何をなすべきかは明らかである。西洋の水準に抗し得る科学技術を吸収・蓄積し、思想や社会制度といった国を運営するシステムをすべて自分のものとして取り入れるしかない。そうすることによって一国の独立を揺るぎないものとするのである。目的は独立である、というところがポイントである。

現在の日本の状況を見てみると、英語教育が必要だといって、小学校の段階どころか、まだ日本語すらおぼつかない幼児の時から英語を教えている。日本語能力が大きく低下しているという現実があるのに、幼児期から英語を学習させようとする傾向には違和感を覚える。

なぜ英語の早期教育が必要なのか。少々極論になるが、要するに、英語がお金になるから、みな飛びつくのだ。もちろん、海外に行って成功したいとか、グローバルに活躍したいという志を持った人もいるだろう。しかし英語にこだわる理由には、それがお金につながっているという現実があり、とにかくお金になりそうなものをやっておこうという、あまり好ましくない風潮に左右されているのではないだろうか。

その証拠に、たとえば幼児期からイタリア語を学ばせようという人はほとんど見かけないし、あるいはスペインの文化が好きだから、スペイン語をやりたいという子供もいないように思う。

世界中のビジネスの現場では、ほとんどの場合、英語が用いられ、アメリカを中心とした仕組みが経済のスタンダードになっている。だから英語を使える者のほうが、金儲けのチャンスが得られやすいということになる。そこで、とにかく自分さえよければいいという考えに立つと、高学歴の人ほど外国資本の企業に勤め、日本を安く買い叩いて売り渡しても、平気な人が続出する。

現実問題として、東大法学部の現状を見ると、私たちの頃は、外資系に勤める人間は一割以下だったと思う。ほとんどは日本企業に勤めたり、官僚になった。しかしいまは、優秀な学生ほど外資系に行く。それは一人当たりの年俸が高いからだ。そこに志はあるのだろうか。

たしかに自分の生活だけを考えれば、外資系企業のほうが待遇はいいかも知れない。そのように給与体系がなっている。優秀な人間がそれだけの報酬を得るのは当たり前だと言ってしまえばそれまでだが、「それは本末転倒だ」と諭吉は言っているのだ。諭吉は西洋のものを輸入して、ちゃんと身につけろと言い続けているが、その大本には日本が独立するため、という目的がある。

「独立」ということを忘れて、西洋になびいたら、外国に日本を売り渡すことになってしまうではないか。その「売り渡してはいけない」という大本のメッセージが、果たしていまの日本で受け入れられているのかということだ。

一万円札はまさに象徴的である。それを見るたびに、私たちは福沢諭吉の精神を思い出さなければいけない。彼は西洋事情を学び、西洋のスタンダードを持ち込んだが、西洋になびけと推奨した人間だったのだろうか。それは違う。あくまで福沢が言ったのは、「不羈独立の精神」だった。そこを忘れてはいけない。

†独立国家をめざすためにつくられた慶応義塾

彼がめざした独立には、「個人の独立」と「国家の独立」という大きな二本の柱がある。それがつねにセットになっているところが福沢諭吉のブレないところである。小泉信三も、「廃藩置県と日清戦争の勝利、これはそもそも何を意味するのか。それは、福沢の目に、二つの解放として映じたと考えられる」（『福沢諭吉』岩波新書）というのである。

廃藩置県と日清戦争がどう関係しているのか、すぐには結びつかないだろう。しかし諭吉によれば、廃藩置県はまさに個人の解放であり、日清戦争は、国民の自我の主張の貫徹、すなわち国家としての独立である。これは個の独立と、国としての独立という二つの独立だった、ととらえられるのだ。

廃藩置県がなぜ個人の解放になったのかというと、そこで身分制度が解体されたからである。廃藩置県とは、殿様がいなくなり、中央政府から派遣された人が県知事として赴任するという制度改革だった。中央集権国家がそこで成立したのだが、重要なのは、そこで身分の上下関係が解体されたことである。権力や門閥、因習などから解放される根本的な改革がそこで起きた。

そもそも明治維新を起こした当時の日本人にとって、自分の帰属単位は藩だった。日本国民というよりは、「○○藩」に属しているということが一番であった。そこでの支配者は世襲として受け継がれている藩主だった。それが取り替え可能な県知事になり、藩ではなくて県になる。

廃藩となるということは、藩をアイデンティティとすることはできなくなることを意味する。「○○藩士」ということは言えなくなってしまうわけだ。すると何が起きるかというと、個人の意識から「藩士」という身分でもあり資格でもあるようなものが消えて藩の抑圧が取り除かれ、広く「日本」という視点でものを見渡せるようになったのである。

「門閥制度は親の仇でござる」という諭吉の有名な言葉があるが、それは、福沢諭吉が自身の親を思ったとき、親が生まれによって差別されて自由に能力を発揮できなかったことを嘆いた言葉であった。これからの社会は、生まれや身分によってではなく、もっと平等のチャンスが与えられるべきだ、と諭吉は思ったのである。それが実現したのが四民平等であり、廃藩置県だった。

では身分制度がなくなれば、すべての人間が同じような人生を歩むかというと、そうではない。別の種類の違いが生じざるを得ないのだが、それは学びによって起こる、と諭吉は言っている。学んだ人間が学びに応じた仕事をする。そこに違いが生じてくるのは当然のことであって、全員が何もしなくて同じ恩恵を国家から受けるという〝なんでも平等主義〟ではない。学ぶ人に多くのものが与えられるのは当たり前である。学びに応じてそれぞれの仕事があるのだ、というのが『学問のすゝめ』の根幹である。

ともかく、諭吉が生きた幕末から明治にかけては、「個人の解放」と「国家の独立」をセットで考えざるを得ない激動の時代だった。植民地化されれば、当然個人の自由などは吹っ飛んでしまうのだから、このふたつは大前提であったわけだ。

『学問のすゝめ』を読むと、文明の精神というものはどういうものかについて「人民独立の気力、即ちこれなり」と説明している。文明とは独立の気力であると言っているのだ。さらに、

「我輩今日慶応義塾に在りて明治七年一月一日に逢えり。この年号は我国独立の年号なり、この塾は我社中独立の塾なり。（中略）人民に独立の気力あらざれば文明の形を作るも啻《ただ》に無用の長物のみならず、却って民心を退縮せしめるの具となるべきなり。」

と書いている。独立する気力がなければ意味がないという考えで、自分がなぜ慶応義塾をつくるのかというと、それは慶応義塾自体が政府＝権力から独立したものであって、そもそも独立精神を養うところであるからだというのである。

「独《ひと》り我慶応義塾の社中は、僅《わずか》にこの災難を免れて、数年独立の名を失わず、独立の塾に居て独立の気を養い、その期するところは全国の独立を維持するの一事に在り」と述べている。要するに、慶応義塾は独立の名を失わずにそのための気力を養って、全国の独立を維持することが目的だと宣言している。

慶応義塾はこの国を真の独立国にするために創立された私立学校である。国立大学ではないが、国を独立させるための学校である。ここが諭吉の面白いところだ。国を独立

させるための私立学校をわざわざつくったのは、私立は国家に属さず、政府の厄介にならないからだ。簡単に言うと、税金で運営しないからこそ独立性が保てると考えたのである。

当時、優秀な人材はだいたい官に属していた。明治政府に属して仕事をするのが自然だった。福沢諭吉のように能力の高い人間が官に属さないのは異例なことで、彼自身もそれを選択するには勇気が必要だったに違いない。

しかし、諭吉はつねに私である民のほうに身を置いて、経済的に自立した立場から自らの言論活動を展開させていく。その経済感覚も含めて、絶対に国家の税金の厄介にはならないぞという強い覚悟があった。なぜなら税金で貰ったお金は、年間の予算が決まっていて、使い切るのが目的になってしまうからだ。

考えてみれば、「使い切らなければ次の予算が回ってこないから」というのは、本当にバカげた論理である。必要があるから使うというのではなくて、必要のないお金を使わなければいけない。そのようなバカげた循環から自由になって、自分の採算は自分で取っていく。私立学校はそういう独立採算の考え方で運営されているのである。

そうすると、政府は必ずしも民間にとって家族のようなものではないだろう、と福沢は言っている。政府を放っておくと大変なことになる。政府と人民は家族のような関係ではないので、政府をコントロールする必要がある。そのために学問が必要なのだと言うのである。

「政府と人民とはもと骨肉の縁あるに非ず、実に他人の附合《つきあい》なり。他人と他人との附合には情実を用ゆべからず、必ず規則約束なる者を作り、互いにこれを守って厘毛の差を争い、双方共に却《かえ》って円く治まるものにて、これ乃《すなわ》ち国法の起りし由縁《ゆえん》なり。」

政府と人民は親子などではなく、他人の付き合いであると言っている。政府と人民が他人の付き合いというのは面白い言い方だが、他人と他人との付き合いだからこそ情実は用いてはいけない。これをコントロールするのは規則であって、それが国法が起こったゆえんである。

そこで、自分は国をコントロールするような人を育てるために学校をやっているのである。また学問をする意味は、そのように、政府の言いなりになって個人の自由がなくなるようなことがないようにするためであり、最終的には国全体が欧米列強に植民地化されて、独立を失うようなことがないようにするためである。すべてが「独立」という一点につながっていくのである。

†学問の目的はモラルを知ること

『学問のすゝめ』の第一編には、「賢人と愚人との別は、学ぶと学ばざるとに由《よ》って出《いで》来《く》るものなり」と記されている。いままでは生まれ育ちによって決まってきたものを、学問のあるなしで決めていこうというのである。

さらに、「今かかる実なき学問は先《ま》ず次にし、専ら勤むべきは人間普通日用に近き実学なり」という理由から、実学を奨励し、学問をするには「分限を知ること」が大事であるとしている。

その分限とは、「天の道理に基づき人の情に従い、他人の妨げをなさずして我一身の自由を達すること」である。すなわち道徳のようなもので、お天道様が見ているから恥ずかしいことをしないようにして、情にはきちんと従い、人の邪魔をしないで自由を得ることだと言っている。

また「自由と我儘との界《さかい》は、他人の妨げをなすとなさざるとの間にあり」といい、自由とわがままの違いは人の邪魔をするかしないかであるという。当たり前の道徳観を言っているように思えるかもしれないが、実は、まずそれを正確に知ることが、学問をするためには重要であると言っているのだ。

だから学問を一所懸命やって、大学院やビジネス・スクールも修了した挙句に、他人の妨げをしたり、お天道様に対して顔向けができないような仕事をするのでは意味がない。当たり前のことだが、学問をする目的自体が、その基本的な道徳観を知ることにあるのだと言っている。その意味では、諭吉が唱える学問は実学と言いながら、実は孔子の時代から言われてきたモラルを中核に据えた学問である点に変わりがない。

もちろん孔子の時代からもう二千年以上もたっているのだから、いつまでも孔子の議論がそのままの形で通用するわけではない。同じようなことをしていたのではダメで、それぞれの時代の特殊性を加味しながら、アレンジして使わなければならないと言っている。けれども、だからといって学問の基礎にある価値観を排除して、技術的な輸入だけでいいということは決して言ってはいない。

ひるがえって、いまの教育をみると、高度な専門職の大学院が次々につくられ、大学でも一般教養はやめて、一年生から専門教育をやるべきだという意見も聞かれる。そうしなければ取り残されてしまうというのだが、それは一見もっともな意見に思える。しかし、モラルのないところに技術が加わったときの恐ろしさを想像すれば、社会にとってむしろ不安材料を与えてしまうことにはならないだろうか。

大学院をつくって専門性を高くしていくことは、この先どうしても必要なことだが、その根底にはモラルがないといけない。モラルがどうやって培われるのかというと、いろいろなやり方があるだろう。たとえば、昔なら『論語』がその役割を担っていた。モラルの純粋抽出を『論語』の学習によって実現し、大学で行なう一般教育は、幅広い知識や教養を通して、総合的な知識のなかでモラルを形成するというわけだ。

だから『論語』を暗唱するのは、モラルの中核を何回もやって、四股を踏んで身の中に叩き込んでしまうというやり方につながる。一方、一般教養は、実際の球をたくさん打っているうちに、だんだん基本が身についていくという方法である。

どちらがいいというよりは、その両方が必要である。諭吉にとっては、知識がモラルに結びついているのは当たり前のことだった。なぜかというと、学問する目的は独立の維持・確保にあるわけで、「不羈独立」を実現するための学問といえば、モラルを抜きにはまったく考えられなかったからである。

†「権理通義」について

『学問のすゝめ』の第二編には、「人は同等なる事」という小見出しがあり、「その同等とは有様の等しきを言うに非ず、権理通義の等しきを言う」とある。人間はそれぞれ個性も違うし、職業も収入も違う。有りようは違うが、権理通義すなわち生来のそれぞれのライトは同じだと言っている。

その権理通義とは「人々その命を重んじ、その身代《しんだい》所持の物を守り、その面目名誉を大切にするの大義」ということである。つまり人々の命や財産を重んじ、その面目・名誉を大切にするものだと規定している。

そして面白い言い方をしているのだが、「人には各〻情欲あり。情欲はもって心身の働きを起し、この情欲を満足して一身の幸福を成すべ」きことを指摘し、欲望が幸福にとって重要だと言っている。

欲望が幸福にとって重要だというのは、いまなら当たり前に思えるが、仏教や神道の考え方が支配的だった明治初期の日本では、そう考える人は少なかった。ところが諭吉は、欲望を抑えることを修行の目的にしているような禅坊主などは、「働きもなく幸福もなきものと言うべし」と述べて、そういう生き方はつまらないと言い切っているのである。

仏教の考え方は徹底して欲望を落としていくものである。宗教によってはヒンズー教のように、踵を会陰につけたりして欲望を刺激しようとするものもあるが、仏教の結跏《けっか》趺坐《ふざ》のような坐り方は、腿の上に足をのせて両側で組むやり方で、なるべく欲望が起きないように工夫されている。また肉や脂っこいものをたくさん食べると興奮するので、そういうことがないように、仏教では植物系のものを食べて、欲望が起きにくいようにしている。

つまり、まず性欲、食欲を抑え、支配欲、所有欲も抑える。そして何も持たず、何も欲しがらないスッキリとした欲望の少ない身体をつくって、身を律していくのが仏教の考え方だ。欲望が多ければコントロールするのが大変だが、扱う量が少なければ、コントロールは簡単になる。だから支配層にとっては便利な考え方だったわけである。

しかし諭吉は、欲望の量を減らしていくという仏教的な考え方を取らなかった。情欲、欲望は、世の中の人を動かすのに必要である。それは幸福感にもつながるのだから、悪いものではないのだと言う。

しかし情欲にまかせて、限度を超えてどこまでも行ってしまうと、それはそれで問題なので、同時にコントロールしなければいけない、ということを言っている。「人には各〻至誠の本心あり。誠の心はもって情欲を制し、その方向を正しくして止《とど》まる所を定むべし」。すなわち、その誠の心が情欲を制して、方向を正しくコントロールするのである。

そして、人に必要な性質を順番に言っているが、まず身体が必要で、次に知恵が必要で、第三に情欲、第四に情欲をコントロールする誠の心、第五に事を成す意志を持つことが重要だとしている。その性質を自由自在に取り扱って、独立せよと言っているのだ。

独立するにはこの五つの要素が必要で、仏教のように情欲を抹殺し、欲望を取り去って独立せよとは決して言っていない。しかし情欲をコントロールする誠の心が必要で、そのうえで意志、つまり事を成す志を持たなければいけないというのが福沢の基本理念である。

†演説の大切さを知らしめた功績

この五つにプラスして、面白いのは、世の交わりや付き合い、社交を大切にした点で

ったところにある。

福沢諭吉の特徴は、付き合いや社交的な場の大切さを強調し、教育方法にしていある。

たとえばスピーチを「演説」と言って、その大切さを世に知らしめたのは福沢諭吉の功績である。それまで日本人は、大勢の前で自分の意見をしっかり言う習慣がなかった。たしかに、それ以前の日本人の演説を集めようとすると、北条政子の演説は思い浮かぶけれども、それほど次々とは見つからない。一方、西洋では、公の場において自分の意見をしっかりと主張し、感情を表現する伝統を持っていたので、ギリシャ、ローマの時代にまでさかのぼって、相当数の名演説が記録に残っている。

しかし日本は感情表現を抑えに抑えてきたために、殿様でさえも発言はオープンではなく、時にお付きの者にコントロールされていて、言いたい放題を言ってはいけなかった。それぞれの立場において抑制し合った結果、公の場では言いたいことを言わない文化になってしまったのだ。そのため、いまでも会議の場などで、何を聞かれても黙っている人がいる。現代社会ではひじょうにまずいことなのに、現実に日本ではまだそういう人がいるのである。

日本ではなぜ公の場で発言しないのかというと、言った人が損をするからだ。「出る杭は打たれる」という格言にもあるように、たとえ正論だとしても、はっきりした意見を言うと白い目で見られてしまう。その伝統があったために、なかなか人前で意見を言わない民族になってしまった。ところが、いまは福沢諭吉のお陰で、プレゼンテーションや演説が大事だということは認識されてきている。諭吉がそれを日本の社会に知らしめたのである。

『学問のすゝめ』の十二編に、「演説の法を勧むるの説」という文章がある。「演説とは英語にて「スピイチ」と言い、大勢の人を会して説を述べ、席上にて我思うところを人に伝うるの法なり」と記し、自分の意見を人前で述べることが大切なのだと言っている。なぜなら、「学問の要は活用に在るのみ。活用なき学問は無学に等し」いからである。学問を修めたとしても、使えなければしかたがないので、演説会が大切なのは明白であると言っているのだ。

諭吉は演説会を奨励し、慶応大学でも教育に演説会を取り入れていた。演説は個の独立につながると考えたからである。というのも、演説とは公の場において、個としての責任を持って、自らの意見を明らかにするということだからである。公の場における個の独立性の表現にほかならない。

みんなが演説できるということは、みんなが独立していることの証である。これは、プラトンの『饗宴』という本を読むとよくわかる。『饗宴』では、一人ひとりが愛とはどういうことか、エロスとは何かについて、次々に立って演説していく。

主人公であるソクラテスもその中のひとりに過ぎず、みなが演説者として対等であって、ソクラテスの意見が絶対ではない。重要なことは、自分の意見を恥ずかしがることなく、遠慮なく言う気力、独立の気構えができているということだ。それが西洋社会の強みでもある。

日本人にもその気力がなかったわけではない。個々のケースを見ると、平然と腹を切ったり執拗に仇討ちにこだわるという、死をも厭わぬ強さは持っていた。しかし、人前で自分の意見を発表する能力は育っていなかった。むしろ寡黙であることに、より大きな価値が認められていた。

福沢諭吉の演説についてまとめた『語り手としての福澤諭吉』（松崎欣一、慶應義塾大学出版会）という本には、諭吉の演説に対する考え方が書かれている。その本によると諭吉は集会のための草稿のなかで、「学問の趣意は本を読むばかりではなく、第一がはなし（つまり演説――引用者）、次にはものごとを見たり聞いたり」（同書「まえがき」）することが大切であると述べている。

また翻訳についても、それまでは漢学者のように文体を整えることが求められていたが、「自分は緒方洪庵の教えを忘れずに終始平易であることに努めた」ことが指摘されている。福沢は誰にでもわかりやすく理解してもらうために、あえて俗語を使い、それでは表せないところは漢語を使って、雅俗を自在に混合させた文体をつくり出していった。

この本には三田演説会の話も書かれていて、その箇所を読んでみると、最初にみんなで演説の練習をする場面が面白い。福沢の家の十二畳の部屋に数人で集まり、互いに決して笑わないようにと約束しあって演説の真似事をやってみた。そして、少し大きな声が出せるようになったのが、演説の試みの始まりだったと書かれている。

のちに、福沢が三田に演説館をつくったときの演説では、みんながなかなか演説ができないのは「きまりが悪いから」であり、演説が必要なのにそれができなかったのは、勇気がなかったからである。だから「勇気を持て」と言っている。

諭吉の元で練習をして、寄席へ行って、落語を聞いたり、坊主の説教を聞いたりする人もどんどん出てきた。演説が終わったとき、手をたたいてほめるのが本式だと福沢諭吉が言って、手をたたいたのが拍手喝采の始まりだったともいわれている。

それにしても、最初に「笑うな」と言わないと、自分も人も笑ってしまう。それぐらい演説はおかしなことだったのだろう。勇気を持ち、慣れていくことで、徐々に、しっかりした日本語で演説ができるようになるのだが、その意味でいうと、演説は話し言葉と書き言葉の橋渡しをしたとも言える。

日本人は公の文章を書く際には、素晴らしい草稿を書くことができる。みな書き言葉には秀でているわけだ。しかし、いざそれを人々の前で演説しようとすると、話し言葉ではその原稿の雰囲気を表現できない。せっかくの素晴らしい文章も、話し言葉の威力がないために活かされないのである。

西洋では、古代ギリシャの頃から雄弁家がいて、話し言葉の威力が書き言葉以上に価値があるとされていた。人々の心を動かす演説ができる者が評価を得た。政治には雄弁術が不可欠の技術だった。そのことを諭吉は指摘したわけである。

西洋の雄弁術の伝統は、たとえばシェイクスピアの『ジュリアス・シーザー』にも明らかである。カエサルを暗殺したブルータスが、自分たちの正しさについて滔々と演説すると、「おお、そのとおりだ！」と民衆が拍手をする。「カエサルは独裁者だった。だから殺したのだ」と主張するブルータスに、民衆は「わかった、わかった」と応じる。

しかし、そのあとアントニウスが出てきてカエサルを擁護する演説をすると、「アントニウスの言うとおりだ。やはりカエサルは素晴らしかった。俺たちのためにいろいろなものを残してくれようとしたのだ。独裁者ではなかった。悪いのはブルータスだ」と状況は一変し、ブルータスは戦いに敗れて自殺するのである。

そんなふうに、良い悪いは別にして演説ひとつで人心は大きく変化する。西洋社会では、いまだにそれがパブリックな場を動かしていく力になっている。その証拠に、アメリカの元大統領のケネディやクリントンは演説がうまいことで有名だった。ナチスが権力を掌握する上で大きな役割を果たしたヒトラーの演説も、内容はともかく、人々を引きつける力を持っていたことは確かだ。

西洋では演説の上手な者が人心をつかむのだから、そのためにどれだけの準備をするかは、もう涙ぐましいほどである。一方、日本ではあいかわらずで、総理大臣の所信表明演説も棒読みのような感じだ。

原稿があろうとなかろうと、ひとつひとつの言葉に生き生きとした気持ちが通っていて、その政治家の思想が話し言葉の中に過不足なく、躍動感をもって込められていなければならない。

草稿がいくら素晴らしくても、その力が本当に発揮できるのは、話して聞かせる場面である。だからリンカーンのゲティスバーグ演説でも、演説自体のほうがリンカーンの文章より強い印象を人々に与え、それが記録に残っている。時と場合に応じて、まさにそのような言葉を熱をこめて話せるということが、政治家としての本領である。もっといえば、政治家というより、独立した人間の真骨頂であるわけだ。

独立しているということは、自分の意見を誰はばかることなく言えるようになることである。人はパブリックな場で、きちんと自分の意見を発言できるようにならなければいけない。そのために学問をするのだ。それが学問を活かすことである。こう考えると、諭吉の言う独立した人間をつくることと学問の関係が、いよいよクリアになる。

†民間の立場でクリアに日本を教育した人

福沢の特徴は、あまりにもクリアだということだ。いつもカラリと晴れていて、論理に少しの迷いもない。その辺が、福沢諭吉の作品を読むときの快感につながっていく。絶対にウジウジせず、むしろつねにクリアにしか物を言えないという感じがする。

その根本に何があるかというと、勇気の力がある。それを『学問のすゝめ』では「勇力」と言っている。「時勢の世を制するや、その力急流の如くまた大風の如し。この勢いに激して屹立《きつりつ》するは固より易きに非ず、非常の勇力あるに非ざれば知らずして流れ識《し》らずして靡《なび》き」とあり、世の中の流れに対して屹立するのは簡単なことではない。勇力がなければダメだと言うのである。つづけて「読書は学問の術なり、学問は事をなすの術なり。実地に接して事に慣るるに非ざれば、決して勇力を生ずべからず」、実地に則して学問をしないと勇気が出てこないと言っている。まさに勇気や気概といったものをうまく理解し、強調しているといえよう。

では、福沢は精神主義だったのか。ここが大きなポイントである。そもそも日本の課題は、精神主義か技術主義か、二つにひとつのような思考法に陥ってしまうところにある。国粋主義的な考えに陥ると、どうしても精神主義になって、「大和魂があれば全部うまくいくのだ」ということになって、つきつめていくと特攻精神にまでつながってしまうことになる。

一方、技術偏重になると、発想法や思考のスタイルが西洋的なところにどんどん流れていって、何のために生きているのか、誰のためにするのかという志の問題が全部抜け落ちてしまう。いわば「仏作って魂入れず」といったような状態になるのだ。そのどちらかに流れがちなところを、諭吉は「そうじゃなくてね」と言っている。

独立するには、まず勇気を持つことが必要で、学問はそのための道具であって、学問には実学が必要だというように、諭吉の中ではスッキリ整理されていたわけである。知識と心の問題がどういう関係にあって、個人と国家、社会がどういう関係にあるのかということもクリアになっている。

社交の大切さを述べたのも諭吉の功績である。社交というものは、人と人が交わる場である。その付き合いのなかで自分をコントロールして動いていくという意味で、人と人が交わる付き合いの術がひじょうに大事であると『学問のすゝめ』に書いてある。

「さて今一国といい一村といい、政府といい会社といい、すべて人間の交際と名づくるものは皆大人と大人との仲間なり、他人と他人との附合なり。」

そして会社であろうが国であろうが、全部人間の交際である。上下すべての人間交際を、できれば親子のようにしていきたいものだと言っている。そのとき、最大の妨げになるものは、『学問のすゝめ』の十三編で触れているように、怨望すなわちジェラシーである。

羨《うらや》ましがって他人の足を引っ張ろうとするのは、人間交際の上で一番の害をなす行為である。人間にとって望ましくない感情はいろいろあるが、これが最大のものであって、『学問のすゝめ』の十三編にはこのように記されている。

「怨望の人間交際に害あることかくの如し。今その源因を尋ぬるに、ただ窮の一事に在り。但しその窮とは困窮貧窮等の窮に非ず、人の言路を塞《ふさ》ぎ人の業作を妨ぐる等の如く、人類天然の働きを窮せしむることなり。」

怨望は人間交際にもっとも害がある。なぜならそのために人間本来の働きが窮してしまい、妨げられてしまうからである。自分がやりたいことができないから、人を羨むことになる。自分の本当にやりたいことをきちっとやって、人を羨む気持ちの根元を絶つことも、また独立の目的である。

自分自身が独立しており、自分の考えで動いていて、「自分がこれを選択したのだ」と自分に責任を持てれば、人を羨まなくなる。たとえばお金を儲けたいのであれば、金儲けの道に進めばいい。しかし自分はその道を選ばなかったにもかかわらず、人が金儲けをしていると羨む。そういう人は独立していないので、自分の天然の働きが窮しているから人を羨んでしまう、と諭吉は言っているのだ。

独立しているというのは、まさに「私立」の生き方である。要するに自分の力で自分を賄っているという、独立した地盤を持つ生き方だ。生き方のスタイルとしての「私立」、これが福沢の一貫した姿勢であって、国家の役職に就いて日本を教育したのではなくて、あくまで民間の私立の立場に立って活動したという一貫性に彼の特徴がある。

†バランス力に優れた諭吉

外国からの侵略を防ぎ、日本の独立を守るためにこそ福沢諭吉がさまざまな言論活動を展開し、慶応義塾大学の創設もそのための人材を育成することだったということは、いまなお正確には伝わっていないような気がする。しかし彼は、繰り返しそのことを主張しているのだ。たとえば『学問のすゝめ』の三編には、

「我日本国人も今より学問に志し、気力を慥《たしか》にして先ず一身の独立を謀《はか》り、随って一国の富強を致すことあらば、何ぞ西洋人の力を恐るるに足らん。道理あるものはこれに交わり、道理なきものはこれを打ち払わんのみ。一身独立して一国独立するとはこの事なり。」

とある。気力を確かにしてまず一身の独立をはかり、国を豊かにすれば、西洋の力は恐れるに足りないと言っているわけだ。「一身独立して一国独立する」というように、諭吉はここでも、個人の独立と国の独立を一体のものとして考えている。

第三編の小見出しのタイトルも、「一身独立して一国独立する事」となっている。そして「国中の人民に独立の気力なきときは一国独立の権義を伸ぶること能わず」と言い、

その第一条として「独立の気力なき者は、国を思うこと深切《しんせつ》ならず」と言いきっている。つまり、独立の気力がない人間は、他に寄りすがってしまうので、物事の理非の判断力がない。あるいは、働いて自分の経済を立てることもできないから、日々の生活だけでなく考え方まで他人に依存することになってしまう。そういう人が多ければ、一国の独立を維持していくことは困難になる。そうなれば、自分たちの権利を伸ばすこともできなくなる。

そう考えれば、これらは全部、ひとつながりに連環していることになる。したがって、外国に対して日本を守るには、「自由独立の気風を全国に充満せしめ、国中の人々貴賤上下の別なく、その国を自分の身の上に引き受け」、その国民としての義務を果たすほかない。とくに一国全体の面目に関わることについては、個々人がそれぞれの立場で貢献するのが「即ち報国の大義」なのである。

国のためには財を失うのみならず、一命を投げ抛《なげう》っても惜しむに足らずと言っているのだから、かなり強い表現である。そこには、そのために死ねというニュアンスは含まれていない。まず自国を外国から守るためには、自由独立の気風を全国に盛り上げて、国の独立という目的のために、一人ひとりが責任を担おうではないかということをメッセージとして伝えているのだ。さらに、

「官私を問わず先ず自己の独立を謀り、余力あらば他人の独立を助け成すべし。父

兄は子弟に独立を教え、教師は生徒に独立を勧め、士農工商共に独立して国を守らざるべからず。概してこれを言えば、人を束縛して独《ひと》り心配を求むるより、人を放ちて共に苦楽を与《とも》にするに若《し》かざるなり。」

と指摘している。繰り返すまでもないが、官私を問わず、まず自己の独立をはかり、余力があれば他人の独立を助けること。父兄や先生は独立を教え、士農工商ともに独立して国を守れ、というのである。

そして、これは面白い言い方だが、人を束縛して心配するより、個々人が独立して、苦楽をともにする。そういう友情関係や人との付き合い方のほうが、むしろ望ましいと言っているのだ。

福沢の特質は、バランス力だ。「すべて物を維持するには力の平均なかるべからず」、つまり力をバランスよく整えることによって、物事が維持できると考える。

だから国の独立を保つには、内に政府の力あり、外に人民の力あって、内と外が応じてその力を平均することによって保つのだというのである。政府と人民との力関係は、政府が強過ぎれば人民の権利はないがしろにされてしまう。その力を均衡させるために、「ライト」を広げていくという考えである。

諭吉は軸がはっきりしていて、極論に陥らない。ここが彼のバランス力である。極論に走るのではないから、政治手段としての暗殺などはもってのほかである。どうやら彼は、水戸学を学んでいる増田宋太郎という「再従弟《またいとこ》」から、かつて命をねらわれたことがあったらしい。以来、暗殺の危機に怯えていて、暗殺などという手段はとんでもないことだといっている。当然テロは否定され、まず対話を、ということになる。

私のイメージでは、「狂」の字で情熱が沸騰していた松陰に対して、福沢はクールそのものに見える。そこには二人の気質の差もあるかもしれない。

諭吉はあるとき漢書か何かを読んでいて、「喜怒色に顕わさず」という一句に触れて金言だと思い、「ハット思うて大いに自分で安心決定《あんじんけつじよう》したことがある」。以来、

「ソコデ誰が何《なん》と言って賞《ほ》めてくれても、ただ表面《うわべ》に程よく受けて心の中には決して喜ばぬ。また何《なん》と軽蔑されても決して怒《おこ》らない。どんなことがあっても怒ったことはない。いわんや朋輩同士で喧嘩をしたということは、ただの一度もない。ツイゾ人と摑合《ツカミヤ》ったの、打ったの、打たれたのということは一寸《ちよい》ともない。これは少年の時ばかりでない。少年の時分から老年の今日に至るまで、私の手は怒りに乗じて人の身体《からだ》に触れたことはない。」

と『福翁自伝』に記している。ほめられてもたいして喜ばず、どんなことがあっても怒ったことがないという。これには諭吉の生来の気質もあっただろうが、「終始忘れぬようにして独りこの教えを守り」との述懐があることから考えると、そのように覚悟して、訓練した結果であったとも思われる。

彼は少年のときからよくしゃべる子供だったらしく、口数が多いのだが、手も動く。何に対してもかいがいしく動き、手作業がまったく苦にならない人だったようだ。書生によくありがちな議論のための議論はやらず、言い合いのようなことになっても、サラリと流してしまう。そういう意味でクールなところがあって、何事にも必要以上に深入り過ぎない人だったのではないだろうか。

その点、松陰とは気質もスタイルも対照的だ。松陰の熱さを伝えていくスタイルに比べると、諭吉のほうはクリアに物事をはっきりさせて、「ね、こうなっているでしょう?」というスタイルである。

松陰が一部の革命家を育てる高熱の孵卵器、あたかも恐竜の卵を育てる孵化器のような存在だったとすれば、福沢諭吉の場合は、もっとクリアに、当たり前のことをスッキリと言って何百万人もの読者に伝え、日本中に広めていった。いきなり大量の人に言葉が伝わるやり方である。

松陰のように個人と個人の関係で教えたわけではないが、福沢諭吉の文章には彼の肉声がこもっているので、あたかも諭吉が直接こちらに語りかけてくるようである。個と個のつながりを感じさせる文体を持っている。

何百万という単位で教育できるのは、福沢が独立の気風を育てるという気力にあふれながらも、表現形態としてはつねにクリアでカラリと晴れわたり、冷静さを保ちながら伝えたからである。そうしないと、彼は殺されてしまっていたかもしれない。これだけ言いたいことを言って殺されなかったのだから、考えてみればすごいことだ。

†『女大学』批判にみる諭吉の「ライト」感覚

さて、諭吉が生き方としての「私立」にこだわったのは興味深い。どこかで人に頼る気持ちがあると、自分で自分をダメにしてしまう。そこをすっぱり切るという覚悟と潔さが諭吉にはあった。その意味では諭吉も熱い人には違いないが、熱さの底に流れるクリアなものを感じないわけにはいかない。そのことが、諭吉の作品の読後感を心地よいものにしている。

福沢諭吉が書いた『女大学評論・新女大学』（林望監修、講談社学術文庫）も面白い本である。『女大学』という本は、江戸時代の享保年間に貝原益軒が書いたと伝えられる女子用の修身書であり、世に広まっていたものだ。女性を抑えつけていた封建的道徳の代表格ともいえる。

諭吉はこの本に対して徹底的に批判を加えている。まず、女・子供とひとくくりにして論じるのはおかしいのではないか、といっている。男女を問わず一人ひとり人間は平等なのだから、まずはここから出発しなければならない。わが国では、女の道はこうあるべきだと女性ばかりにさまざまな道徳を示しているが、そもそもこれがおかしい。それは男と女を入れ替えて考えてみれば一目瞭然で、女性の方だけ一方的に道徳を守れというのが、いかにおかしなことであるかがわかる、と諭吉は言っている。

たとえば『女大学』には、女が婬乱ならば婚家を去るという項目があるが、諭吉は「我日本国に於て古来今に至るまで男子と女子と孰《いず》れが婬乱なるや」（『女大学評論・新女大学』）と問うている。男と女の、どちらの方がより淫乱だろうか、と問うているのだ。

それへの答えとして、どちらが淫乱かは「詮索に及ばずして明白なり。男女同様婬乱なれば離縁せらるゝとあれば、男子として離縁の宣告を被《こうむ》る者は女子に比較して大多数なる可し」と述べている。つまり、男のほうが淫乱な者は多いだろうから、女の淫乱を離縁の理由とするのは方角違いの沙汰である、といっている。

まったく諭吉の言うとおりである。同様にケチな女は去れとか、子なきは去れなどと言うのもおかしい。

「夫婦の間に子なき其原因は、男子に在るか女子に在るか、是れは生理上解剖上精神上病理上の問題にして、今日進歩の医学も尚お未だ其真実を断ずるに由なし。夫婦同居して子なき婦人が偶然に再縁して子を産むことあり。多婬の男子が妾など幾人も召使いながら遂に一子なきの例あり。」

すなわち、子供ができない原因は、男にあるのか女にあるのかわからないのだから、女だけ一方的に離縁されるというのはおかしいという主張を、論理的に丁寧に展開している。

その根底にあるのは「男がそうならば、女にだって同じ権利が与えられてしかるべきだ」という、先ほど述べた「ライト」の原理である。この場合の「ライト」は、「権利」より「権理」としたほうが理解しやすいだろう。当然の理として、ひじょうに緻密に、論理的に、丁寧に、「それはそうだ」としか言いようのない言葉で話を進めていくので、貝原益軒などは完全に粉砕されてしまう。

女性に対して差別的な古くさい道徳を全部塗り替えてしまう快作なので、女の人が読んだら胸がすく思いがするだろう。諭吉の時代から百年以上たった現在でも、そうしたことを理解していない人が多すぎるので、この本を読めば快哉《かいさい》を叫びたくなるかもしれない。

†学ぶことが幸せだった時代に立ち返れ

諭吉がいた時代と比べて、現代の日本は学ぶ意欲が足りないのではないかという気がする。学問を積むことがいかに大切なことかを、みんなが忘れている。諭吉にしても松陰にしても、「日本を教育した人々」を見ていると、ちゃんと学問を積んでいる。尋常ならざるほどの学問を積んだお陰で、原理的な思考ができるようになったのである。

学問を積むことで、「ライト」という概念に出会ったときに、それをきちんと把握し、自在に駆使できるようになった。概念を知って、ただ繰り返すだけではなく、原理的に当てはめてみて、たとえば貝原益軒の言っていることはおかしいではないかと、概念を正確に理解し、それによって自らの周囲の状況への運用、活用ができたのである。

そもそも概念の活用が学問の本質である。さらに本質的には、その概念をつくっていくのが学問である。そういう学問をしっかりと積んだ人たちが日本を教育していた時代があり、それが尊重された時代があった。学問をすることが、みんなの当然の欲求であって、学問を達成している人が尊敬され、その人たちがリーダーとして発言するのが当たり前だと考えられていた。

そういう時代の日本は幸せだったと思う。何のために学ぶのか、学問するのかという問いと、いかに生きるべきか、そのためにどうすべきかという問いとは密接に関連していた。よく生きることとよく学ぶこととは、ほとんど同じ範疇の問題として受けとめられていた。

ところが今は、「何のために勉強するのか」という問いへの答えが、自分自身の経済的な幸福の追求に留まっている。また政治のリーダーに「学問」を求めることなど、有権者も忘れてしまっている。

幕末明治期には、志を遂げる、あるいは世界をよくしていく、あるいは精神の悟りを得るといった目標が学問をすることと矛盾せず、むしろよく学び続ける者のなかからリーダーが生まれていた。それはある意味で、幸福な時代だった。

しかしいまの時代は、学問を積んだ人間は机上の空論の世界で生きているようで信用できないとみなされ、それより実社会で成功した人間を尊重する風潮が強い。政治の世界においても、門閥制度のように世襲に世襲を重ねた人間が政治家になり、リーダーになる時代である。

次々と世襲議員が誕生し、スターになっていく。そこでは学問をどれだけ積んだか、管理したり、運用したりする能力はどれだけあるのか、あるいはリーダーとしての資質はあるのかといったことは必ずしも問われない。

学問がこれほど馬鹿にされている状況のなかで、日本は危機に陥っていると私は思う。なぜなら日本は、向上心や向学心を中心にして国をつくってきたからだ。読書をするのは尊敬されることであり、みんながやりたいことだった。

学校に行くお金がないから丁稚《でっち》奉公する。けれども、本当は少しでも上の学校に行って勉強したい、あるいは少しでも多く本を読みたい。しかし、本を買うお金がないから借りて読む。そうまでしても、みな学校に行って学問を積みたいと思っていたのだ。

第二次世界大戦に出征して亡くなった学徒兵たちの手記を集めた『きけわだつみのこえ』を読んでも、死ぬ間際の若い人たちが、もう一度きちんと本を読み、学問をやりたかったと、率直で痛ましい告白をしている。いまの若者がそんなことを言うだろうか。かつて学問は、それほどの幸福感を人々に与えていたわけである。

そして学問は自分一人のためではない。勉強してみんなのために尽くすのだ、という気持ちが当たり前だった。ついこのあいだまで、それは続いていた。

いまは官僚といえば、「抵抗勢力」の象徴とか私利私欲を求めるズル賢い人たちの集団だと思われがちだが、もちろんかつてはそうではなかった。以前は、使命感に支えられた厳しい自己規律のもとに、利害が錯綜する国家経営を忍耐強くしかも聡明にやりとげようとする、相対的には世界で最も優秀な集団だと言われていた。彼らは事実、資本主義国でありながら弱者や少数者にも目配りを怠らない、いわば資本主義的社会主義国をつくってきたのだ。

他国に征服されることもなく、経済的にも成長するという状態をつくることができたのは、リーダーたちがみな勉強して社会のために貢献しようと思い、学問を通じて優秀さを競ってきたからである。

しかしいつの時代からか、リーダーに学問は必ずしも必要ではなくなってしまった。それは日本人が直面する大きな不幸である。なぜなら学問をおさめようとする向学心は、幸福につながるからである。

人間は、ひとつでも多く知識を得たい、あるいは一歩でも先に進みたいという気持ちになっているときは、気持ちが盛り上がっているので幸福感を得やすい。一番楽しいときとは、何かをやり遂げてしまったときではなく、「これからたくさん学べるんだ」と思うときだ。その興奮状態がずっと続くような人は、一生幸せに過ごせるのである。たとえば六十五歳や七十歳で仕事を離れたとしても、向学心があればその後の人生の生きがいを見出すことができる。向学心を「技化《わざか》」していたところが、日本人が幸せでいられた秘密だったわけである。しかし、学ぶことを中心に幸福感をつくることが当たり前だった時代は終わってしまった。いまは学びを馬鹿にする不幸せな時代である。

†学びつづける態度を教える教育

そうは言うものの、この国民の本性は、学ぶことが嫌いではない。世界の中で比較しても、日本人はあいかわらず勤勉だ。だから希望があるとすれば、いま一度、学ぶ幸福を見直すところにある。

「日本を教育した人々」にはその特徴として、学問を通じての人格形成を重視する視点は共通している。学問をすることと個人の幸せ、あるいはこの国の未来にどう関わり、役立てるかを考えようとする志の問題を、絡ませてみる姿勢は変わらない。

客観的に見れば、松陰は死罪になり、諭吉も何度か暗殺の危機にさらされたのだから、普通ならあまり幸せには思えないだろう。しかし彼らの人生を丹念にたどってみれば、充実感が湧き上がってくる人生であったことがわかる。思考や行動がすべて国の運命と結びついていて、日本人の「幸せ」な生き方の原型が示されているのである。向学心を軸にした人生のつくり方は、日本人にとっては王道だろうと思う。

もちろん、幸せにはいろいろな形があり、自分だけが安楽に過ごすことが幸福だと思う人もいる。若いうちにたっぷりお金を稼ぎ、四十歳ぐらいになったら引退して、どこかのプライベートビーチでも購入し、お酒でも飲んで安穏に暮らす日々を幸せだと思う人もいるかもしれない。

しかし、そういう生き方ではなくて、老後になっても一所懸命学び続けていく勤勉で真面目な人生を、もう一度原点に返って考えてみてはどうだろうか。かつてはそういう幸せな「学ぶ人生」を、多くの人がごく当たり前のこととして暮らしていたのである。その原型として、リーダー自身が、学問を軸にすえて生きるという人生観を大切にしていた。果たしていまのリーダーは、学問という営みに対して、そこまでしっかりととらえているだろうか。

「ただの学者になってはいけないよ」というのが、これまで取り上げてきた松陰や諭吉のメッセージである。「学問を活用し、それを支えとして生きていくのだ」ということを、それぞれが身をもって示してきた。近代日本においては、向学心という集団的な心性が、社会が乱れないための一つの装置になっていた。

今日、あちこちでいじめ問題が深刻になっているが、向学心を持っている人間は、回復できないほど人をいじめるということはしないのではないか。たとえば野球の部活でも、レギュラーになれなくて上達する意欲を失った先輩が、下級生をいじめることはあるかもしれない。しかし自分が上手くなり、チームが勝つことに一所懸命になっている人間は、他人をいじめない。向学心や向上心は、いじめ対策の基本になる。

みんなで「ソーラン節」を踊ることに取り組み、いじめをなくした学校の例は有名だが、踊りでも合唱でも野球でも、みんなが心を一つにして「向上していこう」という気持ちを持ったとき、「いじめ」はなくなる。

エネルギーが滞留すると、人間にとってろくなことがない、というのが私の考えだ。いまは、多すぎるエネルギーにふり回されてしまっている。エネルギーが少なくて困っているのではなく、その過剰に戸惑い、扱いかねているのだ。

先進国では食べ物に困らなくなり、人類史上初めて過食の時代になっている。現代は未曾有のエネルギー過多の時代といえる。エネルギーの摂取が増大するのと反比例するかのように、体を動かしてやらなければいけないことが少なくなったために、エネルギーが次第に滞留していくことになる。その中で生きる実感をつかむためには、やはり学ぶことを中心に置くのがいいと私は思う。なぜなら、学ぶことは膨大なエネルギーを吸収してくれるからだ。

しかし今日、「学ぶことが好きだ」と言い切る十代の子供が、どれだけいるだろうか。明治時代にもどって聞いてみれば、「学びたい」、そしてそれを通して「世の中の役に立ちたい」という子供のほうが、圧倒的多数だったのではないか。

この国の大きな変化を目の前にしたとき、私たちはいま一度、国の基本に戻ることが大切だと思う。その基本とは、楽しく学び続ける態度自体を教育することである。かつてのリーダーの条件は、まずそのことを身をもって実行するということだったはずだ。

ところが、向上心を刺激することによっていじめが解消されるという議論は、たとえば政府の教育関係の会議のなかでもほとんど出てきていないようだ。松陰の松下村塾を見てみればいい。情熱がメラメラと燃えていて、「いじめ」どころではなかったはずだ。議論の上での戦いはあったかもしれないが、もちろんそれは「いじめ」ではない。お互いの向上心をめぐって、メラメラと燃える感じを持てたことが幸福だったと私は思う。

よく物質的に豊かだから向学心がなくなるという意見を唱える人がいるが、そう決めつけるのはおかしい。向学心に火をつけるために予算と優れた人材を投入する政策が必要である。いまの小学校は、教科書ひとつとっても薄っぺらすぎる。諭吉の時代には『学問のすゝめ』を小学校の教本にしようとさえしていたのだ。もう一度、あの時代に立ち返り、基本に戻ることが大切なのではないだろうか。

あらためて「日本を教育した人々」を並べてみると、松陰はホットに伝え、福沢はクールに伝えた。そして次章で述べる漱石は、ホットでもクールでもなく、とても迷いながら伝えた、という感じになる。

漱石の場合は自分自身も迷いながら、近代日本人が自我の確立に悩むという主題をもった小説群を送り出すことによって、迷うことの積極的な意味を日本人に教育したのである。スッキリと爽やかにいかないところが文学の面白さであり、人の面白さでもある。この三者三様、タイプの違いがあまりにもくっきりとしているので、比べて読んでみると楽しめると思う。

第三章
「夏目漱石」という憧れの構造

夏目漱石の顔写真（毎日新聞社提供）

†教師に不向きな教育者

夏目漱石を教育者という視点から考えてみると、「逆説的な存在」だったといえる。何が逆説的かというと、まず事実として指摘できるのは、彼は一度教師を志し、挫折した人間だったということである。

彼は英語の教師として、『坊っちゃん』のモデルで有名な四国の松山をはじめとして、いくつかの中学で教えている。ところが自分は教師に向いていないと、その職をやめてしまった。原因はいくつかあっただろうが、もっとも大きかったのは、自分には何かほかに、もっとやることがあるのではないかということだった。教師にはたまたまなってしまっただけであって、自分が本当になりたくてなったものではないので、腹が決まらない忸怩《じくじ》たる思いがあったようである。

『夏目漱石全集10』（ちくま文庫）に『私の個人主義』という一文が収められているが、その中には次のように書かれている。

「私はそんなあやふやな態度で世の中に出てとうとう教師になったというより教師にされてしまったのです。幸に語学の方は怪しいにせよ、どうかこうか御茶《おちゃ》を濁《にご》して行かれるから、その日その日はまあ無事に済《す》んでいましたが、腹の中は常に空虚でした。空虚ならいっそ思い切りが好かったかも知れませんが、何だか不愉快な煮え切らない漠然《ばくぜん》たるものが、至る所に潜《ひそ》んでいるようで堪《た》まらないのです。しかも一方では自分の職業としている教師というものに少しの興味ももち得ないのです。教育者であるという素因の私に欠乏している事は始めから知っていましたが、ただ教場で英語を教える事がすでに面倒なのだから仕方がありません。」

ここまではっきりと、自分は教師をやる気がないとわかっている人間が教壇に立つのは、私から見ても、やはり向いていないと思える。なぜなら、教師は生徒のやる気を引き出す存在でなければならないからだ。だからこそ、まず自分の教えている学問が好きであって、次に生徒のことが好きでなければいけない。そうしないと、授業を通して「憧れ」が伝染していかない。

私はつねづね、教育の基本とは「憧れに憧れる」構造だと思っている。先生が持っている憧れに生徒も影響を受け、同じような憧れを持って、「あれを勉強してみたい」とか「先生のようになりたい」と思うようになるのが教育である。

教えている先生が生き生きとしていて、とても楽しそうだから、思わず惹かれていって、「先生がそんなに楽しいのなら、勉強は楽しいものなんだろう」と思い、その欲望を模倣する形で憧れが伝染していく。それが教育の基本である。

漱石は、英語はどうにか好きだったようだが、生徒に教えるという行為自体は好きではなかった。教壇に立つ教師として、それでは教員失格であると私も思う。漱石は自ら失格の烙印を押してしまったのである。

しかし、実際に漱石の授業を見たら、案外面白かったのではないか。漱石は自分のことについて、「わりと気が利かない人間だ」と謙虚に言えるくらいの人間だし、『坊っちゃん』のような文章を書ける人だから、話も上手だったに違いない。だが自身の捉え方としては、教師に不向きな人間だと自覚していたということだ。

私が冒頭で「逆説的である」と言ったのは、漱石が教師を諦め、作家へと転身したことによって、皮肉なことに日本を代表する教育者に生まれ変わったからである。あのまま漱石が教師をやっていたら、いまなお私たちが漱石から感じるような「教育」は存在していなかったに違いない。

いま私は、あえて漱石から「影響」を受けたとは言わず、もう少し積極的に「教育」を受けたと言った。ほとんどすべての国民が教科書等を通して、何らかの形で漱石を学ぶ対象としてくぐりぬけているからである。むしろ漱石の影響力があまりにも大きいので、それについて過不足なく論じることは難しい。

つまり、何となくどこかで聞いて知っているというのとは異なり、私たちは直接彼の言葉に触れ、学んでいる。そのことをきっかけとして、漱石から何かを学びたいと思い、彼の本を読んだ人たちも多い。漱石の文章は彼が直接書いているのだから、明確な直接性をもって私たち一人ひとりを教育したのである。

そうは言っても、漱石の試みについて「教育」という言葉を使うことに、違和感をぬぐい切れない人もいるかもしれない。たしかに、漱石は直接何かを人に教えようとして作品を書いたのではない。いわゆる啓蒙家とは少し違う。漱石は自分自身が問題を抱え込み、そこから生じる悩みや苦しみを何とか文学的に問い続けようとした人である。

しかし教育者は、啓蒙家のように「教えよう」という意志があからさまに出ている人ばかりとは限らない。何か社会問題のような大きな問題を自分で背負い、自分自身につねに問いかける構造を持っている人でも教育者であり得る。啓蒙家のように声高に言わなくても、そのことについて自分はこのように考え、研究し、こうなのだと語るだけでも、大きな影響や教育的効果を及ぼすことがあるのである。

「みんなは社会の問題について考えなければいけない、考えるべきだ」と説教するより、むしろ自分自身がそこで学び続けているという態度を見せること、それ自体が、実は教育者の基本的な構えなのだ。

漱石が作品を作るときの構えも、自分の内側へ向かっているが、それがかえって人々の内側の奥深くに影響を与える教育になっていた。そこがポイントだと思う。

†近代日本語の土台をつくる

漱石が期せずして果たすことになった「教育」という機能のうち、まず触れておかなければならないのは、近代の日本語を確立し、作品を通して普及させたことだ。その意味で、漱石の作品が今後廃れて、万一、誰も読む人がいなくなっても、彼の功績はいささかも減じることはないだろう。

漱石以降に書かれたものは、ほとんどが漱石の影響を受けているか、もしくは漱石がつくった近代日本語の土台の上に築かれている。そのようにして生み出されたものの延長線上で、私たちは話したり書いたりしている。

もちろん、漱石一人が近代日本語をつくったわけではないが、人々に読まれてきた量や、作品として評価されてきたものを考えてみると、漱石に匹敵するような作家は浮かんでこない。たとえば岩波文庫でアンケートを取ってみても、漱石の作品が上位に多く並んでいるばかりでなく、中勘助の『銀の匙』など、明らかに漱石が影響を与えた作家の作品もやはり上位に置かれている。

漱石は現代の読者へ大きな影響をあたえているだけでなく、そもそも作家として作品を発表し始めたときから、常に注目されてきた。いまのように作家がたくさんいなかった時代だったのだから、漱石がつくった近代の日本語のスタンダードの影響はとても大きかったのである。

「漱石がつくった近代の日本語」といったが、それまでの日本語とは、書き言葉において明確な違いがある。樋口一葉を考えてみてほしい。私たちが樋口一葉を現代の日本語としてそのまま読めるかというと、やはり無理がある。名文だということは感覚的にわかるし、声に出して読むと響きがいいが、あれがスッと入ってくる日本語なのかと問い直してみると、実はかなり難しい。

私たちがふだん使っている書き言葉と地続きなのかというと、それが擬古文という形を取っていることもあって、よりいっそう古い感じが出ている。『坊っちゃん』は現代の小学生でも楽しめるが、『たけくらべ』はきつい。内容以前の、日本語のスタイルの問題だ。

幸田露伴は漱石と同じ時代の生まれだが、露伴の代表作『五重塔』も、言葉がどこで切れるのかわからない形になっている。これは『源氏物語』等の古文が、句読点をはっきりさせず、次々に書き連ねていくという書き方であり、それまでの日本文学はこの延長線上にあったからである。

したがって『五重塔』も、日本のいまの中学生が読んで意味がスッキリとわかるようにはなっていない。しかも、そこには漢文的な要素がちりばめられていて、語彙があまりに豊富で、読んでいて苦しくなってしまう。教養があからさまに出ていて、いまの中高生には厳しい内容になってしまうのだ。

あるいは、森鷗外の『舞姫』と比較してみるとよい。『舞姫』は会話の部分ですら古文のスタイルで綴られていて、大変読みづらい。

「『これにて見苦しとは誰《た》れも得言はじ。我鏡に向きて見たまへ。何故《なにゆえ》にかく不興なる面もちを見せたまふか。われも諸共《もろとも》に行かまほしきを。』少し容《かたち》をあらためて。「否、かく衣を更《あらた》めたまふを見れば、何となくわが豊太郎の君とは見えず。」また少し考へて。「縦令《よしや》富貴になりたまふ日はありとも、われをば見棄てたまはじ。我病は母の宣《のたま》ふ如くならずとも。」

「何、富貴。」余は微笑しつ。「政治社会などに出でんの望みは絶ちしより幾年《いくとせ》をか経ぬるを。大臣は見たくもなし。たゞ年久しく別れたりし友にこそ逢《あ》ひには行け。」」

今後、私たちがそのような文章を書くようになることは、あり得ないだろうと思う。当時は「候文」のような手紙をやり取りするのが当たり前のことだったが、いまはもう「〜候」などと書く人はいない。もちろん小説の世界では、日本語に特異な感覚と才能を持っている人が言語としての可能性を探る場所でもあるから、新しい試みとして「候文」や擬古文が出てくるかもしれない。

しかし、私たちが普通に文章を書いたり、パソコンで打ったり、メールを送るといったレベルでいえば、二度と古文調に戻ることはないだろう。ところが漱石の言葉は、そのいまの私たちの言葉と地続きになっているということだ。

彼がたんに先取りしていたというのではなく、直接その基礎をつくっていたという点が、ほかの作家と違う、漱石の国民作家たるゆえんである。たとえば『坊っちゃん』での幇間《たいこもち》の野田との会話文や、山嵐と赤シャツの話をする会話文などは、いまの人が読んでもまったく違和感がない。

「「ええなかなか込み入ってますからね。一朝一夕にゃ到底分りません。しかしだんだん分ります、僕が話さないでも自然と分って来るです」と野だは赤シャツと同じような事を云う。

「そんな面倒な事情なら聞かなくてもいいんですが、あなたの方から話し出したから伺うんです」

「そりゃ御尤《ごもっとも》だ。こっちで口を切って、あとをつけないのは無責任ですね。それじゃこれだけの事を云っておきましょう。あなたは失礼ながら、まだ学校を卒業したてで、教師は始めての、経験である。ところが学校と云うものはなかなか情実のあるもので、そう書生流に淡泊には行《ゆ》かないですからね」

「淡泊に行かなければ、どんな風に行くんです」

「さあ君はそう率直だから、まだ経験に乏しいと云うんですがね……」

「あいつは、ふた言目には品性だの、精神的娯楽だのと云う癖に、裏へ廻って、芸者と関係なんかつけとる、怪《け》しからん奴だ。それもほかの人が遊ぶのを寛容するならいが、君が蕎麦屋へ行ったり、団子屋へはいるのさえ取締上害になると云って、校長の口を通して注意を加えたじゃないか」

「うん、あの野郎の考えじゃ芸者買は精神的娯楽で、天麩羅や、団子は物質的娯楽なんだろう。精神的娯楽なら、もっと大べらにやるがいい。何だあの様《ざま》は。馴染の芸者がはいってくると、入れ代りに席をはずして、逃げるなんて、どこまでも人を誤魔化《ごまか》す気だから気に食わない。そうして人が攻撃すると、僕は知らないとか、露西亜《ロシア》文学だとか、俳句が新体詩の兄弟分だとか云って、人を烟《けむ》に捲くつもりなんだ。あんな弱虫は男じゃないよ。全く御殿女中の生れ変りか何かだぜ。ことによると、あいつのおやじは湯島のかげまかも知れない」

かぎかっこの中が話し言葉風だというのは当然だが、地の文の他の箇所でも「こんなのが江戸っ子なら、江戸っ子にはなりたくないもんだ」と言っていて、語りの文体がいわば地の文になっている。ひじょうに読みやすい文章である。

これはどちらかというと、漢文の影響というよりは、十返舎一九の『東海道中膝栗毛』に近い。「それは褌《ふんどし》じゃねえか。どうりでくせえと思った」といったような、旅の恥はかき捨てだというような場面があるが、そういう文章を読んでいると、現代にそのまま通じる感じを受ける。

要するに江戸時代の人も、話し言葉は「〜候」ではなかったわけだ。しかし書き言葉になると急に堅苦しい感じになってしまうのが、日本語の癖だった。裃《かみしも》をつけ、袴《はかま》をはかなければ書き言葉ではない。書き言葉とは、そういう正式なものという思い込みが強かったので、それを打ち破ろうとして、二葉亭四迷などが言文一致体という話す言葉と書く言葉の一致を求めていたのである。

それがうまくいっているのは、円朝の『牡丹灯籠』という作品だ。もともと落語家が話した話をそのまま文字にしただけなので、現代の日本語に近い、読みやすい文体になっている。これもかなりの影響を与えている。

つまり私たちが普段使っている書き言葉としての日本語は、実はそんなに古いものではなく、書き言葉においては一度断絶があるということだ。だからこそ、古文が嫌いな人がたくさんいるのである。古文の授業にみんながうんざりしたのは、読んでスッとわかる文章ではなかったからである。

そこに断絶があったわけだが、漱石の時代はちょうどその端境期にあった。漱石は古い日本語を使いこなせるだけの時代にいたし、それだけの漢文や古文の素養もあった。だから、そちらで書くことができたかもしれないが、選択として、話し言葉とも地続きである新しい書き言葉、つまり近代日本語を選択したのである。

†文化向上に貢献したゲーテと漱石

そこには漱石の教育的な意思があったと思う。どちらの文体を選択するかは、作家にとって大変大きな問題である。たとえば、古い文体で書けば、古い日本の意識がまとわりついてくる。

「もののあはれ」を表現するのであれば、古い日本語でもいい。しかし新しい人間の意識やこれからのモダンな日本人が考えるべきことは何かを考えていくと、どうしてもこれまでの日本語では、江戸時代までの古い考え方の枠組みから決別できない。漱石は江戸のことは好きだったが、しかし自分が文学の主題としたものは、「エゴイズム」「自我」「自己本位」という欧米的なものだったので、古い日本語ではそのテーマを明確に追求できない。

古文を読んでいると、どれも少し似ていると感じるときがある。「何でも最後は全部、無常観へいっちゃうの？」という感想を覚えることがある。日本語の古い文体の限定があり過ぎるために、価値観や美意識もどうしても引きずられがちなところがある。漱石はそこを新しく変えていかなければいけないという意思をもち、新しい日本語を選択したのである。

ところが選択したといっても、現在の私たちにとって、いまは何を読んでも漱石のような日本語で書かれているものばかりだから、それを当然のことのように感じる。けれども漱石の時代には、このような文学自体がなかったので、自らつくらなければならなかった。文体をつくるところから始めなければならない、というところが、漱石の立ち位置だったわけである。

その意味では、ゲーテがドイツ語に果たした役割とかなり近い役割を漱石は果たしているように思う。ドイツは、ヨーロッパの中では国自体が後発国だったので、英国やフランスと比べると文化的に見るべきものがあまりなかった。

英国の場合、関ヶ原の戦いの頃にもうシェイクスピアがいた。内容といい、文体といい、言葉の切れ味、作品の量から見ても、シェイクスピアひとりで、民族の文化の高さを保証してしまったようなところがある。

一人の大作家が出ると、その国の文化レベルを一気に押し上げてしまう。まず言葉のレベルが押し上がる。それに伴って意識のあり方や、何を美しいと思い、醜いと思うかという美意識まで決めてしまう。

シェイクスピアの『オセロ』の中のセリフにある、嫉妬というのは「緑色の目をした化け物だ」という言葉にしても、いまの私たちが聞いてもカッコイイと思う。そのような言葉が、すでに関ヶ原の戦いの頃にはあったわけだ。

ドイツには、そういうものがあまりなかった。しかしルターがプロテスタント運動を始めるときに、教会という仲介者なしに、神との一対一の向き合い方、構えを持つことが大切なのだと考え、誰にでも聖書が読めるように、それまでラテン語で書かれていた聖書をドイツ語に直した。ゲーテはそのあと出てくる。

つまり基本的な作業はルターが行ない、ゲーテがドイツ語の可能性を広げて見せたわけだ。ドイツ語でも世界文学は可能なのだということを詩の世界でやって見せ、散文の世界でやって見せ、小説の世界でもやって見せた。『若きウェルテルの悩み』はヨーロッパ中で大ベストセラーになった。まさに「ドイツ、ここにあり」という形で、ドイツの文化を押し上げた。後発国を世界標準にまで持っていった大作家だったわけである。

漱石も同じような役割を果たしたといえる。後発国である日本、産業革命に遅れた国、近代国家ができるのが遅かった日本、欧米を真似しなければいけなかった日本の状況を考えると、そういう中で課題をこなせる近代の日本語が欲しかったわけである。

†漢文と落語と英文学の素養が漱石の骨格

そのとき、私たちにとって幸運だったのは、漱石には漢文の素養があり、落語が好きで、しかも英文学者だった点だ。これは大変ありがたいことだ。

日本語には、その骨格を成すものとして漢文の素養が大切である。大和言葉だけで文章を書いたらどうなるかというと、感覚的な印象・感想のみが優先されて、論理的・抽象的な思考が難しくなる。

たとえば、「抽象的な思考」という表現自体が大和言葉では難しい。同様に、「存在を認識する」という言い方はどうだろうか。漢語を持ってきたり、欧米の言葉を権利、義務といった言葉に言い換えていったように、抽象的な思考や議論には、それにふさわしい言葉を外国語から置き換えたり、つくっていく必要がある。哲学者の西周や福沢諭吉などが力を発揮して、そういう言葉をつくった。近代の日本語ボキャブラリーは、こうして飛躍的に増加した。

それなくしては、明治維新も難しかっただろう。憲法も、西欧諸国のものを翻訳した上で日本に導入したわけだが、それにふさわしい言葉が日本にはほとんどなかった。しかし漢語には、抽象的な思考や概念的操作を可能にする言葉が数多く含まれていた。だから日本人は漢学を勉強することによって、抽象的な考え方の骨格をつくったのである。

漱石は素読世代だが、この世代は、そのあとの芥川龍之介以降の教養世代とは明らかに違うと哲学者の唐木順三は言っている。素読によって日本語の骨格が身についていて、きっちりとした漢字の熟語が使いこなせる世代である。漱石に漢文の素養があったことが、近代日本にふさわしい抽象的な思考や言葉遣いを可能にした大きな要因である。

次に、漱石が落語好きだったという点だが、それは彼が書いた小説を読めば一目瞭然である。『坊っちゃん』は全体が落語みたいなものだし、『吾輩は猫である』も、猫が見ているという設定自体にすでに落語的ユーモアが感じられる。

漱石が生きた明治時代は、政治や世の中を語ることが一種の流行りだったが、そういう国政談義をやっていたにしても、漱石には軽妙洒脱さというか、江戸的な軽みがあった。それを「粋」といってよいかも知れない。だから漱石の文学を悪く言う人は、「あれは落語みたいなものだ」といってけなすこともある。

しかしその落語の話し言葉の雰囲気が、文学という形で自然に書き言葉に入り込んできたところが、漱石にとっても、私たちにとっても幸せだったと思う。いまはこの流れがどんどん加速し、友だちにしゃべるように書くようになっている。

三番目のポイントは、漱石が英文学者だったという点である。漱石は普通に英語ができたというのではなく、極めてよくできたのである。彼がひじょうな秀才だったことは、日本を代表してイギリスに留学していることからもわかる。

当時の留学生は、たとえば森鷗外の場合を見ればわかるように、国を背負って行く能力を得るための一大事業だった。国の運命を託せるような人材というのだから、抜群に優秀でなければ選ばれない。その代わり、無事に成果を収めて帰国すれば、いわゆる「博士」というものになって、望みどおりの権限と栄誉を得るというルートが確立していた。

漱石の場合、英文学者として留学したが、英文学者というのは、英語で書かれた著作の研究に従事するものをいう。だから作家ではない。漱石も留学前には、小説の実作者としてのアイデンティティは持っていなかった。

しかしイギリスに行ってみて、霧の深いロンドンで、生来の暗さに拍車がかかり、ほとんどノイローゼ状態になってしまった。鷗外が達者なドイツ語でいろいろな女性たちと付き合ったのと比べると、まったく正反対の、引きこもり状態を経験せざるを得なかったのである。

そのときに漱石が思い煩っていたのは、そもそも自分はなぜここにいるのか、ということだった。講義を聴きに行っても大したことはない。街を歩いてみても、それほど心惹かれるものはない。あれもこれも面白くない。

そもそも日本人なのに、生涯をかけてイギリス文学だけを研究し続けることに、どのような意味があるのだろうか。どこまでいっても、英文の実作者に勝てないのは明らかではないか。研究者としても、英国人に勝つのは難しい。

たしかに、研究することがまったく無駄とは思わない。自分も勉強をしてみたが、それだけで終わっていいのか。ノイローゼの極致の中で、漱石は思い悩んだ。「私の個人主義」によると、

「あたかも嚢《ふくろ》の中に詰められて出る事のできない人のような気持がするのです。私は私の手にただ一本の錐《きり》さえあればどこか一カ所突き破って見せるのだがと、焦燥《あせ》

り抜いたのですが、あいにくその錐は人から与えられる事もなく、また自分で発見する訳にも行かず、ただ腹の底ではこの先自分はどうなるだろうと思って、人知れず陰鬱《いんうつ》な日を送ったのであります。」

（『夏目漱石全集10』ちくま文庫）

とあり、

「しかしどんな本を読んでも依然として自分は嚢の中から出る訳に参りません。この嚢を突き破る錐は倫敦《ロンドン》中探して歩いても見つかりそうになかったのです。私は下宿の一間の中で考えました。つまらないと思いました。いくら書物を読んでも腹の足《たし》にはならないのだと諦《あきら》めました。同時に何のために書物を読むのか自分でもその意味が解《わか》らなくなって来ました。」

（同右）

と、その当時の心境を率直に告白している。その結果、「この時私は始めて文学とはどんなものであるか、その概念を根本的に自力で作り上げるよりほかに、私を救う途はないのだと悟った」のだった。

ロンドン中を歩き回っても、何のヒントもない。書物を読む意味にも、次第に確信がもてなくなった。そこで、いままでは他人本位であったのを、自己本位で行こうと決めたのである。その結果、彼はグッと強くなった。

他人本位というのは、ここで言うと、英文学の研究のことである。英語で書かれた作品があって、それを解釈しようとしても、書いた人がもうすでにいる。それを研究するのは他人本位である。そうではなくて、批評されたり、研究されたりする対象となる作品を自分自身で作ってみたくなったのである。

これは漱石にとっては大変な冒険だった。大きな川を、思い切りジャンプして渡ろうとするような感じだったのではないだろうか。まさに境界線を飛び越えるような決断だった。しかし、そのことによって漱石の腹は決まった。いままでどっちつかずの「中腰」の状態だったのが、いよいよ腹が決まったのである。

†日本人に近代的な悩み方を教えたビルドゥングスロマン

そうした経緯を経ていたので、漱石はただ漠然と作家になろうとしたわけではなかった。作家への志向は、書くべき内容やテーマについての厳しく緻密な追求と重なっていた。そのときに漱石は、これから日本人はいったいどうあるべきか、と考えたのである。

もちろん最初に考えたのは、日本人である自分はどうしたらいいのかということだっただろうが、彼はエリートだったから、自分の私的な人生のことに煩悶していただけではなかった。

当時のエリートは国家を背負っている存在だったので、そう思うのは当然の意識だった。自分個人がどう幸せになるかなどということは、あまり問題にしなかった。漱石の小説が、「自分はどうしたらいいのだろう」と悩む主人公を登場させたとしても、それは漱石の悩みというよりは、これから多くの日本人が背負っていくであろう悩みを先取りして描いたに過ぎない。いわば漱石は、おのずと「悩み方の教育」を施していたとも思える。

その作品を通して、漱石が日本人に何を教育したのかというと、一番目には近代日本語を教えたことがあげられるが、二番目には日本人の近代的エゴ、悩みどころを教えたのである。

明治時代は「いったい私たちは、いかに生くべきなのか」という問いについて、みんなが大変盛り上がって考えた時代だった。そのとき、どちらかというと、「この国をどうするか」という政治論に青年たちがどんどん流れていったが、漱石の作品は『それから』や『三四郎』『道草』を見ればわかるように、国家論とは正反対の方向に向かっている。

男女間の恋愛があったり、夫婦間の煮え切らない関係を描いてみたり、その他にも、本人にとっては重大なのかも知れないが傍から見れば取るに足りないとしか思えない、どちらかというと内面的なことを扱っている。つまり、内面的な問題について悩むという行為そのものを読者に指導しているように見える。いったいどこを悩みどころにすればいいのかということを、私たちに教えていったわけだ。

漱石が「悩みどころの教育者」であったというのは、ちょっとおかしな言い方だが、漱石のあの何かを深く内に秘めているような風貌とも相まって、かなり説得力のある教育が行われたと思う。私たちがよく知っているあの漱石の顔を見ていると、いかにもお札や肖像画になりそうな犯し難い偉い雰囲気が漂っているし、難しいことを考えて思い悩んでいるようにも見える。

さぞかし高尚なテーマで深く悩んでいることが想像される風貌と、神経質であったとか、胃が悪かったというような肉体的な疾患がもたらす苦しみなどが相まって、「悩みの達人」のように感じられてくるのである。

まさに「文学とは悩むことにあり」というような感じなのだ。文学は楽しむものもあるが、私たちは多くの場合、文学とは容易に解決の見出せない、さまざまな苦悩の表現だと思い込んでいる。それもまた、漱石の影響が大きいのだと思う。

悩みが多い漱石の文学の中では、『坊っちゃん』は愉快な読み物だ。しかし、よく読んでみると、江戸っ子の坊っちゃんが世の中や時代と折り合いがつけられず、悩んだ末に四国から東京に帰ってきてしまう話である。世の中とズレた気質を持った人間の日常と、そのことによって生じる悩みを描いているのである。

ただ、坊っちゃん当人はサッパリした性格なので、あまり悩みは深くないが、これが『三四郎』になると、つねに惑い、ためらっている主人公が登場する。三四郎はたしか九州出身だったが、そのわりには、九州男児という言葉が連想させるような肝の据わったところがない。

旅の途中で出会った女性に宿の同部屋に誘われてどうしてよいかわからず、「度胸がない」と言われて恥をかいたり、美禰子のように都会的なセンスを持つ女に翻弄されて、「ストレイシープ、ストレイシープ」とつぶやきながら「俺は迷える子羊か」と悩んでしまうという、初々しい青春の悩みを前面に押し出した小説である。

地方の人間が上京してくるとき、東京という街の魅力と巨大さに茫然とする一方で、思わず憧れてしまうところなどがよく出ている。そういう意味で『三四郎』は、若々しい青春の悩みをうまく描いている青春小説である。

三四郎のような青年が恋愛問題だけではなく、ほかにもいろいろな問題について考え、悩み、成長していくタイプの小説は、ビルドゥングスロマン（自己形成小説あるいは教養小説）と呼ばれていて、外国文学ではゲーテの『ウィルヘルム・マイスター』やロマン・ロランの『ジャン・クリストフ』などが有名である。生まれてから青年期、成年期、老年期とそれぞれどんな悩みを抱え、何を課題として生きていくべきかという、人間が踏み越えていくべきステージを一つ一つ示していく小説である。

漱石の仕事も、「青年期には恋と友情の板挟みを悩んで下さい」「次は不倫に悩んでください」「夫婦関係のややこしさに悩んでください」というように、さまざまな悩みを小説のなかで扱う。『それから』に出てくる代助は、いまのニートの走りみたいなものだ。働かなくても食べていけるのでブラブラしているが、バカではない。彼が昔好きだった女、三千代が平岡という友達の奥さんになっているが、急に自分のものにしたくなって話を持ちかける。

しかし三千代のほうが、いよいよ「覚悟を決めましょう」と言い出すと、代助は心が決まらずに、かえってグラグラしてしまう。ラストシーンでは街中が、電車も何もかも赤い色に見えて、ぐるぐる回ってしまう。めまいに襲われて、「真っ赤で、もうクラクラだ」となってしまう。男としては何とも情けないタイプではある。

武士のような腹の据わり方がまったくなく、問題を抱え込み続けてしまう、およそ〝非武士的〟な人間を描いているのだが、そのあたりの「悩む男」像を描くと、漱石はひじょうにうまい。しっかりとした毅然たる男を描くより、悩む男を中心にして描いていくと、話として面白くなっていくタイプの小説家である。

『こころ』も、友情と恋の板挟みがテーマになっている。当時、友情は大きな価値を持っていた。男同士がわかり合うことは、恋愛感情よりも優先すべきであるという考えが伝統的にあった。

しかし『こころ』に出てくる「先生」は、それを大きく裏切ってしまう。親友のKが下宿屋の娘を好きだと「先生」に告白したとき、自分もその娘さんを好きだった「先生」は「向上心を持たない者はバカだ」と言って、Kを自殺に追い込んでしまう。ところが実際は、Kの告白を聞いた「先生」が抜け駆けをして、下宿屋の奥さんに「娘さんをください」と言ってしまう。それがKの耳に入ってしまったことが自殺につながるのだから、完璧な裏切り行為である。

人間の心の弱さというのだろうか、恋愛感情を優先させて、守るべき友情を守り切れなかったことがテーマになっている。「先生」はこの秘密を抱えたまま誰にも言わずに生きていくが、最後に「この秘密を君に伝えたい」と、主人公の「私」に遺書を残して自殺する。自殺したきっかけは乃木大将が殉死したからで、明治という時代が終わったのだから、私も死ぬという内容が記してある遺書だった。

そこに、「明治」に対する漱石の愛着が見て取れる。明治とともに自分は死んでいくのだと「先生」は言うが、漱石自身も、生まれは江戸時代だが、物心がついたのは明治だった。明治時代とともに生き、明治という近代化の荒波の中で、日本人はどのように生きるべきかをテーマにしてきた人だったから、明治の終焉にひとつの時代の区切りを感じたに違いない。

漱石は、日本中がこぞって欧米化してしまうことへの抵抗感をずっと持っていたのである。英文学の研究者をやめて作家になろうと思ったのも、文学という領野での独立国をめざしたからであって、『草枕』にはそれがよく出ている。『草枕』は風変わりな実験小説で、漢詩や俳句が次から次に出てくる東洋趣味満載の不思議な小説だ。

そこには、漱石が好きだった漢詩や俳句の世界、東洋の美術の世界が語られている。そういうものが好きな自分と、それを表現するには翻訳調の文体にならざるを得ず、そのために西洋的な考え方が身についてしまった自分がいる。テーマとしての男女の三角関係から生じる悩みにしても、欧米の小説はそういうテーマが大きな比重を占めているので、自然にその影響を色濃く受けてしまう。

†漱石の東洋趣味と近代化への葛藤

否定しようがすまいが、漱石には欧米の物の考え方がすでに身についてしまっているのである。にもかかわらず、漱石の好みは東洋趣味、あるいは江戸趣味にある。ちょうど、明治という時代が近代化の波に押し流されているように見えながら、実際に明治維新を起こしたのは江戸時代の人たちだったので、江戸が色濃く残っているのと似ている。

漱石の中で何が起こっていたのかを思い浮かべようとするなら、コーヒーを飲むときにミルクを入れ、それがゆっくりと渦を巻きながら溶けていく様子を想像してほしい。濃い、苦いコーヒーの実体が日本の歴史の深さだとすると、その上に欧米が、濃厚なミルクのように入ってくるわけだ。そして完全に混じり合ってしまうと、やがてコーヒー牛乳のような色に変色して、味が完全に変わってしまう。

苦いコーヒーしか知らなかった私たちは、「この甘さは何だろう」と初めは不思議に思うが、一度飲んでしまうと、やがてその味覚に慣れてしまう。漱石はそれを予感していたのだろう。

最初はコーヒーの表面にミルクが渦をまいているだけだが、それが次第に本来のコーヒーと分かつことができなくなるように溶け込んでしまうことを予感しつつ、欧米というミルクが広がっていく様子を呆然と眺める。つまり漱石には、欧米がどのように日本を侵食していくのかが手に取るようにわかり、もしかしたら、自分もそれに加担しているかもしれないと感じていたのだろう。

しかし、加担する必要性もあったのだと思う。もはや日本人は近代的な社会のあり方を学ばない限り、欧米と伍してやっていけないことを漱石は知っていた。悩み方ひとつを取ってみても、いつまでも近松のように心中して終わりというわけにはいかない。世間の掟に背いたからといって、引き回しのうえ斬罪に処せられたのでは堪らない。

漱石は何もできずにウロウロする人間を描き切るわけだが、そういう煮え切らなさも含めて、近代的な人間の悩みどころをしっかりみんなに学んでもらうことで、近代人としての意識やエゴ、近代的な自我を持ってほしいというメッセージを発していたのだと思う。

これからは近代的な自我が必要である。しかし単純に欧米的な自我と置き換えればいいというものではない。だとすると、日本人としての近代的自我とは、どのようなものであり得るのか。それを追求したのが漱石の文学の柱だった。

「日本人としての近代的自我」というとき、それは欧米のものと異なるのは当然である。日本人は人を傷つけたり、「俺が、俺が」と自己主張する方向には行かない。最終的には「則天去私」と呟きたくなってしまう。というか、そのほうが、むしろ気分としては落ち着く。「則天去私」とは漱石の最晩年の言葉で、その意味は、エゴとしての私を去って天（自然）に身をゆだねる悟りの状態だ。

漱石は自己本位を追求したが、最後はやはり「則天去私」と言って死んでいきたいと思ったのだろう。近代的な自我を作り、日本人の意識を近代化するという作業を行なった上で、やはり戻っていくところは精神の安らぎだった。これが日本人に刷り込まれた東洋的な世界観だろうと思う。

『門』という作品は一見静かな小説だが、漱石はこの中で心のあり方やその行方を示して、悔いるべき過去を持つ人間が日本人としてどう生きるべきなのかということについてモデルを提供した。『門』の主人公は友を裏切って友人の妻を奪ったけれども、その罪の意識に悩んで世の片隅にひっそりと生きる男である。政治的・社会的な影響力のある男ではない。言ってみれば読者に近く、それだけ共感が持ちやすい人物である。

話の内容も、『項羽と劉邦』や『三国志』のように、誰が天下を取るか、どう獲るかという血湧き肉躍る英雄の物語ではなく、それとは正反対といっていい、とるに足らない出来事が繰り広げられる。『それから』にしても、だらしない男が人妻を奪い取ろうとして、最後のところで躊躇してしまう話だから、当人以外の者にとってはどうでもいいようなことだ。

だが、人生は所詮、夫婦間でのちょっとした諍《いさか》いや男女間のトラブルなど、どうでもいいものに振り回されていくのが現実である。漱石が描いたのも、その避けようのない現実だった。

しかし文学の醍醐味は、日常的な夫婦の諍いで終わりではなく、そこから人間同士が理解し合う難しさを考えるところへ進んでいく。この悩みどころを教えるのが文学者の仕事といってもいい。漱石以後の、芥川龍之介の自殺は有名だが、決して少なくはない文学者が自殺という形をもって臨まなければならないほど、「悩む」ということが文学者の仕事になっていった。

早世する文学者は多い。芸術家の中で、画家は長命である。ゴッホのように特殊な気質の人を除くと、多くの人が長生きしていて、八十歳以上の人もたくさんいる。それに比べて、文学者の短命ぶりが目につくのである。本当に明治、大正の文学者は次々に若くして亡くなっている。そのぐらい「悩む」ということを仕事にしてしまったのである。太宰治などもそうで、人生の悩みどころを読者に命懸けで教えて、風のようにこの世を去っていったという感じがする。

†人間に対する理解の仕方を教える

漱石が日本人に教育したことの三番目は、人間に対する理解の仕方である。私たちが軽視していることのひとつに、人間理解力がある。人間理解力とは、人を見たときこの人はたぶんこういう経験をしてきたのだろうと推測する能力、あるいは、いま言っている考えや言葉の裏には、猜疑心があるのか、嫉妬があるのか、競争心があるのか、遠慮があるのかなど、一瞬の表情から、その人の深い心理や人間性を見抜く力である。

それが人間理解力だとすると、その力を学校教育のなかで伸ばす教科が見当たらない。理科は人間に関する学問はあまりやらないし、社会科も、家康や秀吉についてはいちおう学ぶが、人間理解というにはほど遠い。

せいぜい、権力者とはどういうものかという話になって行きがちである。人間理解力を学ぶとしたら、学校の教科でいえば国語が比較的近いと思う。しかし、私はいま教科書を改善する文部科学省関係の委員を務めているが、国語の世界でも、文学などより日本語を教えればいいのではないかという委員も多くなっている。

いまの日本では文学が高く評価されていないのだ。たしかに国語は日本語を教える教科だが、それだけになってしまうと、人間理解力を担当する教科が本当になくなってしまう。日本語の面白さだけを伝えても、人間性を深く理解することにはならないではないか。

そう考えると、国語の教科書に夏目漱石の『こころ』があることはひじょうに重要な意味を持つ。私たちは授業で「先生」やKの気持ちなどを考えることで、人間を理解する力を育むことができるからだ。

手紙の書き方やビジネス文書の書き方、人の話の聞き方やプレゼンテーションの仕方を学ぶことも大切だが、それは必ずしも、国語という授業の主流でなくてもいいと私は思う。文学も、もちろん感性を養うという目的のために教科書に残っていくだろうが、私は感性を養うというより、人間理解力を養うために必要だと思っている。

だから、教科書で『ごんぎつね』をやるのであれば、最後にごんはどんな気持ちで死んでいったのかとか、ごんを撃ち殺したときに、兵十はどういう気持ちになったのかといったテーマを設定すれば、人間性の理解力を追求できる。この点では、『ごんぎつね』は『こころ』と変わらない。人間理解力こそが生きていくうえで最も大切なものであり、それが社会性そのものだと私は思っている。

社会で通用する人間を育てるのが学校の主な目的である。さまざまな人間を理解する力が社会において最も重要なファクターであるから、それがわかる人間を育てるのが学校の使命である。社会がどう動いているかを学ぶことも、知識としては必要だが、人間と人間が理解し合えることのほうがもっと大切ではないだろうか。

なぜならコミュニケーションが深まらなければ、一緒に仕事をすることは難しい。相互に理解し合えないところに争いが起き、果ては戦争が起きる。イスラム教とキリスト教の戦いはいまだに続いているが、その原因は理解力のなさ、相互の歩み寄りの足りないところにある。

相手にとって大事なものは何か、相手はいまどう考えているのか。そういうことを推し量って、自己中心的な考えから離れ、他者の身になって考える方法を学ぶという点では、人間理解力は広く社会性を身につけることにもつながっている。

現代国語、とくに文学教材をうっとうしいという人は、人間性に関する理解力を軽視している、あるいは苦手だから、そんなものは価値がないと言いたいのだ、と私には思えてならない。たしかに文学はやってもやらなくてもいい教材だと言って言えないことはないが、しかし人間理解力を伸ばすために何かテキストが必要だとすれば、それには文学がいちばん適していると思う。

もちろん文学以外のテキストでも使えなくはないが、たとえば絵画や音楽をテキストにして人間理解力を伸ばすのは、教えるほうも学ぶほうも、かなり高度な知識とテクニックが必要である。工場見学をして人間理解力を伸ばすのもかなり難しいし、新聞記事を読ませて人間理解力を深めるのは、やってできないことはないが、やはり難しい。

その点、文学は人間性をテーマにしているから、人間理解力を伸ばしやすい適切なテキストである。だから文学を通して、ある程度の人間理解力を身につけるべきではないかと思う。それが社会性でもあると私は思う。

†私たちの内面を耕した漱石の知性と教養

漱石を読むと、知性、教養、日本語力といったものが、人間理解力をつける上で大きな役目を果たしていることがはっきりわかる。これはバカな人が書いたのではないということがひと目でわかるのだ。

現代の文学においては、「バカな！」と思うものがないわけではない。いまは、いろいろな人が書き手となって作品を発表しているので、作家も玉石混淆である。しかし当時、鷗外や漱石などの文学者は当時の日本を代表する知識人でもあり、普通の人とはかけ離れた知性や教養を蓄えている大教養人だった。

彼らは、そういう磨き抜かれた知性・教養に加え、現代人には及びもつかないような圧倒的な日本語力をもって作品を書いた。漱石の場合は、私たちが悩むような問題をともに悩もうとした。先取りしようとしたわけだ。

やはり人間理解力が知性や教養によって支えられていることが、漱石や鷗外を読めばわかる。フランス文学でも、ユーゴーやバルザックやスタンダール、プルーストなどの大作家たちが、国民の知性・教養や人間理解力を総合的に伸ばすことに貢献している。

それを読むことによって、人間をどう理解したらよいのかという水準が上がっていくのである。

そういうことを積み重ねている国民は、高いレベルで人間性の理解力を養っている。しかしそういう文学が身近になければ、人間理解力は育たない。もちろん、日本にも『源氏物語』など優れたものがあるが、問題意識が直接に近代的というわけではないので、作品の内容を正確に理解することが難しい上に、すぐに人間理解力を育てるのに役立つテキストにはならなかった。

しかし、平易な日本語で面白く書かれた漱石の作品は、多くの人の目にふれた。そしてその作品を読むことによって、いまは軽視されがちな知性・教養というものが、いかに人間性の理解に大きな役割を果たしていたかということも同時に学んだ。私たちは正しいインテリジェンスのあり方を、漱石から学んでいるのではないかと思う。

漱石は単純に作家というだけの存在ではない。私たちにとってもっと大きな存在である。高い教養や知性がうかがい知れる彼の作品は、世界に出してもまったく恥ずかしくないものである。

漱石は小説を読むという行為自体も、作品を通じて国民に教えていったと思う。それ以前も小説を読む習慣はあったと思うが、私たちがいま当たり前のように文庫本で漱石を読むようには簡単にはできなかった。

なぜなら文字を追いながら、頭の中にイメージを湧かせ、登場人物の心情に自分を重ね合わせ、いまどんな変化が起こったのだろうかと自分自身に問いかけつつ読む行為は、相当な精神的エネルギーを使うからだ。

そのようなエネルギーを使う行為にもかかわらず、漱石の作品は面白いので読み進めていってしまう。これはひじょうに楽しいトレーニングになっている。負荷はかかっているが、その先に喜びがあるので、ついつい引き寄せられてしまうのだ。

ところが、もし内容が退屈だったり文体が難しければ、私たちはついていけない。きっと読む人は少なかっただろう。しかし、漱石は平易な文体に面白い内容を盛り込むことによって、読者をぐいぐい引っ張っていくので、知らず知らずのうちにトレーニングを積むことになる。何をトレーニングしているかというと、先ほどの話につながるが、人間の内面の奥深くを見通す練習、つかむ練習を、読むという行為を通じて行なっているのである。

内面とはどういうことかと考えてみると、その正体をはっきりとつかむのは難しい。心の内面で起こっていることは、もしかしたら、私たちのたんなる思い込みにすぎないのかもしれない。

しかし、いちおう内面で起こっていることがあるとして、それをつかみ取る練習をしていくことで、読者の内面そのものが耕されて深くなっていく。ここが大きなポイントである。本を読むことによって、だんだん内面が深く、広く、複雑になっていく。内面づくりというような働きが読書の効用にはあるわけだ。

内面がそれほど深くなくても生きていけるが、面白味のある人生とはいえない。まったく悩みのない人生が幸せかというとそうではなく、単調で深みに欠けたものにしかならないだろう。

効率のいい生き方を目指すだけならば、太宰治の『人間失格』などは不必要になってしまう。やはり内面の豊かさが伴っていたほうが人生は楽しいし、充実しているだろう。その豊かさを学ぶためには文化が必要で、その重要な一つが文学である。

文学はそれを読むことによって内面を見通す力だけではなく、内面そのものをつくっていくことにもつながる。人間のいろいろな深い感情や機微といったものも、文学を読むことによって学習されるのである。

私たちは漱石の作品を読むことによって、それまで知らなかったさまざまな感情を学習することができる。その極端な例がゲーテの『若きウェルテルの悩み』である。当時のヨーロッパでは、あのような恋愛や人間関係の悩みで人が自殺するのは珍しいことだった。

しかし、『若きウェルテルの悩み』を読んで自殺者があいついだというのは、文学が内面に影響を与えすぎてしまった極端なケースである。それほど文学は人の内面に影響を与え、内面を複雑に耕していくのである。

†若い人を励まし育てた門人システム

漱石の教育として四番目にあげられるのは、後進の育成に成功したことである。漱石は広く日本人一般に対して影響を与え、私たちは漱石から教育を受けたわけだが、彼が直接教育した人たちもいる。

その接し方は、学校の教師としてではなかった。プライベートで若い人たちの世話をしたのである。漱石には「門人」ともいうべき弟子たちがいた。ここでいう門人というのは、内弟子のように、朝起きてから寝るまでずっと自分の身の回りの世話をさせて、修業させるという意味での弟子ではない。芥川は漱石の門人だったが、べつに漱石の家に寝泊りして修業をしていたわけではない。

漱石における門人システムは、まさに門を自由に出入りするゆるやかな師弟関係というニュアンスをもつ、実に効率的な教育スタイルであった。

たとえば、中勘助が作品を書いたとする。そして漱石に見せると、漱石が「この『銀の匙』は素晴らしいね。発表してみたらどうだね」と言って、口利きをする。つまり、自分の周りにいる門人たちを褒《ほ》めて推薦することに、ひじょうにマメだったのである。若い人を励まして、どんどん社会に送り出していくという育て方をしたのだ。

そこには大物ならではの、嫉妬心などを超越した、作品にのみ忠実な視線があった。もちろん大家といわれる人であっても、手塚治虫のように嫉妬心を抑制できなかった人もいたが、漱石の場合は、それが少なかった。だからこそ、芥川龍之介や寺田寅彦、内田百閒、和辻哲郎など多くの門人たちが漱石の元に出入りし、その人たちなしでは日本の文学は考えにくいほど豊かな才能が育っていったのだ。

漱石には正しい批評眼があったので、自分と同じようなものを書けば褒めるといった身勝手な審美眼にはとらわれていなかった。芥川が『鼻』という作品を見せたときも、「ひじょうに敬服した。こういうものをどんどん書きなさい。素晴らしい作家になれます」と言い、芥川はとても励まされている。芥川の作品は漱石のものとはかなり作風が異なっているのだが、漱石はそのチャレンジも認める。

その上、自分たちのグループの人かそうではないかということにはまったく関係なく、門人でない作家でも、「この若い作家はすごいよ」という感じで推薦する。『漱石書簡集』（三好行雄編、岩波文庫）によると、漱石は朝日新聞の社員に対して中勘助を紹介するとき、次のような推薦文を書いている。

「文学士中勘助と申す男の作りしものにて彼の八、九歳頃の追立記《おいたちのき》と申すやうなものにて、珍らしさと品格の具はりたる文章とそれから純粋な書き振とにて優に『朝日』で紹介してやる価値ありと信じ候。」

漱石には、「これはいいものだが、どうだね」と、いい人をどしどし推薦するという、私利私欲を離れた公共心があった。その結果、近代日本の屋台骨を背負っていく人たちを育てるという意味で、社会的な推進役を果たした。また彼には、明確にそうしようという意思もあったと思われる。

それがはっきりと形になって出ていたのが「木曜会」という、漱石の自宅で行われていた会である。木曜日になると、いろいろな人が集まってきて、漱石が在宅か否かにかかわらず、勝手にしゃべっているという面白い会だったようだ。

いろいろな人が参加していたが、来るのも自由、来ないのも自由。毎回出席する人もいれば、数回しか行ったことがない人もいる。和辻哲郎も、それほど続けて行っていたわけではなかったようだ。漱石との距離感が微妙で、もっと近づきたいという気持ちはあるが、古株の連中に邪魔されるような感じがあって、なかなか話ができない。

そこで和辻などは、「先生がもっと僕に語りかけてほしい」というような甘えた手紙を書いてしまう。すると、「それは望み過ぎです」という返事が漱石から届く。そういうやり取りを見ていると、漱石もよく面倒を見ていたな、という感じがする。

私自身も大学の教員をしているのでよくわかるが、若い人と付き合うのは楽しいが、大変なことも多い。たとえば、延々と埒が明かない議論に付き合わなければならないし、漱石の場合でも、正面から食ってかかる血気盛んな者もいた。漱石はそれを丁寧に聞きながら、ときどき意見を言うのである。自分の意見が絶対ということではなく、反論してくる者がいても穏やかに対応していた。

たとえて言えば、牛や羊を放牧して、自由に草を食べさせていたという感じだろうか。その様子について、和辻哲郎は『和辻哲郎随筆集』（坂部恵編、岩波文庫）で次のように書いている。

「若い連中に好きなようにしゃべらせておいて、時々受け答えをするくらいのものであった。（略）ともすれば先生は頭が古いとか、時勢おくれだとか言って食ってかかったが、漱石は別に勢い込んで反駁《はんばく》するでもなく、言いたいままに言わせておくという態度であった。だからこの集まりはむしろ若い連中が気炎をあげる会のようになっていたのである。」

そして一人前になれば、会から自由に離れていく。会を通して切磋琢磨できるような、自由なサロンめいたものをつくろうとしていたのであろう。サロンといっても、貴族のためのようなものではない。何事かを成し遂げたいという気概をもった若い書生たちが集まって議論をし、文学だけではなく、いろいろな形で世の中に貢献していこうとする、その筋道を見出そうとする場である。いってみれば、自分のスタイルをつくる場所としてあったわけだ。

この「木曜会」は自宅で開かれていたので、多くの若い人が寄り集うことになった。

そのことが、家庭不和の大きな原因にもなったらしい。漱石の妻である夏目鏡子の『漱石の思い出』（松岡譲筆録、文春文庫）を読むと、漱石は家庭内ではかなりの暴君だった節もある。

自分の子供が言うことを聞かなかったといって怒り出し、「一人を廊下から下へ突き落とし、一人が門のところに出たのを追うて、門前の路の上で人が見てるところでポカポカなぐった」こともあったらしい。そのため、二人の女中は「いくら御主人でもあんまりだ」と怒り、出て行ってしまったという。

ところが和辻哲郎は、漱石は「暴れる」などとはまったく無縁の、心穏やかな優れた先生であったということを書き残している。奥さんが指摘したような漱石像はあったのかもしれないが、自分たちに対しては、それほど神経過敏ではなく、誰かを怒るというようなこともいっさいなかった。むしろ、あらゆることを深く受け止めてくれる、偉大な存在であったという。

おそらく、周囲に行き届いた配慮を示さなければならないという配慮から、無理に笑顔をつくっていたのではないだろうか。だから漱石にとっては、「木曜会」を続けるのは大変なことだったのかもしれない。しかし家庭を不和にしてでもやめなかった背景には、強い使命感があったからだと思う。

自分ひとりで日本を変えようとしても、とうてい無理である。だから若い人たちには、自分が提供する場で互いに競い合って、どこまでも伸びていってほしいと考えたのだろう。サロン的な空間を用意し維持するのは、もちろん喜びもあったに違いないが、それ以上に、彼の責任感が大きく作用していたと考えられる。

†手紙で叱咤激励する教育スタイル

漱石の手紙を見ると、弟子たちにずいぶん丁寧な手紙を書いている。たとえば芥川と久米正雄に宛てたものには、次のように書かれている。

「あせっては不可《いけま》せん。頭を悪くしては不可せん。根気ずくでお出でなさい。世の中は根気の前に頭を下げる事を知っていますが、火花の前には一瞬の記憶しか与えてくれません。うんうん死ぬまで押すのです。（略）何を押すかと聞くなら申します。人間を押すのです。文士を押すのではありません。」

（三好行雄編『漱石書簡集』岩波文庫）

「頭を悪くしてはいけません」という漱石の言い方は面白い。彼は、頭が悪いのはよくないことだと思っていたわけである。

何事も一過性ではだめで、ずっとやり続けることによって世の中は認めてくれるようになるものだから、牛のように根気強くおやりなさいという手紙だが、そのような手紙を貰った人は、一生の推進力をもらったような気持ちになるのではないだろうか。漱石ほどの人物からの充分に吟味された手紙は、メッセージの内容とともに、受け取った人にとって、生涯を通じて忘れられない記憶として心に刻まれたに違いない。

そういう形で、漱石は、後進育成にきわめて大きな成果を上げた。文学界でこれほどはっきり効果を上げた人も少ないのではないだろうか。漱石の親友でもあった俳人の正岡子規にも多くの門人がいて、そこからは素晴らしい人材をたくさん輩出している。面白いのは、子規と漱石も、ずっと手紙のやり取りをしていることである。人を育てる人には、互いに通じ合う共通項があるのだろう。

漱石は子規が亡くなったあと、子規が漱石のために描いた絵について「子規の画」という小品を書いているが、読む者の琴線に触れてくるような文章で、忘れがたい。

「子規は人間として、また文学者として、最も「拙」の欠乏した男であった。永年《えいねん》彼と交際をしたどの月にも、どの日にも、余はいまだかつて彼の拙を笑い得るの機会を捉《とら》え得《え》た試《ためし》がない。また彼の拙に惚《ほ》れ込んだ瞬間の場合さえもたなかった。彼の歿後ほとんど十年になろうとする今日《こんにち》、彼のわざわざ余のために描いた一輪の東菊の中《うち》に、確《たしか》にこの一拙字を認める事ができたのは、その結果が余をして失笑せしむると、感服せしむるとに論なく、余にとっては多大の興味がある。ただ画がいかにも淋しい。でき得るならば、子規にこの拙な所をもう少し雄大に発揮させて、淋しさの償《つぐない》としたかった。」

（「子規の画」『夏目漱石全集10』ちくま文庫）

要約するまでもないが、大意は、子規は何をやってもうまくできるし、頭もきれる。「拙」の欠けた男であった。しかし子規が死んだあとに、漱石のために描いた菊の絵が残された。それを見ると、丁寧には描いてあるが、どうみてもその絵は下手くそである。そこで、漱石はこう書くのだ。できるなら、子規にもっと「拙」ということを伸び伸びと発揮させてやりたかった。

そう記す漱石の思いは痛切である。本当に詩の心がわかる人でなければ吐けない言葉だ。二人がいかに深いところで理解しあっていたかがしのばれる。子規と漱石の友情は、日本にとって大きな柱だったといえる。

漱石は「自分は教師ではない」と言いながら、結局、教育者として優れた能力を発揮した。後年繰り返される、死の原因ともなった胃病や、生来の癇癪《かんしやく》、家庭の不和などを思うと、教育という営みは決して彼の単純な楽しみではなかったと思う。彼は、やはり苦しかったに違いない。ただ漱石は、高い能力と意識を持ってこの国に生きる以上、それにふさわしい義務があると考えたに違いない。

その責任感を持てること自体が才能だと思う。たとえ能力があっても、責任感のない人は仕事が加速しないので、結局その才能は開花しにくい。自分にとって苦しく辛いことであっても、やらなくてはいけないと思うことができたからこそ、漱石はその才能を生かしきって、日本に大きな足跡を残した。また自分自身の問題としても、それを語らずにはいられないほど悩みは深かったという言い方もできる。

しかし、教育という営み自体が性格的に向いているかというと、これが微妙だった。そこで、漱石は彼ならではの教育スタイルを確立したのだ。すなわち、文学者というスタイルで多くの読者を教育する、あるいは自宅を開放して門人たちに場をつくる、あるいは手紙で励ますというスタイルを確立したわけだ。

私たちにとって漱石は、いままで生きた偉人たちのなかで、最も身近な人間のひとりだと思う。福沢諭吉も偉人のひとりだが、諭吉の本をいまみんなが読んでいるかというと、そこまでではない。しかし漱石は、いまだ読みつがれている。

そう考えると、江戸時代末に生まれた漱石の文学を、現代でも人々がふつうに手に取って読んでいるというそのこと自体が、漱石の成し遂げた教育の大きさを何より示していると思う。

第四章　日本史をつなぐ司馬遼太郎

1995年2月2日撮影（毎日新聞社提供）

†「日本人とは何か」という問い

司馬遼太郎は歴史を題材とした小説を書いた人だから、広い意味では作家といえる。しかし彼は、いわゆる小説家としてより、日本という国そのものを考え直させたという点で、教育者的な役割を果たしたのではないだろうか。

その証拠に、政財界における司馬人気は根強く、広い。彼が亡くなった直後に編集された『司馬遼太郎の世界』（文春文庫）には、作家たちだけでなく、橋本龍太郎、小渕恵三、小泉純一郎といった政治家から、中内㓛、諸井虔などの著名な経済人まで、錚々《そうそう》たる人々が文章を寄せている。

新聞社に対しても強い影響力を持っていた。司馬遼太郎がアドバイスすると、その意を汲んで、すぐに新聞社が動いた。たとえば朝日新聞に、「ドナルド・キーンさんを編集委員に入れるといいよ」という話をしたところ、朝日新聞社がすぐにドナルド・キーンに連絡し、編集委員にしたという。

もともと司馬遼太郎は産経新聞の文化部記者として出発し、のちに作家として独立した人だったので、新聞社とのつながりも深く、新聞を通して広く社会に影響を与える活動もしている。

とにかく彼の小説がどれだけ読まれているかを改めて考えてみると、その膨大な量には驚くほかない。彼の作品は単行本だけでなく、ほとんどが大手の出版社に文庫という形で収められている。文庫だけを例にとっても、いま百五十点を超える作品が書店に並べられている。

小説だけでなく、対談をまとめた対話選集だけでも全部で十巻になるのだから、「いったい、これは一人の人間の手になるものか」と不思議に思えるぐらいの凄まじい量だ。しかも作品の量が多いだけではなく、その一つ一つが大量の読者を獲得しているのだから、司馬の才能はもう超人的というほかない。

司馬遼太郎は多くの資料を読むことで有名だった。ひじょうにたくさんの資料を読み、そこから搾り取った一滴を言葉に変えるようにして文章を書く。だから、彼の作品の背後に埋め込まれた資料の膨大さも計り知れない。

井上ひさしが追悼文に書いているが、あるとき乃木将軍の一生を戯曲にしようと思い立ち、神田の古書店に連絡したらしい。ところが、乃木将軍関連の資料は、神田界隈から忽然と消えていたそうだ。「神田にあるものは全部、司馬先生のところに行きました。ダンボールで三十箱はありました」と言われた、というエピソードを記している。

しかも司馬の場合は、洗いざらい資料を集めて目を通すわけだが、そのままの形で使うわけではない。エッセンスを砂金のように集めてみても、それが文脈の中に適切に組み込まれていなくては面白くない。そこで、想像力を膨らませながら、話の中にうまく嵌め込み、司馬風に料理した上で提示するのである。

私たちはそのよくできた料理を食べて、ただ味を楽しめばよいのだから簡単だが、それをつくる司馬の作業はおそろしく大変である。しかし当人は資料を集め、検討し、アレンジして小説を書くのが好きであり、生きがいでもあった。読者と司馬遼太郎のあいだには、とても幸福な関係が築かれていたわけである。

与えた影響の大きさから言えば、いまだに人気は衰えず、しかも読者の層としては中高生ぐらいから入ってくるようなので、読者の年齢層も幅広いということが言えると思う。男の読者が多いとは思うが、べつに女性読者を拒絶するような文体ではない。ほかの文学者とは違う巨大な社会的な存在であったし、あり続けているといえるだろう。「日本を教育した人々」の中に司馬遼太郎を加えたのは、実は二つの意味がある。ひとつは「日本はいままでどうであったのか」、もうひとつは、「日本はこれからどうなっていくのか」ということを示した人である、という意味だ。

彼はイデオロギーをひじょうに嫌ったので、「日本がこうなるべきだ」という指針をあけすけに示すタイプではなかった。「こうあるべきだ」と決めつける傲慢さや無粋な感じを避けて、日本人の根っこはどこにあるのか、拠り所はどこにあるのかという問題を提示しながら、暗に指し示していこうとしたのである。

彼はたんに日本人に歴史を教えるとか、小説の面白さを教えるといったことだけではなく、「日本人とは何か」というその問いかけ自体を、日本人全体に教育した。漱石も福沢も、みな広い意味での教育者だったが、司馬遼太郎は「日本人は何なのか」という問いを自覚的に持つよう日本人を教育したのだ。

もちろん、それがどういうものであるかを直接的に教えもしたし、その問いを持つような日本人になってもらいたいという教育も行なった。つまり、日本人として「問題意識を共有していこうではないか」というのが、司馬遼太郎の教育者としての大きなメッセージであったと思う。

†日本人としてのアイデンティティを教える

彼が具体的に何を教育したかを考えてみると、まず、日本人としてのアイデンティティを教育したのだと思う。「アイデンティティ」という言葉は一般に使われているが、意味はあまりはっきりしない。私が考えるアイデンティティの定義は、「あなたは誰ですか」「あなたは何者ですか」と聞かれたとき、「私は○○です」と気持ちの張りをもって答えられる、そのときの「○○」がその人のアイデンティティである。

自分がどこかの学校に所属していたとして、「○○大学の学生です」と心の張りをもって言えない場合、その人はその大学に所属しているかもしれないが、アイデンティティにはなっていない。要するに、自分の帰属する集団に心の張りを持てるかどうかが、アイデンティティになっているかどうかの分かれ目である。

たとえば、「自分は男である」「俺は男だ！」ということに、とてつもなく大きなアイデンティティの核を持っている人もいる。しかし世の中には、「俺は男だ」と思う人ばかりではない。とくに現代においては、「そんなことはどっちでもいいんじゃない？」という人も多い。人間であることは確かだが、男か女かはあまり関係ないという人がいたら、その人にとって「男」というのは、アイデンティティの中で大した重要性を持たない。

そもそもアイデンティティとはひとつではなく、十、二十、三十と集まっているものだ。「自分は○○家の次男である」とか、「○○会社の社員である」とか、アイデンティティの持ち方としてはいくつも可能性がある。それがより合わさってひとつの大きな綱になり、それがその人のアイデンティティとなるわけだ。

その中のひとつとして「日本人」というものがある。日本人としてのアイデンティティが濃い人も希薄な人もいると思う。国籍はたまたま日本だが、自分は「日本人」とはちょっと違うという人もいるだろう。

だいたいこの島国で育ってくると、自然に私たちは「日本人」だという感覚をもつ。しかし、そう単純には、誇りをもって「自分は日本人だ」と言えない人もいるだろう。

自信をもって「日本人はすばらしい」と言い切れない大きな要因は、やはりあの戦争であろう。太平洋戦争を引き起こし、戦争に負けたという経験によって、日本は自信を失った。晴れ晴れと「自分は日本人だ」と言うことができなくなるほどに、打ちのめされてしまったのである。

敗戦という結果以外にも打ちのめされた理由はいくつかあって、いちばん大きなものは、「なぜ、あんなバカな戦争をしてしまったのか」ということだ。あの戦争がすべてバカげていたかどうかは歴史的評価としても分かれるかもしれないが、とにかく自国を滅ぼすがごとく突き進んでしまって、止めることができなかったのは事実である。あるいは他国にまで出かけていって、実際にほかの民族を殺したことも事実だし、空襲あるいは原爆という決定的な形で、一方的な袋だたきにあってしまい、結果的にアメリカ本土には一度も行き着けなかったことも事実だ。

そのようにめった打ちにされて、日本人は大和朝廷以来、初めて外国に占領されるという屈辱的な経験をした。連合軍による占領期間が唯一、日本が主権を失った期間といえる。それはまったく経験がないことなので、ダメージは相当大きかった。日本人はそこで、自分たちの能力自体に疑問を持った。いままで信じてきたことや戦前にみんなが信じてきたことは、いったい何だったのか。ガラガラと足元が崩れるような経験をしたわけだ。

そこで、新たに立脚点を探さなければいけないというときに、タイミングよく昭和三十年代から、司馬遼太郎が新聞小説で『竜馬がゆく』『燃えよ剣』などを連載し始めた。それが人気を博して、『坂の上の雲』といった作品も発表されていくのである。

それらはまさに、大量で持続的な教育だったと思う。読者は毎日、新聞を通じて「日本とは何か」という問いを突きつけられる。それが司馬独特の語りかけるような文体を通して伝えられるのだから、つい引き込まれて読んでしまう。毎日、新聞紙上で目にし、単行本になって読まれ、さらに文庫本になって読者が増えていくという循環によって、膨大な量の教育が行なわれていくわけである。

司馬遼太郎は、「自分は日本人だ」と誇りをもって言える拠り所を自ら見出そうとし、そういうものがなければ、新しい日本をつくっていくエネルギーが出ないのではないかとも考えたのだろう。司馬は敗戦によって日本が滅びたと思った。だから「この国を滅ぼしたのはいったい誰か。何がそうさせたのか」という問いを持ちつづけ、精力的に作品を発表したのである。

だが、日本は滅びてはいなかった。たしかに戦災によって日本の多くの都市は灰燼《かいじん》に帰した。戦前の日本人を支配した考え方の中に間違っていたところもあった。しかし日本人の精神が根本では揺らいでいなかったことは、戦後、日本が驚異的な勢いで復興したことを見れば明らかである。民族として有していた知力や気力、向上心、蓄積されていた技術力や廉潔を尊ぶ倫理観など、それらすべてがまだ生きていて、戦後の復興につながっていったのである。

本当に倫理観が崩れて日本が危なくなったのは、むしろ一九八〇年以降である。戦後の復興時の日本は、実は日本らしかった。だから日本は滅びたのではなく、昭和初期の狂信的な国家主義に支配された考え方から解放されて、本来の日本人が民族として備えていた経済合理性や向上心に重きを置くあり方へと、復帰したと考えるのがむしろ自然である。

しかし、敗戦から時間が経って経済的に余裕ができてくると、今度は拝金主義になってしまった。土地の値段を確信的に上げていってバブル経済が生まれ、やがて破綻してしまう。司馬はほとんど絶筆といえるような「土地と日本人」という文章の中で、土地の公有化を考えたくなるほどに、土地が日本人の倫理観を失わせたと述べている。バブルもそのひとつだったが、本当に崩れていってしまったのは、司馬が亡くなったあとだった。拝金主義や自己中心性はさらに加速する一方で、経済には停滞感が生まれ、日本は世界のマーケットによって食い散らかされるという事態が起きている。

†昭和初期は〝非日本人的〟だったという認識

そもそも司馬遼太郎の問題意識の出発は、学徒出陣にある。そのとき薄い鉄板しかない戦車の中に入れられて、そこで敗戦を迎えたことが原体験である。

彼は大正生まれだから、学徒出陣のときには、もう自己形成は終えている。だから、なぜこのバカげた戦争に参加しなければいけないのかという現実を、きちんととらえることができたはずだ。

しかも戦車兵だった彼は、「この薄っぺらな鉄の板が戦車なのか？　あまりにひど過ぎるのではないか」ということも認識していた。戦争では、物質的な格差があからさまになってしまう。どちらが強い戦車かといえば、より厚い鉄板で装甲されたものであることは疑うまでもない。

ブリキのような戦車に乗せられたとき、彼の心をよぎったのは絶望感だった。この国は、人の命を何とも思っていないのだと感じたという。

「つまり私は戦車の中で敗戦をむかえ、〃なんと真に愛国的でない、ばかな、不正真《ママ》な、およそ国というものを大切にしない高官たちがいたものだろう。江戸期末や、明治国家をつくった人達は、まさかこんな連中ではなかったろう〃というのが、骨身のきしむような痛みとともにおこった思いでありました。」

（『「明治」という国家［上］』ＮＨＫブックス）

人の命を何とも思わない国とは、何なのか。昔からそういう国だったのか。そうではないはずだ。少し時代をさかのぼれば、明治維新があったではないか。あのときに発揮した世界史上稀なる能力と比べたとき、あまりにも暗愚というか、あまりにもバカげているのではないか。果たして信長だったら、こんなバカげた戦争をしただろうか、と司馬は言っている。

「信長だったら、あんなひどい戦争をしたのだろうか」と言われると、「確かに、していないかもしれない」と思える。仮定自体は荒唐無稽だが、司馬の中では「信長」という人格もまったく歴史上の人というわけではなく、心のなかでは生きているのである。だから、そのようなタイプの人間がいたら、もしかしたら日本は違う方向へ行ったかもしれないと痛切に感じるのだ。

だから司馬遼太郎の中では、「こんな国にしたのは誰だ」「なぜ、こんなになってしまったのだ」「どこからおかしくなったのか」「もとはどうだったのか」という問いが、自然に湧き上がってしまう。戦争で経験した絶望感、指導者に対する失望感、あるいは行方のはっきりしない流れに身を任せて浮かれていた大衆に対しても失望感があった。そういうものすべてが、彼が作家として活動する上でのエネルギーになったのだと思う。

司馬遼太郎の考え方として、狂信的に天皇制をうたった昭和初期は、日本史の中で特殊だったという思いがある。天皇を利用し、全体主義国家をつくって隣国を侵略し、「死ぬまで戦う」と唱和していたあの時期は、むしろ日本人的ではないような時期だった。それ以前は、そうではなかったというのが司馬の核心にある考えである。

たとえば日露戦争のときは、捕虜になっても平気だったという。捕虜になって帰ってきても、「生きて虜囚の辱めを受けるぐらいなら、腹を切れ」というような考えはなかった。古い時代ほど武士道の影響は色濃いはずなのだから、切腹が栄誉あることと考えられたとしてもおかしくない。しかし、そういう雰囲気はなかった。

それなのに、太平洋戦争のあの時代に急にそんなことを言いだすのはおかしいのではないか。いつからこんなにおかしくなったのか。そうしたことから司馬は、おかしくなかった時代の日本人、すばらしい日本人を描いてみようと思ったのである。そして私たちに、日本人でよかったというアイデンティティを取り戻させようとしたのだ。

たしかに私たちが日本人としてのアイデンティティを持ち、日本人でよかったと思うのは、やはりモデルになるような素晴らしい日本人を見たときである。アメリカの大リーグで活躍するイチローが、メジャーリーグの歴史を塗り替えるほどの活躍をすると、イチローが日本人で嬉しいと素直に思う。

自分も日本人だから、「日本人はこんなにやれるのだ」という同胞意識で励まされる。それがごく自然な考えで、自分が所属しているところを愛せないのは不幸なことである。心理学の分野では、最初のスタートとして、自分が所属している家族を愛せなければ、その後、社会に出てもさまざまな局面で不適応な状態に陥ってその都度憎しみが募っていき、厳しい生き方を強いられるようになることが知られている。

自分の育った土地が好きになれない、自分が通った学校に愛着がもてない、自分の会社に嫌悪感を感じるというように、すべて自分の所属しているところを嫌っていけば、絶えずアイデンティティの不安にさらされることになる。

だから、自分のいるところを中心にして、同心円上に家族があり、学校や会社など所属するところが広がっていって、その広がりのなかで「日本人」というものがあるのが理想である。自分の帰属集団を好きになる、誇りに思えるという元気の出し方を、司馬遼太郎は教えたのである。

ほとんどの人が司馬の本を読んで元気になるのは、文体に元気になる明るさや晴れやかさがあると同時に、内容の面からも誇りを持たせてくれるからだ。「この人が日本人としていてくれてよかった」と思えるような人物が、主人公として登場するからである。

†公のために尽くす品格ある日本人を描く

司馬遼太郎の教育で二番目にあげられるのは、一貫して「品格ある日本人」を「人物像」として提示したということである。藤原正彦氏の『国家の品格』によって流行語にもなった「品格」という言葉だが、氏が訴えた「品格のある日本人」の中心は「気概」ということである。

気概という言葉は、いまの若い人の間では死語に近くなっている。では、いったい気概とは何か。気概を持って事に取り組むと言う場合、それは気持ちの強さをあらわすが、そこにあるのはたんに気持ちの強弱だけではなく、ある種の倫理的な気分であるともいえる。いってみれば、志があるということだろうか。

志について、司馬遼太郎は「自分の作品について」というエッセイの中で次のように述べている（『KAWADE夢ムック　司馬遼太郎』文藝別冊、河出書房新社）。まず自分の作品については「男という、女の人生からみれば根無し草のような存在を書きつづけてきた」と述べ、「男がその人生を当然嚙みこませてゆかざるをえないものとして、権力がある」、「男は一個の身を無数の権力もしくは権力現象に身をゆだねたり、そのとりこになり、他に害をあたえたり、あるいは害を受けたり、ときにはそれを得ることによって何事かの自己表現を遂げようとあくせくし、それがために生死する」と述べている。

つまり、男は権力というものを通して自己表現しようと齷齪《あくせく》し、そのために生きたり、死んだりするのだと言っている。そして、その権力現象をマクロ、ミクロに眺めてみると、そこに登場する人物から志を抽出することができると述べる。

「志とは単に権力志向へのエネルギーに形而上的体裁をあたえたにすぎない場合もあるが、それはそれなりに面白く、さらにはいかなる志であっても志は男が自己表現をするための主題であり、ときには物狂にさせるたねでもあるらしい。」

志は男が自己表現するための主題であり、それに夢中になるあまり、ときには死をも厭わないことさえある。司馬はそのことに、尽きざる関心があると言っているのだ。

司馬遼太郎は、志を持ち、その実現のためにすべてを犠牲にしかねない生き方がいかなる場合でも素晴らしいとは言っていない。そうした行為を単純に誉めそやすことは、空疎な興奮を煽り立てることにしかならないし、そこに一種の妄信が入ってしまう可能性もあるからだ。しかし男の切なさも含めて、志を描きたかったと言っている。

司馬のいう志は、もとより自分一人の利益のためにするというようなものではない。自分のことはさておいても、公のため、みんなのために何かを成し遂げたいというような種類のものである。そのためには、たとえ命を失っても構わないというような考え方を貴重なものと考えるのである。

この志、あるいは公共性が、はたしていまの日本に残っているだろうか。司馬が強調したいのはこのことだった。太平洋戦争のときもそうだったし、現代においても、もっとも欠けているのは、公共のために尽くすという志ではないだろうか、と。

いまの日本をみると、明治時代と比べて、志のある人はあまりに少ない。自分の生活を最優先にするという考えに立つから、外資系ファンドに加担して、日本を買い叩いても何とも思わない日本人も出てくる。日本を代表する銀行の一つであった長期信用銀行（長銀）の悲惨な末路を渋沢栄一が見たとしたら、果たして何と言っただろうか。

もちろんそういう人に意見を聞けば、いろいろな理屈や大義名分を唱えるだろうが、結局のところ、日本の富を外国に売り渡して平然としていることに変わりはない。

そういう意味で、優秀な人間がいるのは事実である。いまは何かにつけ、タイムスパンがすべて短くなり、経済だけでなく、人々の生活が全体としてデイトレードな感じになってきている。少しでも利益の上澄みを取りたいと、息せき切っているような世の中の風潮がある。

しかし、繰り返すが、かつての日本人は決してそうではなかった。たとえば明治時代は、ごく平凡な人たちでも高い公共心を持っていたのではないかと、司馬は指摘している。そのひとつのあらわれとして、善悪の判断は別にして、日露戦争の中で、日本軍にとって最大の苦戦を強いられた二〇三高地での戦いを上げる。

二〇三高地の戦いについては、乃木大将に率いられた日本軍が、数多くの戦死者を出してしまったことはよく知られている。司馬遼太郎も、命令が下されれば死の危険も顧みることのない日本兵の温順さに驚くと言っている。

それを批判的に見るなら、命令に容易に服従してしまう弱さであるといえる。しかし兵士たちに、国の独立を維持するためには、たとえ命を捨てることになってもかまわないという、公のことを大事に考える公共心があったのは間違いない。

日露戦争を戦った兵士たちにしても、死が怖くなかったわけではないと思う。ただ、この戦争に勝たなければ、日本がロシアのものになってしまう恐れがあるという気分は、国民全体に共有されていた。だからこそ、死が怖くても踏みとどまったのである。司馬自身も、「もしあそこで負けていたら、私の名前は○○スキーになっていたでしょう」ということを言っている。

たしかに、太平洋戦争末期のソ連のやり方や、戦後に多くの日本兵をシベリアに抑留したことを思えば、日露戦争は、そういう粗野で野蛮な国が日本に侵略してくるのを防ぐ戦争であったと司馬が見るのは、わからないでもない。

司馬遼太郎は、自身が戦車兵として従軍した太平洋戦争について、「なぜ、あんなバカげたことを起こしてしまったのか」という問いから出発しているぐらいだから、軍人という存在に好意的というわけではない。その意味で、軍国主義的な人間とは、初めから正反対の立場に立つ人間である。

しかし明治の軍人の中にあるメンタリティとしての公共優先性、つまり公共的なことを「私」よりも優先させる感覚、あるいは名誉を重んじるという感覚、実利よりは名を重んじるという、日本人の倫理観は評価していた。それはたんなる倫理観ではなく、生きる人間の勢いといったものにあふれ返っている。それが気概だと思う。

「気概」という言葉のイメージとして、人物が覇気に溢れており、内側からエネルギーが出ていて明るい感じがする。せっぱつまった深刻なタイプというより、もっと大らかな、未来志向で、懐が大きくゆったりとした感じ、たとえていえば坂本龍馬的とでも言えばいいだろうか。

だから気概がある人物像として、まずは『竜馬がゆく』で坂本龍馬を描きたかったのだろうと思う。『竜馬がゆく』は歴史に題材を取った英雄物語だ。その後の司馬遼太郎の作品は、もっと資料が綿密になり、史実に忠実になっていく。

しかし『竜馬がゆく』の場合は、相当にフィクションを入れている。坂本龍馬自身が語っているわけだから、現実には誰も聞いたことがない会話が生き生きとつづられている。すると、そこに誰もいなかったのに、あたかもいたかのように錯覚してしまうから不思議である。

司馬遼太郎はその中に、「ああいう気概がある人物像って、いいよね」、「暗殺はされたけれども、生き方として素晴らしいでしょう」というメッセージを込めたのだと思う。晴れやかな日本人というか、その晴れやかさの中にも芯がある志。それが日本人としての品格である、と言いたかったのだろう。

ちなみに「品格」という言葉は、司馬遼太郎が亡くなったときの追悼の文章に出てくる。毎日新聞の一九九六年二月十四日付けの朝刊の社説では、「司馬さん逝く。「日本人の品格」を問い続け」と題して、このように書かれている。

「司馬さんが心配していた一事は「日本人の品格」ということだったろう。土地に踊り、その後始末にまだ踊らされている日本人とは何か。眼前する拝金主義の果て。

この点は心残りだったはずだ。」

（三浦浩編『レクイエム司馬遼太郎』講談社）

彼が最後まで描きつづけたのは、品格ある日本人だったのである。

†明治は「時代」ではなく、「明治国家」である

幕末に気概を持った志士たちが維新を起こし、手作りでつくった倫理観に富んだ国家が、昭和に入り、得体の知れないイデオロギーによって潰されてしまったというのが司馬遼太郎の基本的な認識である。『「明治」という国家［上］』（NHKブックス）の中でも、イデオロギーというものへの嫌悪感を次のように表明している。

「イデオロギーを、日本訳すれば、〝正義の体系〟といってよいでしょう。イデオロギーにおける正義というのは、かならずその中心の核にあたるところに「絶対のうそ」があります。

（中略）

ありもしない絶対を、論理と修辞でもって、糸巻きのようにグルグル巻きにしたものがイデオロギー、つまり〝正義の体系〟というものです。イデオロギーは、それが過ぎ去ると、古新聞よりも無価値になります。ウソである証拠です。いま戦時中の新聞を、朝の食卓でコーヒーをのみながらやすらかに読めますか。」

要するに、イデオロギーにはどうしても「絶対のうそ」があるのだから、それを人々

に受け入れさせようとすれば、正当化のためにいろいろな理屈を付け加えていかざるを得ない。そして、一時的には辻褄を合わせたように思えても、いったん周囲の現実が変わってしまえば、どうしようもないものになる。「戦時中の新聞を、朝の食卓でコーヒーをのみながらやすらかに読めますか」という言い方には、イデオロギーに真っ黒に塗り潰された状態への皮肉が込められている。

昭和六（一九三一）年に満洲事変が始まってから、徐々に日本は狂信的なイデオロギーに支配されるようになり、結局、武力や警察力、宣伝力によって、幕末に作られた「国家」を粉々に潰してしまった。だからこそ司馬は、いまここで、新しい日本を作るために全力を傾けた、公共心と気概がある人たちを描いてみようとしたわけである。

それまで明治維新の本がなかったわけではないが、司馬遼太郎が描いたような、明日の運命も定かでないまま使命感に駆られて生きた人々を描写することによって、時代を丸ごと浮かび上がらせようと試みた作家はいなかった。司馬は、幕末から明治という近代日本人にとって最も重要な転換期を生きた人々を、ほとんど同時代人として描き出そうとしたかに見える。

「明治を語る上で、明治時代については、司馬はさらに次のように書いている。

「明治国家」明治時代とはせずに、ことさら、

とします。明治時代とすると、流動体みたいな感じになりますが、「明治国家」と

しますと、立方体的ないわば固体のような感じがするから、話しやすいんです。そんな国家、いまの地球上にはありません。一八六八年から一九一二年まで四十四年間つづいた国家です。」（前掲『「明治」という国家〔上〕』）

明治国家は世界史的な奇跡であって、立体的な固体のような感じで、テーブルの上にポンと置きたいと司馬は語っている。「明治時代」ではなく「明治という国家」として捉えようとするのは、それを時間的な経過の中で見るのではなく、一つの構造として見た方が、明治の特徴をより正確に確定できると考えるからである。それは、司馬遼太郎の大きな功績だと思う。

また倫理観に関していうと、日本人にはプロテスタントに近い倫理観があったのではないかと指摘している。世界の中で経済発展した国にはプロテスタントの国が多いが、日本はプロテスタントとは関係がなかった。にもかかわらず経済成長を遂げたのは、プロテスタント的倫理観があったからではないかというのである。

「清潔、整頓。これがプロテスタントの美徳です。なんのために整頓をするか。それは、翌朝、すぐ仕事にとりかかれるからです。ビジネスの基本です。」（『「明治」という国家〔下〕』）

「江戸時代の大工さんは、作業場をきれいに片づけて帰るのです。自分の工具については、自分のたましいであるかのように、たえず砥いだりみがいたりして、ピカピカにしておきます。江戸期日本は、プロテスタントによらずして、こうだったのです。大工さんのみならず、このような労働倫理や習慣が、明治国家という内燃機関の爆発力をどれだけ高めたかわかりません。」（『「明治」という国家〔下〕』）

日本人は真面目で、高い倫理観や労働観をもっていた。それが近代国家の成長を後押しした。他国に比べて、明治時代には政治家や教育者の汚職が少なかったということも司馬は指摘している。ところが今日の日本では、政治家や官僚の汚職や経費のごまかしは日々のニュースになっている。最近も、政治資金や事務所経費のごまかしなどが噴出している。それを司馬は嫌ったわけだ。

司馬遼太郎は『歳月』という小説で大久保利通を描いているが、大久保は政治的に悪魔的なところがあって、司馬の好みのタイプとは少し異なっている。にもかかわらず大久保利通をとり上げたのは、彼が自己保身や利殖などとは無縁の人間だったからだろう。

大久保は亡くなったとき、財産はなく、五百円か五千円かの借金だけを遺したという話がある。それだけをとってみても、彼は当時としては最高の権力者でありながら、少なくとも私利私欲を抜きにして行動した人間であったことがわかる。大久保利通ほどの大物が、死んだときに借金だけが残ったという話は、何度も顧みられる価値のある事実ではないだろうか。

その大久保にもまして私利私欲にまったくこだわらなかったのは、同じ薩摩藩の同志として、かつては深い絆で結ばれていた西郷隆盛である。彼の作った漢詩の中の「児孫《じそん》のために美田を買わず」という言葉は、日本人の廉潔心を代表するものとしてしばしば取り上げられる。

結局、西南戦争という明治期最大の内乱を引き起こし、半ば自滅のような死を選ぶことになったが、その理由のひとつは、元薩摩藩士とのつながりを重んじ、自分を信頼してくれた人々と運命をともにするためだった。

いろいろな人が「私」よりも「公」を優先させた人生を送ったが、司馬遼太郎は好んでそういう人物像を描き続けた。歴史上の人物を描いたのはもちろんだが、『坂の上の雲』では秋山好古《よしふる》と真之という、下級武士出身で軍人となった兄弟を主人公にすえている。

彼らは、一般的にはそれほど有名という人物ではない。しかし、そういう人たちの人生も丁寧に辿っていくと、どれほど公共心にあふれ、気概を持って生きていたかがわかるのである。歴史の教科書に残る人物に限らず、公共のために尽くしたのである。

司馬遼太郎は書生の精神が好きだったようだ。「生涯一書生でいきたい」と言っているほどである。彼ぐらいの大作家になると、日本一の先生といってもいいポジションにいるのだから、「書生」というのはおかしな気がする。しかし、彼自身の気持ちとしては、明治時代の書生のように、国家的課題をつねに考え、前向きな向上心を持ち、勉強をすることを楽しみにする若い精神のあり方を持ち続けたいということだったろう。

明治時代は書生があふれていた。学校を出てからも、あるいは学校と並行して、誰かの家に入ってそこで学ぶという形態があったわけだ。学び続ける日本人を象徴する存在である。

いまは、「書生」という言葉を使う人はほとんどいない。「学生」はいるが、「書生」はいない。勉強することを嫌う傾向が強くなり、自宅でまったく勉強しない中学生が七〜八割もいるという。成功するために仕方なく勉強しているという人はいるかもしれないが、かつての日本人のように勉強することそれ自体が喜びだという国民性が、いま急速に衰えてきている。

勉強して、それを社会のために活かすという、かつて日本人が当然のように持っていた公共的な向上心は薄くなる一方である。そんな時代において、司馬が描く人物像はいっそう際立つ輝きを放っている。

†武士が武士を倒した不思議な革命

司馬遼太郎が明治維新を好んで描いたのは、ひとつには気概のある人物がそこに集中していたからだが、もうひとつの理由は、論理的に見てあれが不思議な革命だったからだ。その気分を、萩原延壽との対談で、次のように率直に吐露している。

「それは日本人の特殊性というよりも、むしろいわゆる江戸教養時代が、三百年続いたとしたら、その三百年の縮図みたいなものが幕末に出てきているんではないか、そういう感じがするんです。だから幕末の人間像、つまり侍たちを書くということはやはり、日本人の理解のうえでひじょうに大事だと思っていたんです。大事というより、むしろ日本人に迫っていこうとするときに幕末の日本人はひじょうにおもしろいと思うんですね。」（『歴史と小説』集英社文庫）

革命といっても、フランス革命とは少し違う。明治維新は、民衆ではなく武士が行なった革命である。武士が革命を起こしたが、その結果、何が起こったかというと、武士はいなくなってしまった。革命を起こした武士が自らその存在を否定するという、何とも不思議な革命だったわけだ。

自分たちが武士という支配階級としての身分を維持したいのであれば、廃藩置県や廃刀令などまで徹底しなくてもよかったはずだ。幕府の力が衰えてきて、薩長が力をつけてきたのであれば、徳川家の代わりに島津家なり毛利家なりが権力を持って、新たな征夷大将軍になればよかったともいえる。しかし、そうはならなかった。

なぜかというと、きわめて強い外圧がかかっていたからである。外国から侵略されるという危機感が高まっていたから、もうこの体制ではその危機を乗り越えられないということになり、武士たちは藩を超える大きなものを守らなくてはいけないと、発想をかえなければならないことになった。

そこでまず、外国人を日本に入れさせないという攘夷運動をやってみた。攘夷運動のエネルギーは当時の日本人がみな持っていたものだが、やればやるほど泥沼に入り込んでしまう。薩摩藩は生麦事件を起こして英国と戦って失敗し、下関でも長州藩が外国船を攻撃して逆に砲台を占領され、そのたびに幕府が外国に賠償金を払わなければいけない。「こんなにかわいそうな政府があるでしょうか」と司馬は書いている。

外国人を殺すのは薩長で、賠償金は幕府が払わなければならないとなると、もう外国人を殺せばすむという問題ではないことは、みんながわかってくる。そこで、外国の力をいち早く取り入れる形で、薩長が徳川家を倒していく。そのときの根本的な論理として、武士の自己否定による革命であるというところに、またひとつ志の高さ、公共性を見ることができる。

『レクイエム司馬遼太郎』（前掲、講談社）は、さまざまな人が司馬について書いた文章を集めているが、その中で高澤秀次氏の「司馬遼太郎、もう一つの思想家論」という文章には、司馬の言葉からいろいろと引用がされている。

「西南戦争を調べてゆくと、じつに感じのいい、もぎたての果実のように新鮮な人間たちに、たくさん出くわします」とか、「いまはあまり見あたらない日本人たちです」、「かれらこそ、江戸時代がのこした最大の遺産」、「大正・昭和という褌《ふんどし》の外《はず》れた時代」

という表現もある。キュッと褌を締めた状態とは、気が締まった状態である。みんなのことを考えて、自分を律することができるような人間ということだ。

司馬遼太郎は自らを律することができる倫理観に溢れた人間を描いたが、しかも、それが暗い感じではなく、『坂の上の雲』の秋山兄弟のように生き生きとした晴れやかな人たちだった。

吉田松陰と高杉晋作を描いた『世に棲む日々』も私は好きな小説だが、吉田松陰が全国を歩き回って思った通りのことをやってしまうのは、どこか晴れやかさがある。司馬遼太郎は精神に晴れやかさと広がりのある、外を向いた人間が好きだった。

†気概がある武士像とモダンなセンスを結びつける

司馬遼太郎が日本人を教育した三番目の事柄は、描いた人物像とも関係するが、合理的でモダンな考え方をする人間を高く評価したことである。経済センスがあって、合理的思考ができ、物事の大きな本質をキュッとつかむことができるような、本当の意味で頭のいい人間というのはどういうものかということを教えてくれたのである。

英雄像のなかにはいろいろなタイプがあって、古い理念に殉死する乃木希典のような人物もいる。しかし、司馬遼太郎が乃木希典をあまり肯定的には書かなかったのは、乃木がそういう意味で頭のいい人間ではなかったからではないかと思う。

「頭がいい」というのは、勉強ができるといった軽々しい意味ではなく、勝海舟に代表されるような頭のよさである。勝海舟を評価するのは、その前提として、江戸時代より明治以降の近代的な世界のほうがいいという思いが司馬の中にはあるからだ。

江戸時代は閉鎖的で、やはり国民一人ひとりは辛い思いをしていた。諸手をあげて「江戸時代万歳！」という気にはなれない。たしかに倫理観という点では優れていたかもしれないが、総合的に見たときに、江戸時代がいいとは言えない。むしろ室町のほうがいいのではないか。司馬遼太郎は「日本人は室町の子である」と言っているが、それは室町のほうが外に開かれていたからである。

内側に閉じていってしまうより、外に開いていって、大きな視野のなかで自分の立ち位置を見極められる人間のほうがいい。それを見失ってしまったから、あんな戦争になってしまった、あの戦争を止めることができなかったのだという思いがあるのだ。だから、大きな視野で自分たちの位置を見極め、次はどこに一歩を進めるべきかを合理的に判断できる判断力、いってみれば、ひじょうにモダンな感覚が大事であると、どの作品でも言い続けているのだ。気概のある武士像と、モダンな感覚や経済センスは、少し矛盾する感じがするが、それを結びつけて描いたところが、司馬の人物像の魅力であった。

物事の本質をつかむ力があったからこそ、明治維新のような大変な作業ができたのである。合理的な精神なくしては、国家という複雑で錯綜した機構をつくり上げることができなかった。太平洋戦争に突き進んでいった時代の、たんなる勢いだけの妄信的な考えとは正反対の合理性が明治維新にあったのだということを、司馬は気概と合理性の両方を持っている人間を描くことによって伝えたかったのである。

その意味では、作品の主人公として扱ったことはないが、勝海舟に対する評価は高い。勝海舟がいかに頭がよく、スッキリ物事の本質をとらえていたかについて、司馬は江藤淳との対談の中で、次のように語っている。

「勝は、幕府要人でありながら、幕府否定から日本国家を発見している。それも咸臨丸で帰ってくるときに、もう発見してしまっている。アメリカを見て、ああ、国家とはこういうものかと思ったときに、それでパッと日本というのはおかしいなと考える。」（『歴史を動かす力　司馬遼太郎対話選集3』文春文庫）

司馬遼太郎は、勝海舟が世界の中での日本の位置をいち早く察知した天才であって、「日本国」の発見者であるという言い方をしている。

当時は誰もが藩の単位でしか見られなかったものを、勝は「日本国」という一国全体のレベルで看破していたからだ。勝は自分を「日本国民第一号」、坂本龍馬は「第二号」というぐらい、視野が開けていて物事の本質がわかっている人物である。

咸臨丸でアメリカに行って、「これが国家なのか」とすぐ理解してしまう。そして

「日本は、とてもじゃないがダメである。では、どうしようか。こうするべきではないだろうか」と、天才なので話がどんどん進んでしまい、先のほうまで見えすぎてしまって人がついてこられない。

そういう勝のことを、潔癖な福沢諭吉は嫌っていたようだ。諭吉にしてみれば、旧幕府の重職にあった勝が幕府を倒した新政権のもとで、のうのうと高級職を得ているのは許せないと思ったのだ。そこで彼は、瘦我慢《やせがまん》こそが立国の要素になるという意味の『瘦我慢の説』を説き、勝を批判した。

諭吉いわく、人間も国家も瘦我慢でできあがっている。小国であるオランダやベルギーも大国の間で苦労しているが、瘦我慢をして、栄誉と文化を保っているではないか。それにひきかえ、勝海舟は、なぜ幕府に瘦我慢をさせて最後まで戦わせなかったのか。その態度は武士としてふさわしくない、と批判するのである。

面白いことに、諭吉はこの論文を発表する前に勝に見せている。すると、勝から次のような返事が来た(いずれも『「明治」という国家〔上〕』より)。

「勝の返事は、りっぱなものです。「自分が天下のためにやったことの責任は、自分一人にある。その批判は、他者にある。ですから、あなたの文章を他のひとびとにお示し——つまり発表して——下さってもけっこうです」」

司馬遼太郎も福沢諭吉の海舟論には与《くみ》しないと言っている。

「勝の幕府始末は命を張った実務家のもので、福沢は勝の事歴のこの部分を衝くかぎりにおいては、口舌《こうぜつ》の徒のにおいがしきりにするのです。」

勝には、実際に現実を動かした人間の芯の強さがある。江戸城無血開城も「西郷隆盛と立ち話のうちに済んでしまった」というようなことを書いている。実は勝海舟は日本史上最大の悪人ではないかとさえ、司馬遼太郎は言っている。

そういう人たちとの間で、ものすごい速さで理解が進み、事が動いたのである。しかも勝海舟のほうが先が見えているので、幕臣にもかかわらず、この先、これでは日本はやっていけないことを鋭く見抜き、「幕府などは、仕付け糸一本抜けばスッと解体してしまうようなものだった」というようなことまでも言っている。

驚くほどの先見性である。これこそ頭がいい人間である。物事の本質をつかんで、方向性を誤らない。そういう人間がいたら、あのような戦争は起きなかったに違いない。これは龍馬にもあてはまるし、斎藤道三などもそういうところがあったと『国盗り物語』では描かれている。

経済センスということでいえば、信長や秀吉はそれが長けていた、と司馬遼太郎は高く評価している。彼らは米を集めることに夢中になるのではなく、貿易のほうがお金になると判断し、堺のような港町をまず押さえてしまう。信長が最初にそれに手を付け、秀吉が継承した。この二人は合理的な経済センスがあったわけだ。

司馬遼太郎は、大きな意味でのビジネスセンスをもった人間に、この国を経営してほしいと思っていたのだろう。経営センスのない人間、合理的な判断が下せない人間に任せるのは避けたいと思っていた。かといって、金儲けばかり考えている人間にも任せたくない。経済的なセンスがあると同時に、公共的な志を持っていてほしい。そのふたつを両立させ、バランスを心がけてほしいと思っていたわけだ。

本当のエリートとは、その両方を持っている人間である。強い志を持っていたとしても、合理的な判断ができなければエリートとは言いにくいし、経済感覚に長けた結果、日本を売り飛ばすようになってしまうというのも、もちろん本当のエリートではない。もっとも司馬遼太郎は、「エリート」という言葉も使わない。かつての日本人は、市井の人であっても、ごく普通にその両方を持っていたということを描いていくのである。日本人一人ひとりが、これから日本を経済的に興していこうという時代に持つべきものは何かというと、気概と合理性なのだということを、司馬遼太郎は人物の造型を通して教えてくれたのである。

龍馬ファンになるということは、龍馬のように大きな志を持つことだし、物事の本質をつかむ力を持つことである。だから『竜馬がゆく』という作品は、たんに歴史ロマンということではなく、魅力的な人物像について教育する効果があったと思う。

授業で歴史を学んだり勉強するよりも、司馬遼太郎の小説に夢中になることで自分の生き方が決まったという人のほうが、もしかしたら多いかもしれない。司馬遼太郎の作品を読んで励まされたという人は、読者の数に比例して膨大な数に上ると思う。

歴史教育は、出来事の正確な確認とそれについての過不足のない理解を伝えるには欠かせない。しかし司馬が描いた人物像のように、そこに生きた人間が躍動している様を読むことのほうが、自分の人生には重ね合わせやすい。そこが、まず事柄の大小にかかわらず事実の正確が前提とされる歴史家には難しい作業であり、同時に司馬遼太郎の小説の強みでもあった。

†自身が語る「手掘りの歴史」

司馬遼太郎は明治という時代の道行きを、事件史や人物論、評伝を綯い交ぜにして生き生きと描いた。司馬が教育したことの四番目は、日本人が経験することを余儀なくされたそうした無数の試行錯誤を通して、近代日本の枠組みがつくられる現場に読者を立ち合わせたことである。

逆に司馬遼太郎は、「昭和は精神に悪い」と言い、積極的に描こうとはしなかった。それは昭和を書こうとすれば精神的に落ち込むというか、暗い気持ちになるからだという。司馬は、その好悪の感情と創作意欲とを絡ませて物語ることで、そこにも自ずと教育的な配慮を示していたといえないだろうか。

明治時代を書いたあとの残されたテーマとして、司馬がノモンハン事件に意欲を燃やしていたことはよく知られている。それが近代日本の分岐点になったのではないかという思いがあって、資料だけは集め続けていたらしいが、結局はその試みを断念してしまう。やはりどうしても筆が進まないという事情がある一方で、次第に『街道をゆく』の世界に入っていくわけである。

閉じていってしまう時代を描くより、拡がっていく、希望にあふれた時代を描きたい。新しく国家を建設していこうとする生き生きした精神を描きたいという気持ちがあったのだろう。明治という国家を、立体という一つの物としてここに置いて考えてみたいと、何度かNHKの番組で述べている。後にそれはまとめられ、『「明治」という国家』と題して出版された。

「いまの私たちの国とはちょっと違う国ですが、こんな国があって、それをつくったのは日本人ですよ。世界史上稀に見る国ですよ。こんな国はほかにないでしょう」ということを冷静に、しかし情熱をもって訴えた。それは他の司馬作品とも共鳴現象を生み出しながら、国家に向き合うときの私たちの拠り所にもなった。

たしかに『源氏物語』をつくったのも日本人かもしれないが、やはり拠り所とするには時代が遠すぎる。戦国時代はそれよりは身近な感じがするが、英雄中心にならざるを得ない。幕末、明治を生きた人々は、有名無名を問わず、司馬遼太郎をはじめとしてさまざまな小説家が描いたおかげで、いまだに生きた人物像として私たちにとって身近な存在となっている。

新撰組の人たちについても、「俺は土方（歳三）的な生き方が好きだ」と言ったり、「近藤勇がいい」と言ったり、それぞれが理想型として人々の心の中に刻まれている。いわば彼らが生きた時代の構造や気分を丸ごとよみがえらせるような作業を行なって、今日の人々にとっても生き方のモデルとして適用できるようにしてくれたのである。

手法に関して言うと、たくさんの資料を駆使してリアリティを生み出すと同時に、物語る方法を徹底して効果的に使っている。「手掘りの日本史」と言っているが、資料を駆使しながら自分の手で時代を掘り、それを一つの物語にして、目に見える生き生きとした状況を浮かび上がらせようとしているのだ。

それは難しい作業だが、しかしその独自のプロセスを通過することによって、私たちは司馬遼太郎の作品を通して、たんなるフィクションを読むのとは異なり、幅広い歴史の学習ができるようになった。しかもそれはたんなる教養にとどまらず、私たちの人生観や世界観にまで影響を及ぼすようになったのである。

その上、本文中には適宜「注」が挿入される。そこでは司馬自身の意見を読むこともできる。これは漫画家の白土三平がよく使った手法で、漫画の途中で、「では、読者の皆さんにご説明しよう」と言って忍法の説明をしていたが、それと似ている。

自分の文章に自分で「注」をつけるような文体の大きな特徴は、著者自身の判断がはっきりと提示されることである。同じ歴史物であっても、たとえば井上靖の『天平の甍』などの場合、井上靖が自ら出てきて自分の意見や判断について述べることはない。しかし司馬遼太郎の場合、『空海の風景』であっても主人公の空海についての物語だけではなく、「登場人物たちのあとを辿ってみよう」という語りが小説の中に入ってくる。読んでいてこの箇所にぶつかると、不思議な感覚に襲われる。そこでは、司馬自身が読者に語りかけているのである。つまり小説の中の人物像だけではなくて、作者である司馬遼太郎もつねに主人公なのである。著者はふつう黒子であるはずなのに、司馬遼太郎の場合はごく目立つ形で語っている。

しかも司馬は、自分の好みをそれほど抑制はしていないのだが、むしろそのことによって歴史上の人物たちは私たちにとって身近な存在になる。奇妙なことに、それは物事を一面的ではなく多面的に見る見方を作品中で実現していると同時に、司馬遼太郎という作者の感性に深く共感し、説得もされるというわけである。司馬はそのことを、行間から何となく伝えようとするのではなく、自ら前面に出て語ることによって成し遂げようとした。

そのような手法が、私たちにとってはたいへん心地よかった。「率直な人だな、この人は」と思い、彼の話をもっと聞きたいと欲するようになった。私たちが司馬の作品を好んで読んでいたのは、小説の虚構の世界ではなく、彼自身の話を聞きたくなったからである。つまり私たち自身が、すでに彼の小説の中で生徒になっていたわけだ。もののわかった人の話を聞きたいという、素直な聞き手になっていたのだと思う。

同じようなことを言われたとしても、司馬遼太郎でなければイヤだという感じがあったと思う。それは、司馬遼太郎という人の総合的な人間力によるものだ。彼が書いたものに関してはいろいろな批判もあるだろうが、彼自身の人柄に関しては大変評判がいい。司馬遼太郎を追悼する本や雑誌はたくさん出ているが、追悼という性格から来る自己規制を差し引いても、どの人からも高く評価されている。それは彼が〝威張りん坊〟ではなかったからだろう。常識があり、節度もあるし温かみもある。人間として総合的に優れた人物だったにもかかわらず、あるいはそうであったからこそ謙虚でもあった。そうした人物の雰囲気が作品に滲み出ることによって、司馬ファンは増えていったのだ。

そのように考えていくと、司馬遼太郎は小説で教育したというより、直接、生の声で日本人を教育した人だったといってもよい。すべては、物語だけが伝えてくるのではなく、司馬遼太郎が語る世界である。そこが、いわゆる小説家とは違う点だ。

†「明治人」と私たちをつなぐパイプ役

そういう創作のスタイルを持っているからこそ、司馬は小説だけでなく、対談やエッセイでも多くの読者を獲得することになった。日本史の再評価を試みたともいえる優れたエッセイ・シリーズ『街道をゆく』は司馬遼太郎の生の声によって語られているのだが、どこをとっても印象に残るエピソードばかりである。小説は面白いが対談はつまらないということなどまったくない作家だった。

その根本にあるものは、新聞記者としてのアイデンティティだった。『レクイエム司馬遼太郎』に、記者時代の仲間でもあった作家の寺内大吉が、坂本龍馬の取材に同行したときのことをこう述べている。

「会った人に、そのおじいさんがどこの生まれかなど尋ねて、竜馬についてのうわさを聞いていく。いまおこった事件に関係する竜馬がそこにいる感じで、新聞記者の取材なんだなあ、と感心したものだ。」

文献を集めるというのとは違って、会った人に龍馬の噂話を聞くという、いかにも事件取材のようなやり方だったという。龍馬を、つい最近まで生きていた人として考え、調べているといった感じだ。

だから『翔ぶが如く』の中で、明治維新について、同じ町内で暮らしていた人々によって起こされたというような、面白い書き方をしている。事実、薩摩藩出身の大久保利通や西郷隆盛と彼らをとりまくグループは、みな城下の同じ町内に住んでいた。司馬は新聞記者が取材をして書くように、「明治維新はあの辺から出た」と、つい昨日の出来事を語るように書くのである。

資料も、言わば解凍作業をして、食べられるものにして、すべて料理してくれる。そこには、新聞記者としての、客観的な情報を大切にするという態度とともに、現地取材をして、それを生のものとして浮かび上がらせるという手法が、技として身についていたからだろう。

もし司馬遼太郎がいなかったら、と想像してみると、彼の存在の大きさをすぐに感じとることができる。司馬がいなければ、私たちにとって近代日本の風景はかなり異なったものになり、戦後日本の元気も失われてしまっていたに違いない。

私たちは右翼的でも左翼的でもなく、イデオロギーから解き放たれて、素直に「ああ、日本人ってそんなに悪くないな」と思えるように、ある種の冷静さといくらかの高揚感を持って「日本人とは何か」を問い返すことができた。

その正反対に、歴史の負の側面も正確に見ようとすれば、「ああ、日本人ってダメなんだ」「もともとダメだったんだ」「これからもっとダメになっていくに違いない」と憂《ゆう》鬱《うつ》な気分に襲われることもある。しかし司馬遼太郎が提示したのは、歴史上の出来事はやり直すことができない以上、つねに未来への教訓を探し出すほかはないという、前向きな問い返し方だった。

しかも、それが閉鎖的な仕方で、日本は特殊であり、世界で最も優れた民族であるという説得のかたちではなく、日本の明るい面を見て次の一歩を進めていった。できるだけ外に開かれた日本にして行きたいという方向性を、明確に示したのである。

司馬遼太郎は、そういう気概と合理性を持った人間像を描き、晴れやかに日本を教育していったわけだ。同時に日本の歴史を、モンゴルも含めてアジア全体のなかで考えようとした。その視野の広さと知識の深さは、とても私たちには及びもつかないものである。

私たちが勉強しきれないものを全部勉強し、わかりやすく教えてくれて、「先生、ぼくたちのためにたくさん勉強してくれてありがとう」と言いたくなるような、本当の意味での先生だった。

司馬遼太郎の小説の舞台はつねに現代から離れているが、それは彼が俯瞰的な立場にいるからだ。全部の歴史を見通した上で、とくに日本をつくった明治に注目し、明治という国家をつくった江戸生まれの「明治人」にフォーカスしたのである。

それを愛した司馬遼太郎が「明治人」と私たちを太いパイプでつないでくれ、私たちに生きていくモデルを示してくれた。私たちに元気の源流を提供してくれたという意味で、彼はまさしく「日本を教育した人々」だったのである。

第Ⅱ部　代表的日本人

はじめに

日本という船は、このままで大丈夫なんだろうか？「このまま没落、斜陽の道をたどる運命だ」という悲観論は受け入れがたい。かといって、「全然大丈夫。オタクが日本を救ってくれる」という楽観論に乗る気持ちにもなれない。

事は経済の問題だけではない。一番心配なのは、心の領域だ。希望があり、気概があれば、経済的苦境は耐えられるし、改善できる。事実、日本は心の習慣をアドバンテージとして近代化に成功し、戦後の復興と経済成長を果たしてきた。

この船を見限って逃げ出す人も出始めている。利口な「エリート」ほど、そうする傾向にある。子どもを欧米で育て、英語を母国語にさせたいという希望が、「エリート」ほど強いという。そういう生き方の選択は自由であろうし、もはや日本人であることにこだわること自体が狭いという「進歩的」な考え方もあるだろう。

しかし、自分の乗っている船をなんとかしたいと思い、その屋台骨となる気（概）を持つのが、真のエリートの持つべき意識であろうし、またこれまでの日本人が自然に身につけていた感情であった。

こうした自然な感情の衰退は、日の丸、君が代の強制によって食い止められるものではない、と私は考えている。むしろ、この国がここまで来たのが、先人たちの具体的な工夫と理念によってであることをしっかり知識として知り、その熱い溶鉱炉のような気概を、自分の身に流し込むことによって、自己中心的な見方から脱却することができる。

こう考え、私は前著『日本を教育した人々』を書いた。この本では、吉田松陰と沸騰する情熱の伝播、福沢諭吉の「私立」という生き方、「夏目漱石」という憧れの構造、日本史をつなぐ司馬遼太郎、という諸テーマを立てた。日本全体を教育対象としたスケールの大きな視点と生き方をクローズアップし、現代日本にぜひとも必要な骨太の強さを伝えた。

本書では、前著の大局的観点を受け継ぎ、なおかつ、具体的な方法に焦点を当てて、日本の建設に貢献した人々の偉大なる教育力を明らかにしたい。

この本に登場する人々を単に偉人として尊敬する、というよりは、この人々が命を懸けて伝えた「五つの力」を自覚し、継承することを狙いとしている。

この「五つの力」は、かつて日本を育て、支えてきたものだ。しかし、現代の日本人が当然の技として身につけてはいないものばかりだ。

「五つの力」には、それぞれ、具体的実践が伴っている。理念や思想をしっかり背骨として持ちながらも、それだけに留まるのではなく、方法（メソッド）が提示されている。

こうした具体的な方法を学び、「五つの力」を自分の技として身につけることは、今の私たちにとってもけっして難しいことではない。自覚して習練すれば、心身の習慣（技）として身につく。この力は、時代遅れどころではなく、まさに現代日本の必要に応えるものだということが、本書を読んでもらえば、おわかりいただけるだろう。

私たちの「心の領域」にとって何が必要な力であったのか。

これを納得してもらえれば、ありがたい。どの章から読んでいただいてもかまわない。御自分の興味関心の赴く所から入り、「一日一力」という形で楽しんでいただいてもいい。

十代の人にも読みやすいように、本文は文体を「です・ます」調とした。先人たちの熱い息吹が身に吹きこまれ、心が鼓舞（インスパイア）される喜びを味わってもらえることを願っている。

第一章
与謝野晶子の女性力

与謝野晶子＝1878〔明治 11〕～1942〔昭和 17〕年（日本近代文学館提供）

†千年ぶりに表出した女性パワーの炸裂

日本を教育したり、大きな影響を与えた人物は、数えていけば百人、二百人といると思いますが、その中でも明確なメソッドをもって訴えかけ、それが広まっていった人を、本書では扱ってみたいと思います。

第一に取り上げたいのは与謝野晶子（一八七八―一九四二）です。晶子については、その名前を誰もが一度は耳にしているでしょうし、教科書などをとおしてその作品にもなじんでいることと思います。しかし、与謝野晶子が与えた影響となると、まだ過小評価されているのではないでしょうか。

『みだれ髪』の「さびしからずや道を説く君」や、「君死にたまふことなかれ」といったフレーズは覚えている人も多いでしょうが、実は晶子が与えた影響は、現代では想像もできないほど大きなものでした。この千年を見渡してみても、最も大きな存在感を示した日本女性の一人に数えられます。

二〇世紀に入り、日本ではとくに太平洋戦争後、女性の社会進出が進みました。芸術方面だけでなく、さまざまな分野で、女性の能力の自由な表現が可能になってきたために、現在では多くの女性が社会の中で生き生きと活躍するようになっています。

しかし、それ以前の時代では、女性の偉人が出てくることは非常に少ないのです。平安時代には『源氏物語』の紫式部や『枕草子』の清少納言などがいますが、それ以降は鎌倉、室町、戦国、江戸時代をとおしてみても、すぐには思い浮かびません。

かろうじて鎌倉時代の北条政子など数人の例があるとしても、世の中に大きな影響を与えたかどうかという基準で考えると、平安時代で途絶えてしまう。それぐらい、女性の社会的な活躍の場は限られていたわけです。

現在は、それとは比較にならないほど女性パワーが台頭しています。その蓋を開けたのが与謝野晶子です。もちろんその背景には、世界的に徐々に女性パワーが噴き出す流れが形作られていたのですが、与謝野晶子の登場によって、日本の中でそれが一気に加速したことになります。

彼女は平安中期の歌人・和泉式部の再来とも言われていました。表現の奔放さ、情熱の強さ、その情念を支える知性、それらすべてをひっくるめて、まさに和泉式部の再来です。その和泉式部が活躍したのは千年前のことですから、晶子を歴史的なパースペクティブの中において見てみなければ、「千年ぶりに現れた人物である」という認識も生まれようがないし、その凄さも実感できないと思います。

与謝野晶子の影響をひとことで言えば、女性の持つ本質的なパワーを解放してみせ、そのことによって、あとに続く人たちに「自由に感情や意見を表現していいのだ」という勇気を与えたことにあります。しかも、その影響はたんに女性に対してだけではなく、男性も含めた日本社会全体に及ぼされ、女性的なる原理を教育したという側面を指摘しないわけにいきません。

その与謝野晶子を世に知らしめることになったのは、何といっても晶子の第一歌集『みだれ髪』(鳳《ほう》晶子名)の影響によるでしょう。これは当時の大ベストセラーになり、与えたインパクトも中途半端なものではありませんでした。当時、『みだれ髪』を知らない人はいないのではないかと思えるほど大変なものだったのです。

さらに、そのインパクトの中身を吟味してみると、たんに短歌が上手だとか面白いといったレベルではなく、「こんな官能的で自由奔放なものを世に出していいのか」という、不安を含んだ衝撃を人々に与えた点にあります。

つまり晶子は、人々が奥底に抱えている情念を思いっきり表現してみせました。晶子はみんなの脅《おび》える心や硬い殻《から》といったものをすべて取り去り、前に押し出す勇気を与えてくれた。晶子はたった一人でハンマーをふり上げ、殻を打ち破り、「前に進んでいいんだよ」と身をもって示してくれたのです。そのおかげで、あとに続く人はずいぶん楽になったはずです。

よくスポーツの世界でも、十年ぐらい世界記録が破られない時代が続いたあと、いったん誰かがそれを破ると、その直後に当たり前のように、かつての世界記録が次々に塗り替えられていくことがあります。たとえば体操競技を例にとると、いまでは月面宙返りは高校生でも試みますが、それをミュンヘン・オリンピックの金メダリスト塚原光男が最初に編み出したときは超人のように思えました。

最初の壁を破ることが一番の問題です。誰かがそれを突破すれば、やはり厳しい訓練が要求されるとはいうものの、あとに続く人は楽でしょう。その壁は技術的なこともありますが、心理的な要素が大きかったといえます。

「そんなことはできるはずがない」と思う心理がネックになります。そうした気分が先に立ち、どうしてもそこが一つの頂点のように思えるので、その近くに来ると立ち止まってしまいます。「人がそんなことをできるわけがない」といった恐れの気持ちや怯《ひる》む気持ちが実力の自然な発露を阻み、潜在力のままに終わらせてしまうのです。

与謝野晶子は、感情という潜在力を一気に放出しました。ダムの水のように溜まっていながら表に出ない感情を、いきなり全開してしまった。その激流は、多くの人々をも呑み込んでしまったということだと思います。

晶子の短歌は情熱的であり、ロマンチシズムにあふれています。その有名な作品を見ると、たとえば二十歳の自分は長い髪が美しいといったように、自分の若さや美しさを驕《おご》っている点が特徴です。「その子二十《はたち》　櫛にながるる黒髪の　おごりの春の　うつくしきかな」という歌ですが、その驕りを自分で表明すること自体、普通の日本的な感性からは大きくズレています。

江戸時代に儒教道徳が世に広まってから、とりわけ日本人は謙虚であることを善しとし、あまり派手な恋愛表現は慎むことになっていました。とくに女性は、自分の力を率直に認める自己肯定力を全面に押し出したり、そのパワーに酔い痴れるといったようなことは、ほとんど許されていませんでした。

一方、男性の場合は、自分の力に酔っていても許される部分があったと思います。たとえば幕末の志士や明治の人たちには、自分は天下国家のために働いているのだという意識がありました。それ以前の武士たちも、自分は武士道に生きているという一種のロマンチシズムに酔いながら、自己表現をしていたように思います。

ところが女性の場合、自分の力や能力、あるいは社会的な表現力に酔い痴れて、それを自己肯定し、他者に向けて堂々と歌い上げるなどということは、ほとんど禁じられていることでした。晶子はその壁を突破し、女性が自己表現する道を切り拓いたのです。

†男性に大きな影響を与えた稀有な存在

しかし、晶子が歴史上初めて、女性の感情表現を社会に向けて行った人かというと、そうではなく、実は千年前の平安時代には、女性が頂点を極めた時代がありました。彼女たちが生み出したいくつかの作品は、世界的に見てもたいへんレベルの高いものでした。たとえば晶子が訳した紫式部の『源氏物語』などは、近代的な小説の要素も含み込んだ、長編小説としては非常に高い水準のものです。

文学史上の有名な作品と比較してみても、『源氏物語』はシェイクスピア（一五六四—一六一六）より六百年近く先行しています。『源氏物語』が書かれた一一世紀初めといえば、ヨーロッパではようやく「恋愛」が人々の意識に上り始めた時代です。それを考えると、平安時代の恋愛文化の成熟という現象は、世界的にも特筆すべきものだと思います。

このように平安時代は、紫式部の『源氏物語』を頂点として多くの女性が文学的才能を発揮した時代でした。しかし平安時代と、晶子が活躍した明治から昭和初めの時代とは、女性の影響力はその広さと強さにおいて大きく異なっています。平安時代の女性パワーは宮廷内部の狭い社会の中だけのことで、主に文学方面に限られていましたが、晶子の場合は、日本社会の全体に直接向けられることになりました。

平安時代の女性たちは、宮廷の人間関係の中で読まれ楽しまれる作品を著しました。言ってみれば座付きの脚本家でした。作者はもちろんのこと読者も、宮廷内部に限られていました。

一方、晶子の場合は『明星』への参加や『みだれ髪』の発刊によって、狭い範囲ではなく日本国民全体に影響を与えました。与謝野晶子は、女性の感性が尊重され、その表現がまだ制限されていなかった万葉集の時代から平安にかけての雰囲気を、日本の社会全体に向けて再教育したのです。

その証拠に、晶子は女性だけでなく男性にも影響を及ぼしました。日本には長年にわたって男尊女卑的な風土があったため、女性の影響力というものは軽視されていました。だから男の方から、「晶子に影響を受けてこんな考えを持つようになりました」とはなかなか言えなかったのですが、現実には男性も晶子の作品を読み、影響を受けていました。

石川啄木や若山牧水など晶子以降の作家で、その影響を受けなかった人間はいません。彼らは晶子が切り拓いた自由な感性や考え方を踏まえて表現している、といっても言い過ぎではありません。

男にこれほどの大きな影響を与えた女性はあまりいないでしょう。男性の作家では漱石や鷗外などが社会に大きな影響を与えていますが、晶子は、こうした男性作家が掘り起こすことができなかった部分を掘り起こしていった人だと思います。

†人間性を優先し、表現の自由への勇気をもたらす

晶子は歌人であった与謝野鉄幹と結婚して、与謝野晶子と名乗るようになりました。文学の師匠である鉄幹に憧れて、恋に落ちてしまったのです。しかし当時、鉄幹には妻がいました。しかも鉄幹と付き合う過程では、山川登美子という晶子と同世代の、歌に

おいても恋においてもライバルとなった人物がいました。晶子は、そのライバルに競り勝つ形で鉄幹に離婚を迫り、いわば略奪結婚するわけです。

当時は「略奪愛」など認められるはずもなく、その行為に対する風当たりの強さは、いまの比ではありません。そうした許されない、人倫に悖《もと》ることをしておきながら、晶子は堂々とその恋を歌い上げてしまった。これはたんなる自己肯定ではなく、社会的な価値規範に対するひとつの挑戦・挑発であり、個人的なレベルで言えば勝利宣言のようなものだったと思います。

自分はそんなことには拘泥《こうでい》しないというか、惑わされない。自分は心の奥底にある真実の気持ちに従いたい。そこに本当の自分の人間性が表れているから、それを思いきり表に出してみたいというのが晶子のやったことです。

いまでこそ私たちは「人間性」について、それほど奥底に隠されているものとは思っていません。「あの人には人間性が感じられるよね」とか、「人間性あふれる人だよね」というように、「人間性」という言葉を日常的に使います。

私たちにとって人間性は、それを発揮するために、覆っているものをハンマーで思いきり叩き割らなくても表現できるものです。そう考え得るようになったのは、そのプロセスにおいて、晶子が大きく関わっていたからでした。すなわち、日本における人間性の表出・表現が自然になるための、大きな水門を開けた人物が晶子だったわけです。

社会規範と人間性は、必ずしも対立するものではありません。多くの場合、人は社会的な常識に則って自分の人間性を発揮しようとします。その典型が「論語」でしょう。社会に対して基本的に保守的な態度を取りながら、仁・義・礼・智・忠・信・孝・悌を中心に人間性を育み、それを表現しようとする意思が儒教の底流にあります。

しかし、奥さんやライバルを蹴落として既婚者である人を自分のものにし、そのうえ「自分は人間性に突き動かされてこのようにやったのであって、それについて何も臆するところがない。あらゆる批判も構わない」と主張されると、やはり周囲の人間のほとんどは首を傾げたのではないでしょうか。

罵倒した人もいたことでしょうが、晶子が怯むことはありませんでした。そこには、男性によって奪い取られるか弱き女性といった、戦前の日本女性に対して私たちが抱いているイメージはいっさいありません。いまからは想像もできないことですが、日本では戦前の昭和初期まで、両親が決めた相手と一、二度会っただけで結婚するのも珍しくはないのが女性の生き方でした。

けれども晶子は、それよりはるか以前に、略奪婚そのものといっていいような行為に踏み切ったのです。そこに見られた強引さは、普通の人々の感覚では理解しにくく、それどころか到底受け入れがたいものでした。

しかも人知れず、そっと行うのならまだしも、晶子は短歌という強力な手段を使って、その正当性を謳い上げたのです。「正当性」といっても、もちろん社会常識における意味ではなく、人間性を優先すべきだという原理を主張する意味での「正当性」にほかなりません。つまり、社会常識を尊重するとか否定するということよりも、もっと優先すべきことがあるのではないか、という問いを提起したのです。

これは、普通の人にはなかなか行き着けない地点です。とくに儒教的価値観に親しんできた人々にとっては、そのような生き方は明らかに間違っていると思えたでしょうし、いまの私たちにとっても、それを全面的に肯定するのは困難です。

しかし仮に、人を好きだという気持ちを表現したり、行動に移すことをやめてしまったらどうなるでしょうか。それでも世の中は動いていくでしょうが、何か人間にとって重要なものが埋もれたままになってしまうのではないか、と晶子は訴えたのです。

つまり晶子は自由な表現ということについて、その基本的な形を表現しました。それは、今日の私たちにとっては当たり前に思われていることですが、当時は言論にはさまざまな制限があり、「自由」はなお夢想のレベルにとどまっていました。

そうした中で晶子は、感情を解放する勇気を教育したのです。「これをやっていいのだ」と勇気づけられれば、みんながやる。髪形ひとつとっても、たとえばビートルズが出てきて、「男でも長髪が許される」という雰囲気が生まれ、一気に長髪が広がっていく。そのように、自分自身の中に隠されていたパワーを思いきって解放する勇気を広げたことの背景には、晶子の大きな影響があります。

私たちは多くの場合、力がないというよりは、力を充分に出すことを忘れています。「それをしていいのだ」「それはこうすればできる」というモデルがないために、その力に気づかないでいることが多い。しかし、ひとたび見えない壁を突破した人に触れると、「ああ、こうやればいいのか」と、自分の中の共感する力に気づきます。

与謝野晶子はそういった「パワーの覚醒」を、日本全国の人々に自らやって見せたのだと思います。

†伝統と近代をつなぐ結節点

与謝野晶子が日本人を教育したもうひとつは、「伝統」と「近代的自我」の両立ということです。与謝野晶子というと、これまで述べてきたように、あまりにも個性が強すぎて、「彼女だからできた」と思われがちです。たしかに、既婚の男性と強引に結婚し、それを短歌に詠んで社会的に公にし、しかもそのことによって一世を風靡するなどという芸当は、特殊な人間にしか許されないと思われるかもしれません。

しかし与謝野晶子の重要な点は、そうした派手なパフォーマンスもさることながら、彼女の存在自体が、同時に歴史の結節点となっているところにあります。日本人の感情の伝統と、西欧近代によって覚醒された自我が交叉した地点で、晶子自身が重要な結び目になっているのです。

どういうことかというと、短歌という平安時代の王朝的なものと、自由な人間性の発露という近代西欧的なものとをしっかり結び合わせたのが晶子であり、与謝野晶子という存在によって日本の伝統がよみがえり、その伝統を近代文学の中に溶け込ませることができました。

それを説明するにあたって、短歌という形式について少し考えてみましょう。そもそも短歌という表現形式はとても興味深いものです。五・七・五・七・七の三十一文字というごくわずかな文字数の中に、恋愛感情を凝縮して注ぎ込むのが日本の王朝文化の伝統になっていました。俳句と比べてみれば、その特徴がよくわかります。

俳句は短歌に比べて、あまり恋愛感情をテーマとすることがありません。芭蕉の始めた流儀のように「わび・さび」といった精神の型や、小さなものが持っている独自の意味を感得することに喜びを見出す傾向が強い。やはり芭蕉を例にとれば、宇宙の大きなダイナミズムを非常に小さな沈黙の中に感じ取るといったように、人と自然あるいは人と宇宙といったものについて独特の世界観を確立しています。

けれども恋愛の生々しい感情を歌い上げることに関しては、なぜか昔から短歌に任せる伝統がありました。そこには、短歌（和歌）の歴史のほうが、俳諧よりも古いという事情があるのかもしれません。

万葉の時代から「君がゆく　道の長手をくりたたね　焼き滅ぼさむ　天《あめ》の火もがも」(狭野茅上娘子《さののちがみのおとめ》)という情熱的な歌がありました。この歌は、自分の好きな人が越前の国に流されてしまう、その行く道を繰り畳んで焼き滅ぼしてしまうような天の火がほしい、という強い気持ちを読み上げたものです。あるいは「あかねさす　紫野《むらさきの》ゆき標野《しめの》ゆき　野守《のもり》は見ずや　君が袖ふる」(額田王)のような大胆な歌もあります。

そういう強烈な伝統があったからこそ、五・七・五・七・七という形式の中でなら、フィクションも含めて、恋の感情を解放していいという暗黙のルールができ上がったわけです。

恋について付け加えれば、肉体関係をもつまでの過程が面白い。たとえば平安時代なら、どこかの貴族の屋敷に深窓の令嬢がいて、たいへんな美人らしいという噂がたつ。そこで、我こそはと思う男がその令嬢の歓心を得ようとチャレンジするのですが、その方法はといえば、知性と教養と情熱をすべて注ぎ込んだ和歌の形になります。

詠んだ歌を見れば相手の教養のレベル、氏素性の良し悪し、あるいは自分に対する想いの深さを推測できます。贈られたほうはそれを見極めながら、いつOKを出すのかといった駆け引きが行われるのです。いかに見事な言語コミュニケーションが、和歌という形で行われていたかがわかります。それは日本の伝統的な恋愛の形の一つでした。

その恋愛をめぐる言語文化は成熟したもので、現在とは比べることができないほど高度な水準に達していました。恋愛を文化として見たとき、現代の日本の恋愛はとても文化といえるような代物ではありません。細やかな言葉のやり取りを通して相互の感情理解を深め、文学的感性を通してでなければ行き着くことのできない、より高次の世界をめざす営みは省略されています。

現在の日本では、出会ったばかりの人と性的な関係をもつといったようなことも、それほど稀なことではありません。むろん、その後に恋愛感情が芽生えるといったことがあるのかもしれませんが。

けれども、万葉や平安時代のように、それまで互いに知り合うことのなかった他人同士が、深い関係を結ぶようになるまでの一歩一歩のプロセスを、歌を贈り合うという高度に知的な行為をとおして確かめ合っていくといった文化的な要素は、そこには存在しません。

文化とは、膨大な時間とエネルギーをかけたうえで形作られる精妙なものです。そういう意味で万葉、平安の当時は、「恋愛文化」といえるものはたしかに存在していました。恋愛するのに教養が必要などとは、いまの若者には思いもよらないことでしょう。

ご存じのように、その後武士の世になり、恋愛文化は衰退しますが、江戸期それも一七世紀後半の元禄時代になって、近松門左衛門の心中もので息を吹き返します。それはしかし、社会規範と、愛という何ものにも代えがたい人間感情との相克を、心中という形で描いたものでした。

そこでは恋愛文化は一度再燃するのですが、道ならぬ恋の終着点としては、当時は心中という形で、半ば夢想の世界の出来事に仮託するようにして表現せざるを得ませんでした。時代の制約に強く限定され、結果として、それは個人の力を超えた、運命に抗った者の悲劇に終わるほかなく、敗者の美学の表現となっています。

与謝野晶子のように恋愛を謳歌し、さまざまな非難を押しのけてその後も社会的に活躍し、あたかも勝利宣言をした勢いのまま人生を全うしたというのとは根本的に異なっています。平安時代の高度な恋愛文化が千年近くの時を経て、与謝野晶子によってようやくよみがえったのです。

†近代的自我と論理性

与謝野晶子は平安時代にとても憧れていて、小さい頃から平安期のものに親しんでいました。『源氏物語』も訳していますが、その訳も社会に大きな影響を与えています。その後、谷崎潤一郎をはじめ円地文子や瀬戸内寂聴さんまで、多くの人が『源氏物語』を訳していますが、晶子の仕事は『源氏物語』の現代語訳の嚆矢となっています。

晶子が活躍していた当時は、古文を読みこなす力は現在よりはるかに高いものでしたが、それでも『源氏物語』を原文で読みこなせる人となるとあまりいませんでした。

晶子は明治十一（一八七八）年に生まれていますが、彼女が活躍した明治から大正、そして昭和の初めにかけての時代は、日本が西欧諸国に伍しながら近代国家としての体裁を整えていった時で、天下国家を論じる志が優先されていました。しかも西欧の文物がまさに洪水のように入ってくる中で、晶子が『源氏物語』をきちんと評価し直し、訳したことには大きな意味がありました。

私は改めて与謝野晶子の『源氏物語』を読み直してみたのですが、その訳は驚くほど明快であり、近代的なものです。たとえば『源氏物語』の冒頭は、源氏の母親の桐壺の更衣の話で、こんな文章から始まります。

「いづれの御時にか、女御、更衣あまたさぶらひたまひけるなかに、いとやむごとなき際にはあらぬが、すぐれて時めきたまふありけり。

はじめより我はと思ひ上がりたまへる御方がた、めざましきものにおとしめ嫉みたまふ。同じほど、それより下臈の更衣たちは、ましてやすからず。」

訳としては桐壺がほかの人たちよりきわだって帝に寵愛されていたということですが、引用した文の最後に置かれている「ましてやすからず」というのは、身分の低い桐壺だけが愛されて地位の高い女性は内心穏やかではないが、まして同じくらい身分の低い人にとってはなおさらである、という意味です。

その箇所は、谷崎の訳では「まして気が気ではありません」となっています。それはそれでわかるし、もちろん悪くない訳だと思いますが、晶子は「嫉妬の焔を燃やさないわけもなかった」と、より直截《ちょくせつ》に訳しています。

どちらが近代的かという点から見てみると、谷崎訳のほうが王朝文学的な匂いを残していて、与謝野晶子の場合は、明らかに近代的な理性とセンスをふまえた日本語となっています。そこで起こっている事柄を論理的に再構成し、しかもポイントをクリアにしながら情念を伝えていく。非常に近代的、西洋的な心の働きを感じる訳です。

現在、与謝野晶子訳の『源氏物語』は二種類あり、どちらも文庫化されています（角川文庫）。実際に手にとってみると、あの時代にこんなに明解な日本語で書かれたものがあったのかと、不思議な思いを味わえると思います。

晶子が和泉式部の再来といわれているのは、彼女が和泉式部同様、情念の凄まじさを歌い上げているからでしょう。たとえば和泉式部の有名な恋の歌に、「物おもへば沢の蛍も　我が身より　あくがれいづる　魂かとぞみる」というものがありますが、激しい情念を歌ったものです。阿久悠作詞で森進一が歌った『北の螢』はおそらく、この和歌をふまえたものでしょう。

それはともかく、胸を突き破って蛍が飛んでいくというイメージを歌った和泉式部からは、強く激しい情念が伝わってきます。ここまで情念が迸《ほとばし》っているような人は和泉式部以来、なかなか出ていません。したがって感情の解放という面で、与謝野晶子がまさに千年来の出現といわれることになるわけです。

国文学者の吉田精一も『群像日本の作家6 与謝野晶子』（小学館）の中で、「晶子を以て明治年代第一の天才的な歌人と見るのである。女流歌人として見れば、遥かに王朝の情熱歌人和泉式部以後の第一人である」と述べています。

吉田精一も挙げている晶子の『みだれ髪』は、吉田が指摘しているように「赤裸々に自己をなげ出した歌集」といえます。

「人かへさず　暮れゆく春の　宵ごこち　小琴にもたす　乱れ乱れ髪

春みじかし　何に不滅の　命ぞと　ちからある乳を　手にさぐらせぬ

道を云はず　後を思はず　名を問はず　こゝに恋ひ恋ふ　君と我と見る」

与謝野晶子については、彼女とライバル関係にあった斎藤茂吉も一定の評価を与えています。先に触れた『与謝野晶子』に収録されている茂吉の文章は、次のように書かれています。「与謝野晶子女史の明治新派歌壇に与へたいさをしは寔《まこと》にかがやかしいものであつて、一定の期間、つねに先登に燈火をかかげて進むの概があつた。」

いわば「晶子流」が日本にずっと広がっていく感じがあったというのです。茂吉は、晶子とは四歳しか違いません。晶子が明治十一（一八七八）年生まれで、茂吉は明治十五（一八八二）年生まれです。茂吉は晶子よりずっと後から出てきたような印象がありますが、それは晶子が、若くして登場すると同時に一世を風靡したからだと思います。

茂吉も「年齢からいへば私より長ずること僅かに四歳である」と書いていますが、晶子の登場がそれほど劇的だったということでしょう。

この本には、釈迢空（折口信夫）が与謝野晶子の死に際して綴った文章も収められていますが、「日本の女歌《ヲンナウタ》におけるその最後の第一の人がゐなくなつたといふ寂しさを感じます」と、その死を悼んでいます。

歌人であり研究家でもある馬場あき子さんも、晶子を歴史的な広がりの中で次のように評価しています。晶子の歌は「奔放な詩精神がもつ無意識の破壊力が、旧来の短歌の概念を根底からゆるがした」と言い、「無意識の破壊力」の大きさを指摘しています。

意識でコントロールしているというレベルではない力がガーンとやって来るのですから、自分自身も押し流されてしまう。感情をコントロールしながら他の人に影響を与えるのが意識的な破壊力だとすると、晶子の場合は無意識なのですから、自分自身もどこへ行くかわからない。本当に時代を動かすのは、そういうものだと私は思いますが、馬場さんは「だからといって、それは非伝統的なものではなかった」と言い、こうも述べています。

「『みだれ髪』には、たしかに官能の表現の大胆さも目立つが、王朝の優艶と近世の妖美華麗を併せもった近代の風俗があり、魅力ある恋のもの言いのコケティッシュな面白さがあった。さらには、泰西の名画の高雅な裸像がほの見えるような描写や、西欧の近代詩の悩める精神を模した抒情の導入があり、せっぱつまった心搏《しんぱく》の早さを伝えるような言葉の律の長短に、初々しい若さがあふれていた。」（前掲書）

どういうことかというと、王朝的な優雅な恋愛文化と、近代西欧によってもたらされたクリアな自己意識や自我意識がクロスし、そこで表現された事柄はたんに恋のやり取りの範囲にとどまらず、一個の独立した人間の、社会に向けた自然な感情の吐露でもあったというのです。

晶子は女性ならではのパワーの形を示しましたが、当人の中では女性性の範囲に閉じられているのではなく、およそ人間にとって普遍的なことを自分は表現しているのだという意識が強かったといえます。

男性とか女性という性によって限定された存在である以前に人間であるという意識は、西欧ではルネサンスから市民革命を経て、普遍的人権が確立される歴史の中で登場してきます。晶子には、そうした西欧近代の歴史的な過程をふまえた自我意識がありました。

†短歌を近代文学の中に位置づける

王朝文化に代表される日本の伝統的な感性と、近代西欧的な自我意識がぶつかったところにしっかりとそれを結び合わせる与謝野晶子という存在がありました。彼女のおかげで日本の伝統がよみがえり、日本の近代文学は新たな展開を迎えることになるのです。

そもそも日本文学史の中での短歌の位置について考えてみると、与謝野晶子や正岡子規が登場して来るまでは、ほとんど廃れていたといってよいと思います。もちろん短歌の伝統が途絶えることはなかったのですが、たとえば江戸時代を代表する歌人、とくに女性歌人について名前を挙げてみようとしても、すぐには浮かんできません。ようやく晶子の登場によって短歌は再生され、近代文学のなかに安定した地位を得るようになったのです。

したがって与謝野晶子の作品が発表されたとき、復古調というか、王朝的なものを題材にしていたにもかかわらず、時代の流れに逆行しているとは受け取られませんでした。時代は激流のように近代化へ向かって動いていましたし、そうした中で王朝的なものを詠んでいれば、作品の受容のされ方如何《いかん》では、「時代錯誤じゃないか。これからは欧米化の時代なのに」と批判されたことでしょう。しかし晶子の作品は人々に、むしろ「新しい」という感じさえ与えたのでした。

晶子は短歌という非常に古い、伝統的な表現手段に依りながら、内容には近代的自我の発露、近代的自我が前面に出てくるような勢いがありました。人々はそれを感じ取り、これこそ近代化を切り拓く人であると、晶子を称賛したわけです。その憧れによって「晶子調」というもの、晶子スタイルが大流行していきます。

石川啄木（一八八六―一九一二）は近代歌人のなかで最も親しまれている歌人だと思

いますが、やはり晶子に大きな影響を受けた一人でした。入江春行さんが著した『晶子の周辺』（洋々社）という本は晶子が与えた影響について考察したものですが、それによると、啄木は与謝野晶子の歌をかなり真似て作っているようです。

「石川啄木の文学的人生を、浪漫主義に始まり、自然主義を経て、社会主義に至らんとする軌跡であると総括することが出来るなら、それを『明星』そのままから『明星』ばなれへの道程であるとすることも可能であり、さらに、晶子を『明星』の代表と見る世間的常識に従えば、『明星』そのままは即、晶子そのまま、『明星』ばなれは即、晶子ばなれと言えよう。」

『明星』とは、与謝野鉄幹が主宰していた短歌雑誌です。盛岡中学時代の先輩である金田一京助のすすめで、啄木は『明星』への投稿を始めます。そして上京して与謝野鉄幹に師事し、晶子の世話になっています。啄木が与謝野晶子に影響を受けた時代があり、そこから啄木らしさが生まれてくるわけです。「予はあの人を姉のやうに思ふことがある」と記しているほどです。晶子は先に亡くなった啄木について、このように書いています。

「至純な熱情、敏活な才力、上品な自負心、一片の反抗気分また反対に恬淡な一面、是《これ》が数奇短命に終つた青年詩人啄木さんの性格であつた。」（前掲書）

若山牧水（一八八五―一九二八）も晶子に憧れ、晶子調で短歌を作っていた時代があります。牧水は与謝野晶子の歌について、「一体に晶子女史の歌は調子がいい。而かも甚だ自然である。その時の心持が言葉や調子の上にしつくりと乗つてゐる」と書いています。

†社会評論家としての活躍

文学の大きな流れとしては、明治の初期に、情熱的な浪漫主義の潮流が、『明星』を中心として起こりました。それに対立するものとして自然主義が流行ります。こちらはロマンチシズムを歌い上げるというよりは、フランスの作家エミール・ゾラのように、もっと社会の現実を生きる個人の生々しい真実を描こうというものでした。

夢や憧れを歌い上げるというよりは、現実の厳しさや不安、実情を描き、人間の暗い部分や醜悪な面までを直視して掘り下げていくのが自然主義です。ところが、これが日本では不思議な展開の仕方をしてしまい、私小説のようなジャンルに結実していきます。さらにそれとは異なり、鷗外のように超然的な態度をとる人たちもいました。

しかし自然主義は日本社会にどんどん浸潤していき、その流れは止めようのないものでした。その自然主義の隆盛により、晶子たちのつくり上げた浪漫主義的な潮流は役割を終えます。それは晶子の大きな転機にもなりました。

彼女は若いうちに文学的な表現を完成し、日本全国に大きな影響を与えたのですが、そのあと自然主義が盛んになるにつれて、時代の表舞台から姿を消していきます。けれども、まったく過去の人になってしまったのではありません。晶子がその後、何をしていたのかというと、市民感覚を世の中に教育していくような役割を担ったのです。

ここからは、言わば女性の社会進出を助けていく、社会評論家としての与謝野晶子が登場します。『与謝野晶子評論集』が岩波文庫でもまとめられていますし、講談社文芸文庫でも評論集が出されています。それらを読むと、驚くほど社会的な先見性に富んだ晶子の思想を見ることができます。

それらは太平洋戦争以前に書かれたものですが、敗戦後に書かれたのではないかと思えるほど斬新な内容が表されています。平和に関して深い洞察を示し、女性の社会進出についても、一方的に男性優先社会を批判するのではなく、男女が真に平等な社会を築くには、女性自身が自らどう努めなければならないかを的確に語っているのです。

『青鞜《せいとう》』という雑誌が明治四十四年から大正五年までの間、刊行されました。近代史を学んだ人であれば、それが平塚らいてうたち女流文学者によってつくられた結社の機関誌で、第一号に平塚が著した「元始、女性は太陽であつた――青鞜発刊に際して」という創刊の辞は日本における婦人解放の宣言として注目され、その後の女性運動に大きな役割を果たしたことを思い出されることでしょう。ちなみに「青鞜（青いくつ）」の語のもとはロンドンのサロン「ブルーストッキング」にあり、その女性会員が学識が高かったところから、女性解放を主張する女性の知識人のシンボルになりました。
晶子もまた、『青鞜』創刊号に「そぞろごと」という次のような詩を寄せています。
私が総合指導しているNHKの幼児番組『にほんごであそぼ』でも取り上げているので、視聴者はすでにご存じのことでしょう。

「山の動く日来る
かく云へども人われを信ぜじ
山は姑《しばら》く眠りしのみ
その昔に於て
山は皆火に燃えて動きしものを
されど　そは信ぜずともよし
人よ　ああ　唯これを信ぜよ
すべて眠りし女今ぞ目覚めて動くなる」

内容は、山は動くなどと思った人はいなかったが、ついにその山が動く日が来たというだけのことです。それだけのことなのですが、では晶子は何を言いたかったのでしょうか。

ここで言う「山」は、女性の力のことです。動かなかった山としての女性のパワーが、いまようやく動く日がきた。眠っている、あるいは眠らされていた女たちが、いま目覚めて動こうとしているのだ、というわけです。この詩と、「元始、女性は太陽であった」という平塚らいてうの宣言が見事なメッセージとなって世の中を揺さぶり、一気に広まりました。

†平和や調和を重んじる女性的な原理

女性がこれから社会に進出し、大きく動かしていく力になるのだという強い決意、たんに女性が社会進出するというだけではなく、女性的な原理を社会においてもっと活用すべきだと訴えた先見性は見事というほかありません。

女性的な原理とはどういうものかというと、たとえば私たちが憲法で謳い上げているものの中に、女性的な原理といえるようなものがちりばめられています。つまり、平和や平等のような調和や安定、あるいは無駄な競争の否定などに象徴されているものです。

男性原理とか女性原理というと漠然としていて、何かを説明するには不十分だと思われるかもしれません。にもかかわらず、戦争を典型とする弱肉強食の戦いに代表されるものは、ひとまず男性的な原理と考えることができるでしょう。その証拠に、女性が中心となって戦争を起こした例は、歴史上にほとんど見当たらないからです。

戦争は人間にとって、治療の仕方がわからない疫病のようなものです。二一世紀を迎えた今日においても、各地で戦争が続いています。その中で、中心に女性がいて、女性が先頭に立って戦争を遂行した例があるでしょうか。

もちろん、戦争の舞台裏で女性が糸を引いていたということはあるのかもしれません。しかし戦争＝大量殺人という形で表れる攻撃性は、おもに男性的な原理に拠っているといっても、それほど間違いではないと思います。

それに対して、争わず、平和で平等な社会は、やはり女性的な感性を支えとする要素が大きいでしょう。古代ギリシャ喜劇に『女の平和』（アリストファネス作、前五世紀）という傑作があります。アテネとスパルタとの長期化した戦争にうんざりした両国の女性たちが、セックスストライキ戦術に出て男たちを屈服させ、平和をもたらすという話です。

こうした平和を志向する女性原理を日本社会が身につけなければ、本当の近代化にはならないのだと晶子は考えていました。そしてそれを実現するために、彼女は膨大な評論を書き続けたともいえます。

現在でも、フェミニズムの重要性が説かれたり女性の権利の拡張が主張されますが、晶子はその先駆けでもありました。女性的な原理の大切さをめぐって叙述された評論のレベルは高く、いま読んでみても、古さを感じるどころか十分な説得力を備えています。

たとえば、いま晶子に国会議員になってもらって、それをそのまま演説してほしいと思えるほどです。こういう人が政治家であれば、日本もずいぶん変わるでしょう。与謝野晶子が生きていたら男女雇用機会均等法などももっと早く実現し、それによって日本は大きく変わっていたのではないでしょうか。

私たちが教科書で知っているのは歌人としての与謝野晶子であって、社会変革家、社会評論家としての側面はさほど知られていません。しかし、こうした評論を読んでみると、与謝野晶子がどれほど先見性に富んだ社会意識をもち、近代的でありかつ論理的な言葉で世の中を教育しようとしたかがわかります。

†男の言葉を使って女性原理を主張する

しかし与謝野晶子といえども、女性であることによって社会的な評論活動を妨げられることがありました。「晶子女史は歌を歌ってさえいればよい。社会評論のようなものには手を出さぬほうがよい」と、はっきり言う相手さえいたほどです。

「君死にたまふことなかれ」という一節で有名な詩は、男性的な原理の発露である戦争に対しての反戦詩と取る見方が強いのですが、もうひとつの解釈として相聞歌であるという見方もあります。亀井勝一郎という日本浪曼派の評論家は、晶子のその詩についてこう解釈しています。

「「君死に給ふこと勿れ」は自分の弟に対する「相聞歌」なのである。弟の代りに愛人を置いてみてもよい。切実な恋愛詩にもなりうるからこそ、強い反戦詩にもな

（『群像日本の作家6　与謝野晶子』）

りうるのだ。」

弟を自分の恋人に見立てて、「防人の歌」のように、「行かないでくれ」「死なないでくれ」といった恋の歌だというのです。しかも万葉や平安の時代には、「君を死なすものが何か」については歌わなかったのに、晶子は「君死にたまふことなかれ」の詩の中で、「すめらみことは戦ひに　おほみづからは出でまさね」と歌ってしまった。そこが批判のポイントになったというわけです。

それは、単純な天皇批判とは少し違います。反戦的な態度であることに変わりはありませんが、愛する人が戦争に行くのを自分は止めたいという相聞歌、恋愛歌だとすると、そこにあるのは戦争という男性的原理に基づく現象に対して、相聞歌という女性的な愛の原理、「そんなことより私の愛する人のほうが大事」ということを対峙させたことになります。晶子はそこに、新しい社会のあり方を突きつけたのだというわけです。

当時は「そんなに自分一人の都合ばかりを言うのはおかしい」とか、「恋愛感情よりも国家存立のほうが大事なのだ」という戦争肯定論者が断然多かった。しかし晶子は、今日の私たちにとっては「やさしさ」としてイメージされる原理が、内面的なものにとどまらず、社会的な原理としても必要だということを主張し続けたのです。

そのために晶子が何をしたかというと、論理の訓練をしました。彼女の評論集にも書いてありますが、自分は男性が読むような本を読み、男性が使うような言葉を使って表現することにしたのだと言っています。

和歌の分野は、男性より女性のほうが得意な世界でしょう。得意というと語弊がありますが、女性の感性が生きるような大和言葉で表現されています。一方、漢語を用いて抽象的思考や論理的な議論をする習慣は、当時は男性的なものだとされていました。

晶子は、女性もそうしたものを読んだり書いたりしなくてはいけないと主張したのです。そして、男性が仕切っていた公の世界で使われている論理的な日本語力を訓練し、同じ土俵に立って戦おうとしました。しかし、そこで主張する内容には、女性ならではの視点が明確に打ち出されていました。

性による不当な差別を覆した例として、いまいくつかの例を思い浮かべることができます。たとえば、少し前までは女子のマラソン競技など、考えることもできませんでした。「四二・一九五キロというあの距離は、女性には無理だ。とても走り切れるものではない」と思われていたからです。

ところがどうでしょう。ほんの少しの間に、日本中が女子マラソンを応援するようになりました。それどころか、この十年ほどの実績を見て、男はダメだ、女にしか期待できないといった風潮さえ現れてきています。女性のほうが根性があって、持久力もあるということになり、マラソンは男性より女性のほうが向いているという極端な意見さえ出てきています。

しかしそうなったのは、「女性に対して過酷だからやらせない」という偏見に挑戦し、その誤りを自ら正そうとした先人たちの努力の積み重ねによるものです。与謝野晶子もまた、男の独壇場だった評論活動という土俵に上り、女性ならではの原理を浸透させた先人たちの一人にほかなりません。

†未熟さゆえの加速度が日本の青春をつくる

晶子の与謝野鉄幹への想いは、どのようなものだったのでしょうか。

「思ひも寄らぬ偶然の事から一人の男と相知るに到って自分の性情は不思議な程激変した。自分は始めて現実的な恋愛の感情が我身を焦すのを覚えた。」（「私の貞操観」『与謝野晶子評論集』岩波文庫所収）

鉄幹に会い、恋愛感情がいきなり生じたと言い、さらに「歌をつくり始めて数箇月の後に、私は主として恋愛を実感する一人の人間となりました」とも書いています。晶子にとっては歌をつくるという営みが、一個の独立した人間になるための教育の役割も担っていたということでしょう。

鉄幹と結婚後、晶子はたくさんの子供に恵まれました。彼女は生涯に十二人の子供を産み、育てています。彼女の人生は一面、子供を産んで育てるということの繰り返しのようでもありました。文筆活動は忙しかったのですが、それによって子供たちの世話がおろそかになるということはなかったようです。長男として生まれた与謝野光は「母晶子の想い出」の中で、次のような心温まる場面を記録しています。

「母はよく「あきらめが私はよいのだ」といっておりましたが、したい事は沢山あったでしょうに、皆子供のためにあきらめていたのだと思いますと、心から申訳なく思います。

母は亡くなる前に私を呼んで「もし私が死んでも決して後悔しないように、母さんは貴方《あなた》がたに会えたことがこのうえない幸せで、十分たのしませてもらいましたから」といい残しました。」（『群像日本の作家6　与謝野晶子』）

いまの時代から見ると、これほどたくさんの子供を産む人はほとんどいないでしょうし、そのうえ、社会的な活動に活発に参加するということになると、それ自体、奇跡のような感じもしてきます。私たちには想像もつかないことですが、これを当たり前のようにこなしていたパワーこそが、まさに背筋の伸びた明治の女性の証《あかし》だったのかもしれません。

私の祖母も明治人でしたが、やはりきちんとした人で、九十歳を過ぎてからも、椅子に座ったまま食事をしようとして亡くなりました。椅子に腰掛け、背筋をまっすぐにした姿勢のまま旅立ったといいます。身内の話ではありますが、明治の女性の凜《りん》とした生き方を物語るエピソードとして、私は今でも強い印象をもっています。

与謝野晶子のイメージとして浮かんでくるのは、世間の批判にもかかわらず自ら恃《たの》むところを信じ、人間にとって大切だと確信するものを前面に押し立てて、しかも背筋を伸ばしてすっくと立っている姿です。そうやって創作や評論などに限らず社会的な活動を続け、自分自身がモデルになることによって日本を教育したのです。

亡くなったのは六十三歳ですから、女性として長生きしたというわけではありません。明治十一年に生まれた晶子は、『明星』に作品を発表したのが二十一歳、『みだれ髪』が二十二歳のときです。そこからずっとスターであり続けました。

晶子も、かなり苦しい時期があったことでしょう。自分自身が情熱のおもむくままに歌い上げていたものが時代の流行になり、やがてそれが衰退し、自分自身も変わっていかざるを得なかった。自分の作品に対しても、後年『みだれ髪』を必ずしも最高の作品として評価していなかったところに、彼女自身の切なさもあったように思います。

彼女は人間としてどんどん成長し、視野も広くなるのですが、日本に衝撃を与えたのは、必ずしもいちばん成熟したときではありませんでした。当人のライフサイクルとは別に、若さの〝加速度〟によって、未熟なレベルであっても人の胸を打つことがあります。そこが彼女の切なさでした。

私は、加速度という概念は重要だと思っています。その人が加速しているとき、社会に食い込む角度や力、ベクトルがパワーとなって世の中に突き刺さっていく。それがまさにその人が世に出たときであり、影響を与えたときになるのです。

その後、もちろん、その人はその人なりに内面的にも進化していき、社会を見る目も広くなることでしょう。そうした成長と加速度とは、また別の問題です。ある種の恐れを知らぬ未熟さによって生まれる加速度にみんなが憧れ、目を見張ることがあるのです。

明治維新を遂行したのも若い人たちでしたが、維新の後も驚くほど若い人たちが世に出てきて社会を変えていきました。しばしば指摘されるように、やはり明治という時代自体が、日本国家の青春のようなものだったことは間違いありません。

そうした時代の流れに、『明星』への参加や『みだれ髪』発表の当時が二十代初めだったという与謝野晶子の青春が重なり合って、さらに勢いを増したという感じがします。青春の、未熟だが遠慮のない自由なパワー、それゆえ完成するとかしないといった次元とは異なる、そうした不思議な力を教えた人でもありました。

おそらく若い人は晶子を見て、「自分たちもこのように青春時代を生きたい」「こういう恋愛をしてみたい」「こんなふうに言っていいのだ」という勇気が湧いてきたと思います。与謝野晶子は女性という社会的な弱者の立場を逆手にとって、日本の青春の原型そのものとなり、そのことによって当時ばかりでなく後世にも大きな影響を及ぼしたのです。

第二章
嘉納治五郎の武道力

嘉納治五郎＝1860〔万延元〕～1938〔昭和 13〕年（『決定版昭和史 7』より）

†治五郎が体現する真のエリート像

嘉納治五郎は日本の柔道の創始者です。正確に言えば講道館柔道の創始者ということになるのですが、いまの若い人に嘉納治五郎とはどういう人物かと聞いてみても、ほとんどの人はよく知らないと答えることでしょう。教科書にも偉人伝にもそれほど登場しないので、名前さえあまり知られていないのが現実です。

では、彼が社会的に地味で目立たない人であったかというと、そんなことはありません。パブリックな仕事をたくさんした人物でした。個人の名前を残すより、柔道を文化として残すことに尽力したため、生涯を顧みられることが少なくなってしまいましたが、彼がやり遂げた仕事は偉大であり、それがある面で日本の源流ともなっていると思います。

たとえば男性なら、中学校の体育の授業で柔道をやった経験があるでしょう。高校でも、柔道か剣道を選択させるところが多い。私もそうでしたが、小さいころ柔道の道場に通った経験をもつ人も多いと思います。日本では男の子が柔道着に袖をとおす風景は当たり前ですが、実はそれは嘉納治五郎の努力によって成し遂げられたのです。

私はその意味で、嘉納治五郎は日本を代表する教育者だったと思います。なぜなら彼が柔道を始めたのは、そもそも文武両道を狙いとした教育の一環としてでした。柔道を教えるというより、教育がまず先にあり、人が人になっていくためにはどうしても「武」という要素が欠かせないと考え、それを柔道という形で導入したのです。彼の一生は柔道家として知られていますが、教育に本義があったということを忘れてはなりません。

したがって、日本国民の男子のほとんどが柔道を経験するという現状を見てみると、柔道をとおした教育という意図は大きな成功を収めたと言えるでしょう。嘉納治五郎の偉大なる教育者としての本質に、もっと光が当てられてしかるべきだと思います。

まず、彼が文武両道をメソッド化した点について考えてみましょう。私たちはしばしば「文武両道に生きるべし」という言葉を耳にします。私立学校では、この「文武両道」を教育方針に掲げているところも数多くあります。

もっとも中には、勉強で東大をめざすグループと野球で甲子園をめざすグループとに生徒を分けてしまい、「文」と「武」を担っている人間が別々に組織されていることがあります。その場合、たとえ「文武両道の学校だ」と自慢していても、それが学校の評価を高めるための道具や役割分担になっているのでは、本当の意味での文武両道と言えないのは明らかです。

そうではなくて、一人の人間が両方を併せ持つというのが、嘉納治五郎がめざした理想の人間像でした。彼の生涯を調べてみると、自らそういう人生を歩んでいます。

嘉納治五郎は国家を代表するエリートコースを歩んでいました。灘の嘉納家から出て東京開成学校に行きます。その後、東京開成学校が改称された東京大学（のち東京帝国大学）の文学部に進み、政治学および理財学を学んで文学士の学位を受けています。

彼は早熟だったため社会で活躍するのが早く、二十一歳の頃にもう嘉納塾と講道館を創立し、学習院教師も務めるようになりました。つまり、学習院で教えながら自分で道場を運営し、若い人たちを集めて武道を研究していたわけです。

治五郎が出た当時の帝国大学は、いまと比べて学生数も圧倒的に少なく、大学への価値評価も格段に異なっていました。「帝大出」といえば国家的なエリートであって、政治、社会のあらゆる重要ポストに道が開かれていました。

しかも嘉納治五郎は小さい頃から英語やドイツ語を勉強していたので、国際的に活躍できる華やかなコースにいたのです。それなのに、なぜ廃れゆく武術に目を向けたのか。そこに、私は「エリート」の本当の姿を見るように思います。

エリートというのは、努力することも含めていろいろな意味で才能に恵まれていて、余裕がある人のことを指します。その余裕を、世のため人のために用いるのが真のエリートということになるでしょう。優れた能力を使って私腹を肥やすだけの人がエリートではないのはいうまでもありません。

嘉納治五郎はその余裕をどこに向けたかというと、近代化・西洋化の波に揉まれ、半ば打ち捨てられた「武」の流れをもう一度整理し、日本の柱として復活させることでした。

そのやり方がまさに治五郎らしいのですが、彼はそれをたんに広めようとはしませんでした。その優れた知性を用いて廃れゆく「武」を近代仕様に合理化し、メソッド化したのです。こうした展開が大きな成功を収めた結果が、現在、柔道がオリンピックの競技種目となり、日本の男子のほとんどが授業として柔道を経験することに結びついています。

†廃れゆく「武」を近代仕様にメソッド化する

どういうメソッドだったかというと、まずバラバラだった柔術各派を、「柔道」というひとつの形式にまとめたことにあります。

それまで柔術の各派はそれぞれの得意技を隠していて、言わば秘技・奥義として門下に伝えていました。要するにそれぞれに家元がいて、流派を構えているような状態です。

彼は各流派の得意技を総合し、柔術の諸流派のいいところを全部収めてシステム化しようとしました。そのシステムに「柔道」という名前をつけたのが、治五郎のメソッドのひとつでした。

柔術は戦国時代の組み打ちに源流があります。当時は刀で斬り合うだけでなく、相手を馬から引きずり落として組んで倒すことが重要でした。したがって柔術には当て身、組み打ち、絞《し》め技、極《き》め技があり、相手を殺すことを目指していました。いまの総合格闘技で行われている三角絞め、腕ひしぎ逆十字など必殺技に近いもので、最終的には首を絞めて相手の息の根を止めて殺すことを想定した残酷なものだったのです。

そのような残酷な技は江戸期の平和な世ではすでに人気がなく、剣術のように武士道と結びつくこともありませんでした。明治維新以降はいよいよ必要とされなくなり、廃れていくのは明らかだったわけです。

にもかかわらず各派家元が乱立し、狭い世界でそれぞれの誇りを競い合っているだけでは、再生の可能性はありません。治五郎は天神真楊流、起倒流の二派を習うのですが、その二派においてすら、やっていることや得意技はまったく異なります。

治五郎が指摘したのは「その沈んでいく船に、君たちはずっと乗っているのか」ということでした。そこで、いまの柔道のように畳の上に立って組み合い、どちらか一方が投げられて背中がついたら終わりというやり方を始めたわけです。したがっていまの「柔道」は、講道館柔道として嘉納治五郎がつくったものからスタートしています。

「柔道」のもうひとつの意味合いは、「術」より「道」を優先させたことです。勝ち負けより、もっと大事なことがある。人の道を教えるのが柔道である。人を絞め殺すための術ではなく、自分自身や他人を高めていく「柔の道」というものを確立したのが、治五郎の打ち出した柔道でした。

嘉納治五郎は「自他共栄」という言葉を使いますが、自分と他人が共に栄えていくあり方こそが柔道のめざすところであると考えました。だから人格形成を第一義に置き、武術を捉え直したわけです。そこが「柔道」という言葉の二つ目の意味になります。

こうして彼は、日本の伝統的な身体文化、精神文化のエッセンスを救い出すことに成功したといえるでしょう。サルベージ事業のように、ほぼ沈みかけている船を引き上げ、もう一度ちゃんとした形に仕立て直したのです。

しかも、近代的な技術によって完全に補修し、そのうえで新たに船出させるというような事業でした。いま多くの人が乗っているのは、まさに「柔道」という近代的大型船であるということになります。

†柔術の諸流派を総合し、アレンジした高い知性

嘉納治五郎は明治生まれではなく、万延元（一八六〇）年、幕末の生まれです。江戸時代人だったのですが、少年期に近代化、欧米化の波を身体一杯に受け取り、自分自身も英語を勉強して、それが当たり前というような環境で育ちました。

けれども二十歳前に柔術を習い始めたことで、転機を迎えます。柔術を習うきっかけ

は彼自身が小柄で、身体がそれほど強くなかったからです。しかし身体を鍛えるために始めた柔術に、彼は奥深いものを見出すことになりました。講道館図書資料部長の村田直樹さんの『嘉納治五郎師範に學ぶ』(財団法人日本武道館)には、次のように記されています。

「いよいよ諸流伝書を研究し、その総括、集大成を目論むという壮大な事業に臨むのである。時に弱冠二十代前半の師範。このような大きな作業をその背後で支えたエネルギーは一体、何であったのだろうか。それは生来の性格からくる負けず嫌いと、高度な知性に基づく学問的裏付け、即ち科学的思考や合理的精神であった。教養高きエリートの志は高く、その情熱は旧来柔術の面目を一新すべく、自ら創始した講道館柔道による新しい技術体系の整備、及び合理性に裏打ちされた新しい指導法の確立とに注がれた。」

諸流派を統合して体系を整備し、新しい技術やルールを開発していくには、現状に縛られない大局観がなければできません。しかも一つ一つの整理は、まさに科学的な作業になります。実際に嘉納治五郎は、個々の筋肉がどうなっているかということまで深く研究しています。

西洋のレスリングのあり方と日本の柔術を比較検討するなど、西洋文化についての知識が豊富だっただけに、自らいろいろなスポーツを試み、研究を重ねました。野球のピッチャーをやったという話もあり、広い意味での体育やスポーツという観点からそれらを吸収し、日本古来の身体の動かし方とクロスさせる形で新しい体系をつくって行きました。

彼の中にあったのは、身体「文化」としての柔術をきちんと確立したいという想いでした。当時、柔術を文化だと思っていた人は少数で、文化といえば文学や美術の世界のことであって、人を絞め落とすようなものは文化の範疇には入っていませんでした。だからそのまま放っておけば、時代の波の中に消え去っていったに違いありません。それを文化として認めてもらうためには、技術体系を整理しなければなりませんでしたが、それこそ嘉納治五郎が行ったことです。

悪いものは削ぎ落とし、いいものは残す。形をアレンジして新しい原理原則をつくり、世の中に通用するような形に仕立て直すという作業は、高い総合的な知性を感じさせる仕事です。たんにある人間が柔道家として強かったかどうかという、個人の技術レベルの問題ではありません。

†格闘技のルールをつくる

講道館柔道の出身者に三船久蔵という人がいます。彼は「三船十段」といわれ、たいへん強い人でした。この大名人に、「あなたは嘉納先生と比べて、どちらが強いと思いますか」という、あまり嗜《たしな》みのない質問をした人がいます。三船はそれに対して、「私たちにとって嘉納先生は神のような存在であって、比べようがありません」と答えたそうです。

嘉納治五郎自身、自らの身体をもって柔術を極めた人ですから、それなりに強かったという伝説は残っていますが、それはたんに強さを競う質のものではありません。というより、そもそも柔道の体系《システム》をつくったのは嘉納治五郎なのですから、その柔道の枠の中で成長してきた三船久蔵にとっては、それがなければ自分の強さは存在しないわけです。

無法な殴り合いの中での強さではなく、柔道というルールある武道において培われた強さなのですから、柔道そのものをつくった人物と比べてもしようがないわけです。

私たちはオリンピックの種目などで当たり前のように柔道を目にし、応援していますが、あのような形で試合ができるのは嘉納治五郎のおかげです。そうでなければ、柔道はたとえ生き残っていたとしても、各流派がバラバラのルールで競い合い、試合においても限度のないところまでエスカレートし、死者が出る結果になっていたかもしれません。

話は横道に逸《そ》れますが、最近の総合格闘技の流れを見ていくと、興味深い事実にぶつかります。ブラジルにグレイシー柔術というものがあって、前田光世という柔術家によって指導されたエリオ・グレイシーがグレイシー一族のトップということになっています。

その柔術は、立って襟と袖をつかんで投げ合うという、私たちがイメージする柔道ではありません。絞め技を中心にして、畳ではないところで上手に相手に身体を絡ませながら、絞め落としていく。昔の柔術の形が、なぜかブラジルに残っていたのです。そこから、ヒクソン・グレイシーやホイス・グレイシーという一族出身の格闘家が来日するようになり、グレイシー一族との戦いとして総合格闘技ブームが始まりました。

柔術の見直しとともに、総合格闘技が一般に人気を博し、大晦日に集中的にテレビ放映されることになり、多くの格闘技ファンの熱狂的な注目を集めています。

私自身もファンですが、しかし考えてみると、新年を迎える大晦日の夜、除夜の鐘を聞く前に、なぜ日本中が興奮しながら、わざわざ絞め落とす競技を見ているのか、いささか奇妙な感じを抱かないわけにはいきません。まあ不思議な国だというほかありませんが、闘いを文化として見る視点があるからこそ、大晦日の恒例行事として認められているということなのでしょう。

日本が世界の格闘技をリードしてきたのは、長い伝統があったからですが、当初の柔道は柔術を総合するところから始まりましたから、絞める、極《き》めるといった要素を現在よりも強くもっていました。投げて背中がついて「一本」というだけではなく、最後はギュッと絞めるところまでもっていく。

実はグレイシーの頭領エリオは、日本の柔道家としてブラジルに渡った木村政彦に負けています。木村政彦は、「木村の前に木村なく、木村の後に木村なし」と言われた不世出の柔道家で、全日本柔道選手権でも三連覇した鉄人です。

そうした人々も、元を正せば治五郎から出ていった流れです。その結果、海外で柔術として残ったものがまた日本に影響を与え、総合格闘技の花が開いて、それを多くの日本人が大晦日に見て楽しんでいることを考えると、本当に面白い現象だと思わざるを得ません。

これもまた、武道が確たる位置を与えられ、文化として認められるために全力を尽くした嘉納治五郎の功績のひとつと見ることもできます。

†「理」を学ぶカリキュラムとして柔道を選択する

柔道は現在、国際競技となり、オリンピックの正式種目にもなっています。なぜ柔道が、そこまで国際的に認知されることになったのでしょうか。明治時代になるまで、剣術・剣道と比べると、柔道は明らかに格下でした。

剣術は武士として修めるべき幕府公認のいわば正規のカリキュラムに組み込まれていましたが、柔術を修めることは必要条件ではありませんでした。剣術のできない武士など想像もできないことですが、柔術の位置はそれほどでもなかったのです。

宮本武蔵は戦国時代に生まれ、江戸時代の初期まで活躍しますが、その当時は、日本一の剣術家になることが男の憧れでした。より強い者を求めて修行を重ねたり、武士道を追究する精神の中核に剣の心があったのです。

剣の達人は武蔵だけではなく、柳生新陰流の達人・柳生但馬守（宗矩）や剣術を合理化した千葉周作に至るまで、みな剣道が人生のカリキュラムとして中心にありました。西郷隆盛との江戸城の談判で有名な勝海舟なども、「本気でやったのは剣術と禅だけだった」と言うほど、毎日剣術の訓練に打ち込みました。

道場で訓練するのは江戸時代の基本科目のようなものですから、剣術は文化どころか制度として確立していたといえるでしょう。

しかし現在、柔道と剣道は並び称されるものになり、国際的には、むしろ柔道のほうが知られるようになっています。柔道人口も世界中に広がり、フランスやロシアなど、日本に匹敵するほどのかなりの競技人口を抱えています。

宮本武蔵の『五輪書』や千葉周作の『剣法秘訣』を読めばわかるように、剣術の極意を記したものは技術的にレベルの高いものばかりです。しかも剣道は禅と結びついて、そこに一つの身体文化、精神文化としての体系を備えています。それは世界に誇る文化です。

そのように剣道には長い伝統があり、文化的にも充分、国際社会で評価される内容を誇っているにもかかわらず、なぜ柔道ほどには広まっていないのでしょうか。それは嘉納治五郎が教育のために柔道を選んだからで、治五郎がもし剣のほうを選んでいたら、おそらく剣道のほうが世界に広まったのではないかとさえ思われます。嘉納治五郎の存在はそれほど大きいものでした。

では、なぜ治五郎は教育の手段として柔術を選択したのでしょうか。これは自分が柔術をやっていたから、という単純な理由もあったようですが、もちろんそれだけではなく、彼にはある種の見通しがありました。どういうことかというと、これから先、日本では「武」の心が忘れられていくことになるだろう、しかし日本人の存在は「武」の心なしにはあり得ない、日本人にとって絶対に必要なものである、と考えたのです。

といっても、いつも刀を持って歩くような時代は、もはや過ぎ去っていました。素手で、しかも簡単にできるものと考えたとき、投げ技、絞め技など、いろいろなものが総合的に含まれている柔術やそれを総合した柔道が、「武」の心を育てるカリキュラムとして優れているのではないか、と彼は考えたのです。

要するに、国民全員が参加しやすい条件がそろっているという点を重視して選択しています。そもそも戦う技術としての柔術よりも教育のほうに本義があり、そのために彼は柔道を選択したのでした。

柔道は全身の筋肉を使います。柔道は技の種類が多く、受け身や寝技もあり、複雑です。剣道は奥の深いものですが、全身をさまざまに使って鍛えるという体育的な目的からすると、柔道のほうが適しています。剣道に欠かせない竹刀という道具や防具も費用がかかります。

複雑さということでいえば、空手も複雑な筋肉の使い方をするのですが、こちらは試合を成り立たせるのが難しい。私も練習していたことがありますが、相手を本当に殴ってしまいかねず、やや危険です。

いまの寸止め空手のように、突く直前で止めて引くか、世界中に広がった極真空手のように、相手の顔を殴ってはいけないという不思議なルールを設けなければなりません。ただそうは言っても手で相手の顔を殴るのが攻撃の基本ですから、それをやってはいけないというルールだと、試合を行うのが難しくなってしまいます。

それに比べて柔道は、それなりに試合が楽しめます。畳の上でやるわけですし、投げたときに「一本」という感じで、勝敗もすぐ決まる。痛さもほどほどです。柔道で気持ちがいいのは、相手を投げたときより、意外ですが、投げられたときのほうです。

私も経験がありますが、人を投げたときの「やった！」という感じより、自分が抵抗しているはずなのに、フワッと身体が浮いて、一瞬宙を舞って畳にバーンと背中から落ちたときの不思議な感覚は、空手で殴られたときには得られない柔道独特の快感です。

これは柔道というものの不思議な力です。こんなに抵抗しているのに、なぜいとも簡単にフワッと自分の身体が浮いてしまうのか。そこに柔道が示す「理」の精神がありま す。嘉納治五郎の人生を一文字で表すとすれば、「理」ということになるでしょう。その人物が「理」というもの——人の道をつかみ、柔道の技術としても理をつかんでいる場合、その人に技をかけられると、「ああ、本当に理というものがあるな」と、宙を舞いながら感じとることができるのです。

しかも叩きつけられる先が畳だし、受け身をちゃんと取っていれば、それほど痛くはありません。これはなかなか気持ちがいい「理の体験」です。そういう意味で、「武」の中のエッセンスを、危険ではない形でみんなが体験できる。これこそが、嘉納治五郎が教育と関連させて柔道を選んだ理由です。

†型と実践の中から新しい技が開発される

嘉納治五郎はスポーツ全般に対して貢献しましたが、柔道をきちんと根づかせるところまで徹底したのが成功の原因でした。その方法として、彼は「型」と「乱取り」を非常に重視しました。もともと柔術は型を重視する武術でしたが、治五郎はそれに乱取りを加えました。乱取りは自由に技をかけ合う練習のスタイルですが、その二つを柱にしたのが柔道の練習でした。

その中間に「打ち込み」という練習があり、ある技に入るところまでを徹底的に練習する。たとえば背負い投げであれば、二人一組になって、相手に背負いをかけるところまで、何本も何本も打ち込んで基本の動きを練習する。これはなかなか辛い練習です。このように、型と実戦で練習するところに柔道の特徴があります。型とはどういうものかというと、その流派が最も得意とするエッセンスを形にして、一人で練習できるようにしたものです。

型をひたすら練習していると、技の基本形が身についてきます。しかし試合では思いもしない状況が生まれるので、それがそのまま通用するわけではありません。だから乱取りのように、二人が組み合って実戦に即した練習をする必要があります。それによって、技がどんどん開発されることになりました。村田さんによると、こんなエピソードがあります。

「師範は左浮腰が得意だった。弟子たちはどうしても投げられてしまう。それはあたかも針先で突かれた位の接触感があったかと思うと既に浮いて投げられている、という位に良く利《き》いたという。弟子の一人西郷四郎は一計を案じた。この浮腰に対する防御方法を工夫し、試す日が来た。稽古をお願いした。師範が浮腰を掛けた。西郷はその刹那《せつな》、さっと前方に跳んで逃げたのである。今度は師範が考える番であった。次の稽古の時、師範はどうしたか。さっと前方に跳んで逃げた西郷を、その脚が畳に着く前にぱっと払ったのである。西郷はもとより自分で跳んだ勢いも加わってものの見事に投げられた。払腰《はらいごし》の誕生である。」（『嘉納治五郎師範に學ぶ』）

西郷四郎は「姿三四郎」のモデルになった人物で、小柄だが、天才と言われました。山嵐という技を得意とした人物です。西郷との練習で、治五郎は払腰を考案したといいます。払腰をかけられた西郷四郎が新しい防御態勢を考えると、それを崩すものとして釣込腰《つりこみごし》が発明されるというように、次々と新しい技が開発されていきました。

「柔道創設の時は、まだ出足払とか支釣込足とか払釣込足といった様なはっきりした名称も、したがってはっきりした技の掛け方もなかった。場合によっては足で払ったり、或いは足を掛けておいて上体を引いて相手を倒したりしていた。しかし、そのうちに、富田、横山、山下、西郷などの諸君がこれらの技を創り上げていったのである。」（前掲書）

だから柔道の草創期は楽しいものだったと思われます。誰かの得意技があって、それを防ごうとする相手との関わりの中で、また新しい技が開発されていく。その技に、「これは釣込腰と呼ぼうじゃないか」という感じで名前を付けていき、釣込腰の訓練がカリキュラム化されていくのです。あいまいなものに名前が付けられ分節化されていく。これが文化の発展の基本です。

技の話で思い出しましたが、二〇〇〇年のシドニー・オリンピックの一〇〇キロ超級の決勝で、篠原信一選手はライバルだったフランスのドゥイエ選手に、最後に内股すかしを決めました。内股をかけられて投げられているのに、足を外してすかし、投げられる勢いを利用して相手をひっくり返す高度な技です。

ドゥイエ選手は背中から思いきり落ちて、完全な一本となりました。しかし、それはまったく審判に認められずに、篠原選手は銀メダルになってしまいました。

篠原選手が「弱いから負けました」という言い方をしたときに、フランス人は「ああ、自分で弱いと認めた」というように言っていましたが、それは論外なことです。あの言葉は、自分自身を戒めるというか、潔く現実を受け止める武士的な意味で言われたのです。

本当はどうだったかというと、審判がその技を認識していなかったというのが真実でした。「内股すかし」という、相手の技を返すことによって成り立つ高度な技は、それが技であるという認識がなければ見抜けません。

日本の柔道ファンや指導者は、篠原選手の技を意識的にやった内股すかしだと思っていましたが、それが技として認識される柔道文化が世界に浸透しきっていなかったのです。負けとされましたが、それは日本の柔道文化の高さを示す、忘れられない試合です。

†講道館柔道のミッションを受け継ぐ選手たち

私はオリンピック三連覇を達成した野村忠宏さんや吉田秀彦さんと、それぞれ対談する機会があったのですが、いずれも興味深いものでした。

野村さんは、自分の型に入ったら絶対に負けないと言っていました。その型というのが、袖と襟を持つという柔道の基本形で、そこが取れるまでは徹底的に争うそうです。しかし一度そこを取ったら、もう勝負は終わっている。小さい頃からしっかりつかんで、しっかり組んで、しっかり投げるということばかり練習してきたので、自分の技のキレは誰にも負けない自信があるということでした。

野村選手は子供のころは弱くて、女の子に負けたことがあるほどでしたが、練習を重ね技を磨いたので誰にも負けない、負けるとしたら、ただ体重が軽いからだと思っていたそうです。その「しっかり組んだら絶対に負けない」という型を、オリンピックでもずっと守りきったわけです。

彼は背負い投げを中心軸にして試合を組み立てています。しかも、背負いを防御するための方向性が二つあるとすると、その二方向に対しても技がかかるように、もう二つ得意技を持っているというのです。したがって、三つの技を一度にかけているような感じです。

「そうやって技をかけられると、相手は逃れられるものですか」と聞くと、「まあ、逃れられないでしょうね」と平然と答えていました。普通に聞いていると傲慢な感じがしますが、彼の場合はとてもさわやかなので、聞いていて清々しい気分になりました。

私が野村さんから話を聞いたのが、三連覇を決めるアテネ・オリンピックの直前だったということもあり、まさに技を極めているという感じでした。自分の中に柔道の動きが全部入り込んでいて、いちいち考えなくても技が出てくる。どんな体勢からでもさまざまな倒し方ができるという自信にあふれているようでした。

ちなみに嘉納治五郎が自然体に組むときは、右手で相手の左襟を取り、左手で相手の右袖を取ったといいます。

「この形式は柔道乱取の学び始めの者に最も適当であるから、最初のうちは形式を取らず、是非、この形式を守ってもらいたい。その訳はこの形式で身体を慣らすと姿勢が正しくなり、技も覚えやすい」（『嘉納治五郎師範に學ぶ』）と述べています。つまり初心者が自然体や姿勢を習うために、相手の左襟と右袖を取る形を基本としたわけです。

いままでは、柔道は襟と袖を持って戦うのが当たり前になっていますが、格闘技として見れば、別にあの形をとる必要はありません。現に総合格闘技では、二人であのような組み方をすることはありません。しかし柔道で、全員があの型で組むということは、柔道がもっている教育機能をみんなが大事にしている証です。そのほうが基本姿勢がよくなっていろいろな技をかけやすい、自然体がつくりやすいということなのです。

吉田秀彦さんは、いちばん厳しい稽古は打ち込みだと言っていました。打ち込みでは、技に入るところまでを徹底的に練習します。内股なら内股をずっと繰り返すのですが、そのおかげでオリンピックでも、相手が倒れるまで内股をかけ続けられました。ちょっとやそっとで倒れないような相手だったら、自分が片足でケンケンをしてでも倒しにいくねばり強さが養われたといいます。吉田さんはバルセロナ・オリンピックで、このけんけん内股を徹底して金メダルを取りました。その陰には、そういう技へのこだわりがあったのです。

判定勝ちではなく、きれいに一本を取って勝ちたいというのは、日本の選手に共通する遺伝子のようなものです。いわば彼らのミッションと言ってよいのかもしれませんが、そのミッションは、嘉納治五郎の講道館柔道から受け継いできたものにほかなりません。柔道は、ただ勝てばいいというのではない。まず正々堂々と戦い、しかもきれいに決めて勝たなければいけない。それが日本人としての「武」の精神であり、嘉納治五郎が講道館柔道をとおして教えようとしたことです。

日本柔道界には、公式戦無敗で引退した山下泰裕という無敵の重量級の王者がいました。彼がロサンゼルス・オリンピックで足を負傷しながらも、エジプトのラシュワン選手と戦った試合は、柔道の本来の姿を表したものとして大きな話題になりました。ラシュワン選手のスポーツマンシップという点でも、とても印象深い試合です。

彼らの活躍ぶりを見ると、どんなときにも気持ちがブレずに、自分の型をしっかり貫く嘉納イズムがきっちりと引き継がれていることがわかります。もちろん国際ルール上は、きれいな一本を取らなくてもいいし、技をかけるフリをして逃げて、時間稼ぎをしてごまかす外国人もいます。そんなこともあって、日本の柔道は一時期弱くなっていました。

しかし「日本柔道はこれでいいのか」という危機感から日本柔道の基本に戻り、アテネ・オリンピックでは驚異的な復活を遂げたのです。そのときの精神は、やはりしっかり組んで、しっかり技をかけ、相手を投げきる。一本を取る柔道をしようとしたのです。その基本へのこだわりこそが日本の美学であり、それが最終的な強さにもなって復活を遂げました。

普通は、美学と勝敗は両立できるものではありません。とくに国際化されると、勝負に勝たなければ結局は信頼を得られないわけですから、どんな手を使ってもとりあえず勝とうとするようになる。しかし日本の場合は、基本になる美しい柔道、柔道の大本に戻ることを貫いて、勝負にも勝てるようになったのです。まさに嘉納イズムの体現を見る思いがします。

†「武」の文化を世界に輸出する

治五郎は柔道のルールを整備してフォーマット化し、「技あり」や「効果」という言葉まで周知させました。柔道に国際的なフォーマットをつくって広めていったことによって、オリンピック競技として定着させることもできました。さらにもうひとつ、オリンピック委員会と嘉納治五郎との深い関係も無視できません。

クーベルタンは近代オリンピックの父と言われますが、治五郎はクーベルタンに支援されて、日本人最初の国際オリンピック委員会（ＩＯＣ）委員になりました。治五郎が四十八歳のときです。以後、彼はオリンピックを東京に招致する活動を、七十代になってからもずっと続けました。

昭和十三（一九三八）年に、彼は七十七歳で亡くなります。残念ながら彼の存命中は日本でのオリンピック開催は実現しませんでしたが、一九六四年の東京オリンピックによって嘉納治五郎の悲願はようやく現実のものとなりました。

なぜ彼がオリンピック招致にそこまでこだわったのかというと、世界の国々の人を日本に招くことで、日本の人々に近代の世界を見せることができると考えたからです。それと同時に、世界に日本の真の姿を示すこともできます。アジアで初めてオリンピックを行うことで、日本人の力を世界に知らしめたいという気持ちがあったのでしょう。

嘉納治五郎は、日本が世界でどういう位置を占め、どこにアイデンティティの拠り所を求めるべきかを考え抜いた人でした。彼は「武」の文化なくして日本はないと考えましたが、それを自国に閉じ込めていてはダメだとも思っていました。

彼は柔術を解放して柔道をつくったように、日本の「武」の文化を自国にとどめてしまうのではなく世界に広げるために、オリンピックをその大きな舞台として活用しようとしたのです。

治五郎は日本人としてのアイデンティティを確立するために、いろいろなことを検討しています。その中でも、日本人が欧米人に比べて劣っているのかどうかをめぐる治五郎の考察は、今日でも充分注目に値するものです。

まず日本人と欧米人の頭の出来を比べてみると、数学では江戸時代の優れた数学者・関孝和のような人もいるので、決して劣っているわけではない。では身体のほうはどうかというと、治五郎は最初、日本人は欧米人に劣っているのではないかと思っていました。

しかし欧米人に柔道を教えてみてわかったのは、器用さと持久力において、日本人は欧米人より優れているということでした。結局、総合的に見て、日本人は欧米人に比較して負けるところはないという結論に至った、と述べています。

このように日本と欧米との比較をいつも意識してチャレンジしていったのが、治五郎の特徴です。柔道が好きだから柔道を守るという狭い視野からではなく、欧米との厳しい戦いのなかで、自分たちが自信を持つための〝骨格〟として柔道を確立したいという思いがあったのです。

なぜ日本人が武道をやらなければならないか。それは、国も個人も自衛しなければならないからです。国の防衛と個人の自衛とが直結しているという治五郎の考え方は、たいへん面白いものです。『嘉納治五郎著作集 第一巻』（五月書房）を読むと「国民が普遍的に武術を心得ていなければならぬというわけは」との問いに答える形で、こう書かれています。

「武ということはあえて争うことでなく外から侵されないようにすることが本体でなければならぬ。一国に国防が必要であるように個人にも自己を防衛するだけの用意がなければならぬ。……先方が無理で己が正しければあくまでも自己の所信を貫き、抵抗もし力争もするだけの意気込みも技術も心得ていなければならぬ。……心身を鍛えておらぬものは往々恐れを懐き、国民の義務をも忌避するようなことになる。それ故に武術的鍛錬は平素すべての国民が実行していねばならぬ。」

文章を読んでもわかるとおり、彼にはつねに「国民」という観念がありました。国民に何を徹底するのかというと、「精力善用の精神をあまねく国民に徹底せしむること」と考え、その手段として柔道は非常にいいのだと言っています。

この「精力善用の精神」については後述しますが、とにかく治五郎は近代史における日本の位置、世界の中での日本の立場を考え、「日本人ここにあり」ということを示すために柔道に注目したのでした。その着眼点は優れていたといえるでしょう。

なぜなら現在、柔道は世界中に知られていて、それが日本の伝統的な競技だというのはあまりに有名です。ほかに空手人口も世界的に見て多いですし、合気道もそうです。つまり「武」というものが、日本の文化的輸出品の中で大きなものになっているのです。

残念ながら日本人は、「武」が日本文化の中の最大の輸出品目であるという自覚をあまり持っていません。しかし世界の人々は、日本を肯定的に評価する見方のひとつに、日本の「武」の精神を通じた人間形成の文化を挙げています。

そして、それに参加したいという外国人はたくさんいます。黒帯を締めて「武」の心を追求したいという外国人は跡を絶ちません。

たとえ日本の経済がどう崩れたとしても、「武」の精神を文化として世界に輸出した国であるという評価は残るはずです。ですから私たち自身が、「日本」という国の価値をたんに経済国家ということだけに置いてはいけないのです。

「武」は野蛮なものどころか、非常に高い文化を内包していて、人間形成の大きな軸になるものだということを世界中に広めた治五郎の功績は、計り知れないと言わなければなりません。

†「精力善用の精神」の教育

嘉納治五郎が何を日本に教育しようとしたかというと、ひとことで言えば「精力善用」と言えます。これは彼自身が掛け軸にして残している言葉です。文字だけを見ると、たんに精力をよいことに使うという意味にしかとれませんが、そうではなくて、精力の最善利用ということです。その最もよい利用の仕方が「自他共栄」です。だから目的は「自他共栄」であり、原理は精力の最善利用ということです。治五郎はこれを柔道の根本原理としただけでなく、一般生活のすべてに通じる基本原理として身に付けさせようとしたのです。

柔道といえば「柔よく剛を制す」という有名な言葉を思い浮かべますが、嘉納治五郎自身は、「柔よく剛を制す」は根本原理ではないと言っています。もちろんそれが大切ではないというのではなく、「精力の最善利用」という概念のほうがより重要だと言っているのです。

なぜなら「柔よく剛を制す」は、常に相手に対してどのように対応するかが焦点になっていますが、戦いにおいては、いつも相手の出方次第ということはあり得ません。自分から動かなければならない場合もあるからです。

「私は柔道の研究を始めてから四十余年、その間絶えず攻撃防禦の百般の場合につき工夫し、遂にそれらの間に一貫した原理があってしかもそれは精力の最善活用にあるということを確信するに至った。」（『嘉納治五郎著作集 第一巻』）

そうして、「昔は柔術は柔能く剛を制するという道理に基づいて」行われていたが、柔道の勝負にはそれ以外の理屈があるのではないか、と述べています。

「何事をするにも、その目的を達するために精神の力と身体の力とを最も有効に働かすということ」が重要であって、「精力の最善活用ということは、柔道の修行上最も大切な教えであるが、また人生各般の目的を達するためにも必要な教えである」（前掲書）と言っています。

興味深いのは、その精力善用ということを、交友や読書に生かす方法などについても詳しく述べている点です。たとえば読書に関しては、要領を記憶して、それらを忘れないようときどき繰り返さなければならないとか、覚えにくい漢字は書きつけておいて、何度も字引を引く手間を省いたほうがいいとも言っています。

要するに柔道も生活も、すべてに共通するのは、精力の最善活用の仕方を考えることだと言っているのです。

治五郎がこの精力の最善活用を思いついたきっかけは、どうやら柔道ではなかったようです。『嘉納治五郎』（日本図書センター）によると、彼が東京開成学校に進学したとき、同じクラスに白石直治という優秀な人がいたそうです。よく勉強ができるのですが、いわゆるガリ勉ではない。

きっと何かうまい方法を使っているに違いないと注意していると、白石君は時間の使い方が実にうまかった。予習・復習のやり方が上手で、無駄な時間を省いて上手に有効活用している。白石君ができる理由はそれだったというので、これがヒントになって「精力善用」に結びついたようです。

要するに、工夫し続ける精神のあり方を思いついたわけですが、考えてみれば、ここまで広く応用すれば、「精力最善活用」は一般的な原理としても通用します。しかし、それを柔道の技として徹底してみようという発想は、やはりすぐに浮かんでくるものではありません。

つまり嘉納治五郎は、あらゆるときに最善の力をどう活用するのか、練習方法としてエネルギーの最善活用はどうあるべきかを、柔道の世界で突き詰めていこうとしました。しかもその結果を、誰の目にも疑いようのない勝敗という形で確認しようとしたのです。

†「プロジェクトX」に流れる日本の遺伝子

さらに、そうした試みを、読書や交友関係、社会的な能力など、すべて「精力善用」につないでみようと考え、日本人の得意技であるかのように浸透させようとした点が面白いところです。

彼自身も言っていますが、アメリカは資源があり、人口も多い。しかし日本は、国土が狭く資源もない。では日本人に何があるかというと、工夫する気持ちがあります。小さなことにも工夫し続けるところがあり、そのことによって初めて日本人の良さが生かされる。それこそが「精力善用」の精神というわけです。

西欧との比較について、治五郎は「日本人が陸海軍を建設した能力、商業において、工業において、財政経済や一般行政において発揮した能力は決して世界に恥ずるところはない」（『嘉納治五郎著作集　第一巻』）と捉えていましたし、肉体面においても、「最も大切なことは如何に器用に筋肉を働かせ得るかということと、何程の持久力を有するかということであって、それらにおいて日本人はかなり優れた素質を有しているということが分かった」（前掲書）と言っています。

ここで言う「器用に筋肉を働かせ得るか」ということは、身体の働き方を研究することと密接に結びついています。すなわち自らの工夫で研究し、持っているエネルギーを最善に活用する方法論的視点を持てということです。

したがって、教えられたことをそのままやるのではなく、自分はどのようにしたらエネルギーを最善に活用できるか工夫せよと言っています。その技を、身体をとおして日本人に身につけさせたのが、嘉納治五郎の行った教育だといえるでしょう。

考えてみれば、日本という国がＮＨＫの番組「プロジェクトＸ」に代表されるさまざまな工夫を成功させたのは、ほとんどすべてが「精力の最善活用」によっています。たとえばウォッシュレットを見ても、あんなに細かく工夫し、新製品をつくり続けているのは日本らしい。工夫しすぎるほど工夫していて、もうこれ以上、工夫するところはないと思えるほどです。

そうした営みの中に、日本の遺伝子が詰まっていると思います。本当に、よくこの人的エネルギーを結集してここまで来たものだと感心するほかありません。

それは文化的な遺伝子というほかなく、長い歴史をかけて人々がつくり、確立してきたものです。治五郎はそれを、武道という形で明治の日本人の身体に染み込ませようとしたわけです。

遠大な目的意識なしには生まれようのない発想です。そのことをもって、彼は「志」と言っています。彼は、日本人全部が「志」を持たなければいけないと強く主張しました。

「人は誰でも志士とならなければならぬ。人としてこの世に生まれて空しく生きていて、何も世のために尽くさずに死んでしまうならば下等動物と何も択ぶところなく、万物の霊長ということは出来ぬ。」（前掲書）

その志とは、孫を育て上げることでもいいし、慈善事業をすることでもいい。「子供でも老人でもその境遇において尽くすべき自他共栄の方法があり、すべての人はそれを実行せねばならぬ」と言い、自分でその方法を考えて、精力を善用しなければならないと書いています。

†「作家」夏目漱石を誕生させた教育力

ところで、嘉納治五郎が東京高等師範学校の校長を務めていたことをご存じでしょうか。意外に知られていないことだと思いますが、彼は日本の教員養成の総本山とも言うべき東京高等師範学校の校長を、二十七年間も務めていたのです。

夏目漱石が松山に行ったのも、実は嘉納治五郎に言われたのがきっかけでした。漱石の『私の人生観』の中に出てきますが、嘉納治五郎に勧められた漱石は、「私は教師に向いていないので無理です」と一度は断っています。

ところが「そう言われると、いよいよ君に頼みたくなった」というようなうまいことを治五郎に言われて、遂に引き受けざるを得なかったということです。名作『坊っちゃん』は、漱石の教師としての経験なくしては生まれなかったのですから、嘉納治五郎は作家・夏目漱石の誕生にも関わっていたと言ってもよいでしょう。

治五郎は体育だけでなく師範教育全体に関わってきた、いわば教師養成の総元締めのような人物だったといえます。だからこそ、身体を中心にした人間形成の方法が、全国的にあれほど根づいたのです。

戦後になると、身体を使った教育は、学校教育の中ではかなり衰退してしまいました。心身の粘り強さに欠ける傾向が強まったいま、彼の教育スタイルは見直されるべきです。私の塾では、まず四股や呼吸法をしてから勉強することになっています。ほとんど半分以上の時間は、体育館で身体を動かすことをしています。

彼は教育者について「教育をすることを楽しみ、厭かず撓まず人を教える人でなければならない。また人に物を教えるには教えをうける人の理解の程度を知り、また精神的にも身体的にもどの程度まで学修にたえ得る力があるかもよく解するを要する」（『嘉納治五郎著作集　第三巻』）と言っていますが、まさにその通りだと思います。

治五郎は大きな視野をもって、さまざまな方法を追求し、伝統的な価値観を世界標準につくり直した根本精神や根本原理を、日本人の中に心の財産として引き継がせようとしました。私にとっては、治五郎は理想の教育者であると同時に、私自身のめざす人物像でもあります。私としては、〝心の師〟として仰いでいるこの人物の生涯がもっと多くの人に知られ、ロールモデルとなってほしいと思っています。

†勝海舟や吉田松陰とつながる教育の人脈

私は富田常雄が書いた『姿三四郎』という小説を愛読していました。黒澤明によって映画化されましたが、ストーリーは、矢野正五郎という先生が弟子と切磋《せっさ》琢磨《たくま》しながら、柔道をつくり上げていく話です。まさに嘉納治五郎と講道館柔道をモデルにした作品です。

小説のクライマックスは三四郎と檜垣源之助との戦いですが、その息詰まる場面はもちろんのこと、柔道をつくっていくときの、先生と弟子の熱さがいい。何かこう「明治だな〜」という空気を色濃く漂わせています。庭に莚《むしろ》を敷いて練習したり、人形を使って研究したり、「自分たちがやらねば誰がやる！」という熱さで、ひたすら柔道をつくっていく様子が感動的に描かれています。

漫画なら読めるという方は、ぜひ本宮ひろ志さんの『姿三四郎』を読んでほしい。これがまた実によくできた漫画で、私はもうセリフを覚えてしまいました。本宮さんが描くと、能を舞うような自然体が美しく見えてきます。たとえばある時、不遜な若者が矢野先生に挑むのですが、先生の力みのない自然体にどうやっても組み込めない。その感じが、美しく描かれていることに感動します。

いま私たちが当たり前だと思っているものは、治五郎が大変な熱意と努力を傾けて、一生をかけてつくり上げた結果です。しかし最初は、誰も相手にしない小さな種にすぎませんでした。そのため、身内の人も経済的に苦境に立たされたようです。彼の学力をもってすれば、柔道などをやっているより外交官にでもなったほうが、よほど安定した暮らしができたでしょう。

しかし、志に共感したたくさんの人たちが、援助者として手を差し伸べてくれました。松下村塾に学んだ幕末の志士・品川弥二郎も、その中の有力な一人です。吉田松陰の弟子たちの力が、ここにも加わっているわけです。

嘉納治五郎は勝海舟にも相談しています。勝海舟と嘉納治五郎の親が知り合いだったことから、治五郎はある時、自分の将来について勝のもとへ相談に行ったのです。そのころ、治五郎は学問の道に進むかどうか迷っていました。それに対して勝海舟は、「学問のための学問になってしまうのはよくない。実地のなかで、学問をするようにしなさい」とアドバイスしています。

勝海舟は講道館の道場開きにもやって来るのですが、あまりに見事な道場なのに感動して、揮毫《きごう》しています。「無心而入自然之妙、無為而窮変化之神」すなわち「武術の極意は心技体を究めることにある」という意味です。いつも実践体験に即した学問をせよということの言葉は、自分が行動するうえで大切な指針となったと、治五郎はのちに振返っています。

明治という時代は、人的なつながりがとても密接です。治五郎と漱石がつながり、治五郎と勝海舟がつながり、間接的には治五郎と吉田松陰もつながっている。「志の共同体」とも言うべき、志ある者同士の密接な私心なき人間関係には感嘆します。

嘉納治五郎が唱えた「精力善用」や、さまざまな理念・観念は、常に身体を動かすこと結びつけられているところがポイントです。普通、観念は観念の世界、実地は実地の世界とまったく区別されていますが、治五郎の場合は、実地に即して観念を身に付けていこうとしました。概念を技化《わざか》していくという視点が重要です。これが上達の普遍的原理となります。

ただ柔道が強くなればいい、というのではありません。めざしているのは精力の最善利用であり自他共栄なのであって、その概念を技として身につけるために柔道があるのです。そして、そこで身につけたものを、生活すべてに広げなさいと治五郎は説いたのでした。

もちろん、身体を丈夫にしたり、戦う気構えを持つ教育は「武」の中にあるのですが、それが最終地点ではありません。柔道が強くなり、併せて人格形成もできるというだけではありません。概念を技として、普遍的に活用できるようになって初めて、治五郎のめざすところが実現するのです。学者一辺倒でもなければ柔道一辺倒でもない、まさに実地に即した知識を活用しようとした点が治五郎の優れた功績です。

†上達の普遍的論理を教える

精力善用、自他共栄という二つの四文字熟語が意味するものを、どんなときにも生活の中に生かせるようになっているか。柔道はそのためにあるのだというメッセージが忘れ去られてしまうと、ただのスポーツになってしまいます。

私が教育学を専門とするようになったきっかけも、上達の普遍的論理を、なぜ学校で教えないのだろうという疑問がひとつの出発点になっていました。いまの学校での教科の教育はバラバラです。各教科をつなぐ横糸としての上達の普遍的原理こそが、最重要の教育内容だと私は考えますが、現実には、この意識は低い。

あることができない状態から、できるようになる——それが上達だとすると、教育とはどんなことに際しても、できない状態からできるようになる。その見通しを自分で立て、その練習メニューを自分で組むことができ、そうすることによって上達の普遍的論理をすべてのものに活用できる能力をつけることである、と私は考えています。

しかし、そういう考えを持っている教師は非常に少ないでしょう。学校教育の世界で「上達」という言葉が使われることはほとんどありません。学力の向上という言い方はしますが、国語における上達とか、理科における上達という言い方はしません。上達とは、ある技ができなかったところから、できるようになることを言います。たとえば料理が上達する、運転が上達すると言います。しかし教育には、そういう技の概念が欠けているのです。

これでは、普遍的な論理というところに行き着くことはできません。実際には、数多くの分野を、それぞれ集中して勉強してみると、自ずと上達するための普遍的論理が見えてくるはずです。ですから、学習科目はある程度多いほうがよいと思います。少なければ、たんなる要領とかコツのレベルにとどまりかねない。得手なものだけでなく、不得手な科目もこなしてみて初めて、上達が普遍的な論理としてつかめるようになるのだと思います。

たとえば、人によっていろいろな記憶の方法やノート作りの工夫があります。私が東大に進学して同級生たちを見て感じたのは、この人たちは共通して、できないものを目の前にしたとしても、なんの恐れも抱かないだろうということでした。

それぞれ、「自分はこういう手順で必ずできるようになる」という確信をもっている。つまり上達の普遍的論理をつかんでいる人が多いのです。あまり恐れないで物事に取り組むことができるので、エネルギーのロスも少ない。すでに精力の最善活用を備えているわけです。

一流大学出身で、ビジネスエリートと呼ばれる人の中には、自他共栄の観念がない場合があります。エネルギーの最善活用をしながら、とんでもない方向へ行ってしまっていることがあります。嘉納治五郎が大事だと考えた、「精力善用」と「自他共栄」の二つのポイントが技化していない人物は、才能があっても社会的にプラスとは限らないのです。

学校とは、教育を通じて何をする場所なのでしょうか。教育再生を願うのであれば、個々の現象ではなく、本来は何をする場所なのかということを、もう一度捉え直したほうがいいでしょう。要するに、一人ひとりの教師が、上達の普遍的論理をきちんとわきまえているのか、ということです。

それを自分の担当教科で、メニューとしてどのようにシステム化できているのかということを問い直してみればいいのです。それがなければ、教師としては目的を果たしていないということになりますし、魅力ある教育はできないでしょう。

教育ほど偉大なことはないという信念のもとに生き、上達の普遍的論理をメソッド化した嘉納治五郎の偉大な足跡をしっかり学ぶところから、教育の再生、そして日本の再生が始まると私は信じています。

第三章

佐藤紅緑の少年力

佐藤紅緑＝1874〔明治 7〕〜1949〔昭和 24〕年（毎日新聞社提供）

†少年たちの心に蒔いた種が花開く

佐藤紅緑《こうろく》という名は、いま八十代の人たちなら誰もが知っているでしょう。しかしそれ以下の世代になると、ほとんど知られていないのではないでしょうか。「こうろく」と読める人のほうが少ないでしょう。そういう意味では、忘れられた教育者だと思います。

教育者といっても、佐藤紅緑は学校で教えていたわけではありません。『少年倶楽部』（大日本雄弁会講談社）という雑誌に主に少年のための小説を連載し、爆発的にヒットさせた人です。日本中の少年が佐藤紅緑の小説に燃え上がったといってよいでしょう。代表的な作品は「ああ玉杯に花うけて」という、旧制一高の校歌をタイトルにした小説です。昭和二年に発表されて、当時の少年たちの心をガッチリつかまえて放さなかった作品だと言われています。

しかし、このような当時の雰囲気は、意外に忘れ去られてしまうものです。私たちはいまでも森鷗外や太宰治の作品を手にすることがありますが、それは彼らが作家として一流であり、文学作品が芸術として認められ、そのことによって作品が時代の壁を乗り越えられたからです。

それに比べて、佐藤紅緑の書いたものは、当時から言われていたことではありますが、芸術性という点から見ると必ずしも高いものとは言えません。子供向けの作品という見方をされていて、そのために現在では彼の小説を文学作品として読む人はほとんどいません。いや、まったくいないと言ってよいかもしれません。

しかし日本の少年たちに対する影響という点では、ほかの大作家たちの誰よりも、紅緑は直接的な影響を及ぼしたと言えます。私たちは作家を判断するとき、その作品が五十年後も評価されているかどうか、という観点で見てしまいがちです。いま現在その作品を読む人がほとんどいなければ、あたかもそんな作家は存在しなかったかのように思ってしまいます。

しかし、当時燃え上がった子供たちの熱い血は、彼らのその後の生き方にさまざまな形で溶け込み、生き続けています。子供たちがやがて大人になり、それぞれ仕事に就く中で、佐藤紅緑のまいた種が育っていって仕事の原動力になったことも充分あり得ることです。事実、そういう証言も多いのです。

当時『少年倶楽部』を読んでいた人たちは、その雑誌について、まるで自分の魂のふるさとのように語ることがあります。言わば〝魂の溶鉱炉〟のようなもので、自分たちの心がいちばん柔らかくて熱されやすいときに、そういうものに出会えてよかったと言っているわけです。

もちろん、大人になってからもっといい作品に出会ったし、いまの時点で佐藤紅緑の作品を読んでも、昔ほど感動することはないかもしれません。しかしそのことは、佐藤紅緑の果たした教育者としての役割を、むしろ強調するものだと思います。

彼の作品は、子供たちの心にのみ熱く訴えかけるという特定の目的のために書かれたものであり、その意図が見事に実現したケースだと言えます。お互いに相思相愛であって、紅緑と、膨大な数の読者である少年たちが、ガッチリとスクラムを組むようにつながり合っていたわけです。『少年倶楽部』には、著者が読者に直接語りかけているような、著者と読者との独特な関係があったと言えるでしょう。

では、そもそも佐藤紅緑とは、どのような人物だったのでしょうか。

紅緑は、もともとは新聞社に勤めるジャーナリストでした。彼は陸羯南《くがかつなん》という明治の著名なジャーナリストに憧れて、羯南がつくった日本新聞社に入社します。

紅緑がいかに陸羯南に憧れていたかは、中学生のとき、感激のあまり紅緑が書いた「威武も屈する能わず、富貴も淫する能わずとは日本新聞のことなり」（『花はくれない』講談社文庫）という文章を見てもわかります。このように、紅緑は「権力と戦うのだ」という強い想いを持ち、陸羯南のところに勤めることになる。

その過程で、紅緑はもう一人、重要な人物に出会います。正岡子規です。いまの感覚ではあまり想像しにくいことですが、当時は日本のマスコミや文学者の輪は意外に狭く、すぐに知り合いになったようです。いまでは考えられないほど緊密な人間関係が、すでにつくられていたのでしょう。

正岡子規に出会った紅緑は、さっそく俳句をつくり始めます。いくつか面白い俳句があるのですが、「隣村の案山子《かかし》もてくる野分かな」(前掲書)など、どちらかというとユーモア感覚のある俳句を作っているようです。

ほかにも「おのれ渋しと知らでや柿の真赤なる」という俳句など、柿は自分が渋いと知らないで真っ赤になっているという、ちょっとニヤリとさせられる句もあります。俳句ならではの軽味があって、秀句だと思います。あるいは、「乾鮭の歯をくひしばる憤り」は鮭の顔が怒ったように見えるという句ですが、句作の背後にユーモアに富んだ観察眼を感じさせるものです。

さらに傑作なのは、借金取りが来たときにつくった「きん玉七ふしぎ」という滑稽句です。

「陽かげにあれど色黒し　袋にあれど縫目なし　竿にはあれど物干せず　玉にはあれど光なし……」というもので、それを借金取りに詠んでやり、ごまかして帰したというエピソードが残っているほどです。

正岡子規は「花は紅、柳は緑」という有名な言葉から、彼に「紅緑」という雅号をつけてやります。「緑(リョク)」は「緑(ロク)」にもなるから、音としても「コウロク」でいいではないか、といって名前を付けたわけです。

やがて、佐藤紅緑は河東碧梧桐《かわひがしへきごとう》、高浜虚子、石井露月と並んで、「子規門下の四天王」と言われるようになります。しかし紅緑は、どうしても俳句だけでは満足できませんでした。本当は政治家になりたかったようです。いまは政治家志望の若者は珍しいと言ってよいでしょうが、明治時代は、むしろ天下国家を意識しない若者のほうが稀でした。彼らはしばしば天下国家について論じ、日本の将来について語り合っていたのですから、佐藤紅緑が政治家になって藩閥政治を打倒し、正しい日本の建設のために貢献したいという想いを強く抱いたとしても不思議ではありません。それが最終的には、政治家としてではなく小説家という形で、世のため人のために書くのだ、という意識につながっていくのです。

†放蕩家の本質にある卑怯を憎む純粋さ

したがって佐藤紅緑の少年小説の根幹には、この先、日本をどうしていったらいいのかという想いがあふれています。そして最終的には、未来そのものである子供たちに直接感化を及ぼすような、いいものを書かなければいけないというところへつながっていきます。現在では小説家は、政治家を志す人たちとはほとんど対極にあるような存在だと考えられているでしょうが、紅緑の考え方の中では連続するものでした。

しかし紅緑は、政治の世界の欺瞞や嘘の多さにうんざりして、結局は政治家になることをやめてしまいます。佐藤紅緑の娘である作家の佐藤愛子が書いた『花はくれない』によると、紅緑が新聞社を辞めるときの理由を記したメモには「大隈伯の養子問題に憤激、政治を放棄す」という一行だけが書かれていたようです。

とにかく紅緑は気が短く、すぐに腹を立てる人物であったようです。何が嫌いかというと、嘘や卑怯なふるまい、腐敗など、とにかく曲がったことが大嫌いでした。しかし一方では、彼は大変な放蕩家でもありました。お妾さんを何人も囲って、好き放題をしていました。そこだけを見ると、正義感あふれる少年小説を書くような人物とはおよそ正反対の人だったことになります。

一般的にも、これは面白い現象だといってよいと思いますが、作品から受ける印象と、作家のプライベートなふるまいとはかなり違う場合がよくあります。紅緑も少年たちに対しては、自分の心の中の清らかな面や美しい部分だけが出てきて、本気で熱く語ることができる。ところが他方、わがままな生活の悪影響のために、自分の子供のなかから自殺者まで出してしまうといったことも起きました。

このことは、やはり人間の存在の複雑さを象徴していると言っていいように思います。けれども、だからといって、もし「おまえにそんなことを言う資格があるのか」と言い始めたら、誰も教育などできません。「そんなことを書くのであれば、自分の身から正せ」と言われたら、小説を書こうとする人などいなくなるでしょう。それではあらゆる可能性を摘んでしまいかねません。

言うまでもないことかもしれませんが、当人の人格とは別に、書いていることが正しいものであるのなら善しとすべきでしょう。紅緑の人生は放蕩三昧でしたが、常に卑怯を憎み、勇気をもって事に当たり、よいと思ったら突き進むという姿勢は終生変わらなかったのですから、その点に関しては、少年たちに自信を持って語ることができたのです。ですから偽りや奇麗事を述べたというのではなく、自分の中にある本質をそのまま語ったと捉えていいと思います。

『国家の品格』を書いた藤原正彦さんも新渡戸稲造の『武士道』を引用しながら、卑怯を憎む心の教育の大切さを強調しています。紅緑はそうした卑怯を憎む心や勇気をもって悪に対峙する強さを、『ああ玉杯に花うけて』という小説で強調しました。

それを、ただ教え諭すというのではなく、物語として、子供たちの心に自然な形で入り込むようにした。それが子供たちの共感を呼ぶことになりました。子供たちが小説の主人公になったかのような気分で、勇気や卑怯を憎む心を内側から体験したことが、佐藤紅緑の影響力の特徴でした。

もちろん「『武士道』にはこういうことが書かれているから、君たちもしっかりと勇気を持ちなさい」とか、「卑怯なふるまいをしてはいけませんよ」というように、真正面から説教するのは教育の基本スタイルですが、物語というスタイルが広く深い教育的効果を発揮することがあるのだということを忘れてはなりません。

自分の人生を物語に重ね合わせ、物語の中で生きることを疑似体験することによって、精神的に成長します。少年時代の同化しやすい心を鋭く見抜き、そこへ向けて働きかけてくる作家が影響力を持ちます。

主人公が危機に直面する場面を読むと切羽詰った気持ちになり、主人公が友だちに裏切られるような箇所では、本当に自分が裏切られたように悲しくなる。少年時代の同化能力の強さに寄り添いながら、紅緑の小説は子供たちの心に深く入っていきました。

紅緑が物語をとおして伝えたのは、ストーリーもさることながら、生きていくための倫理観でした。彼の小説には倫理の基本がすべて入っていて、それを読むことによって、これからの世の中を生きていくための基本となる心構えや態度が自然に学習できます。そこが、この小説の優れた役割でした。

こうして紅緑は大衆作家をめざし、成功を収めたのですが、最初からその道を選んだのではありません。きっかけは、あるとき講談社の『少年倶楽部』の編集長から、少年小説をやってみないか、ともちかけられたことでした。

紅緑は「バカなことを言うな。そんなものが書けるわけがない」と即座に否定したのですが、編集長は鑑識眼の確かな人でした。彼は、いままでいろいろな作家を探し歩いたが、まさにあなたこそが子供たちにとって必要な人なのだと説得し、ようやく「では、やってみるか」と、紅緑も腰を上げることになりました。

そして、試しにやってみたところ、自分の天職であることを悟ります。その反響は大きく、少年たちから紅緑宛てにどんどん手紙が来るようになります。それを読んで今度は紅緑自身が励まされ、子供たちのためにもっと書こうという、よい循環が生じてきました。

†文学者ではなく教育者としてのアイデンティティ

佐藤紅緑は、詩人のサトウハチローと小説家の佐藤愛子さんの父親です。たくさんいる紅緑の子供たちの中には、放蕩を重ねて亡くなった人もいますが、その一方で、日本を代表する詩人と小説家を生み出しました。紅緑は必ずしも良き家庭人ではなかったかもしれませんが、この二人のことを考えると、あながち彼の家庭教育が失敗したとはいえません。

一見好き放題をやっているように見えて、どこか大切にしたい倫理観というものを、そうと悟らせないで、子供たちの胸中深く遺していったのではないかと思います。

娘の佐藤愛子さんは長い間、父は書いていることと、やる事がまったく違うという批判的な見方をもっていました。『花はくれない』の中で、「お父さんは現実を現実的に見る能力に欠けているのよ。だからお父さんの小説は面白くないのよ」と批判しています。

愛子さんの母、つまり紅緑の妻も、紅緑の小説の登場人物について「あんな人間はいやしない。あれは偶像です」と言っています。

同書によれば、「父の小説はいつもきまって心優しく純真で、それ故薄幸な女主人公と、正義感が強く勇気に溢れた貧しい男が登場し」、そこに悪役が絡んでくる。そんな紋切り型の人間はいないわけで、それは小説ではないと娘である愛子は言っているのです。ところがそういう彼女も、やがて父を理解するようになります。

「父の文学の目的は「世のため人のため」であったから、偶像が必要になった。単純さと陰険、正義と不正、優しさと意地悪、美しさと醜さ、貧乏と金持——この組合せに於て父は、何が美しくて何が正しいか、それを人々に教えなければならなかったのだ。」（『花はくれない』）

紅緑の書いていることと日常は大違いだと妻から攻撃されたとき、紅緑は憤然としてこう叫んだといいます。「作家は理想を語らずして何を語るんだ」。

紅緑は七十四歳のときの日記に、次のように記しています。現代はすべてズルさが罷《まか》りとおるような世の中だが、自分はズルいことをしなかったことを自分自身に感謝したい。自分の人生観はあまりに浅薄で平凡だが、そういうズルさがなかったことだけは誇りをもっている、というのです。

要するに、彼は芸術家としての文学者とは別のところで、教育者として生きることにアイデンティティ(自己の存在証明)を見出していたといえるのではないでしょうか。それについては彼自身、「文学青年に答う」という文学講演会で、「諸君が文学なりとするところのものと、私が文学なりとするところのものとは大きな差異があるように思われるからであります。この意味に於て、私は自分が文学者であるかとも疑うのであります」(『花はくれない』)と述べています。

また、『ああ玉杯に花うけて/少年賛歌』(講談社)に収められた「私の小説について」という文章では、こうも述べています。

「小説は文学であります。文学にはいろいろありますが、要するに読者の心を美しく高い方へ導くものが最上の文学であります。今日日本では文学者が沢山ありまして、それぞれに特色を発揮しておりますが、読者の精神修養のためになるものが甚だ少ないと思います。」

だから自分は書くのだ、と明言しているわけです。彼なりに良き文学をめざしているのですが、そのためには少年に害になるようなことは書けないので、小説を書くのは難しい。だが、がんばって書く。できれば面白く、かつ精神修養になるようなものを書きたいと述べ、「私は少年を愛します」と、以下のように熱弁を振るうのです。

「私は今でも諸君と野球をやりましょう、撃剣もやりましょう、演説会もやりましょう、私は少年少女が大好きです。私は心の底から諸君を愛します。私のこの愛!

私のこの燃ゆるが如き熱情は何とかして諸君を喜ばせ、諸君に善い言葉を聞かせ、善い行ないをするように奮励させ、そうして諸君を立派な人物にしたいという希望を起こさせます、この希望がある以上は、私の材料は尽きません。私の愛が続く限り私の小説は続きます」（前掲書）

何というか、「ミッション、パッション、ハイテンション」の固まりのように燃え上がっている。精神修養になる少年小説の執筆を天から与えられた使命と思い、そのためのエネルギーが内側から湧き上がってとどまるところがない。「シンプルであるがゆえに幸福」な人物だと言えるかもしれません。

彼の小説は、たいてい読者に語りかける形で終わっています。『ああ玉杯に花うけて』も、主人公が苦労に苦労を重ねて一高に合格するのですが、小説の最後で、紅緑は読者にこう語りかけています。

「読者諸君、回数にかぎりあり、この物語はこれにて擱筆《かくひつ》します。もし諸君が人々の消息を知りたければ六年前に一高の寮舎《りょうしゃ》にありし人について聞くがよい。」（前掲書）

余韻を残すように、子供たちに語りかけているのです。

†連載という形で沁み込んだ心の技

紅緑が登場するまで、少年小説は短編がほとんどでした。長編を成功させたのは佐藤紅緑の功績です。子供たちは紅緑の小説を読み、「次はどうなるのだろう」と胸をワクワクさせながら続き物の面白さを味わったのです。

連載を楽しみにしながら盛り上がっていくいまの週刊少年漫画誌のように、子供たちは日常の生活の中で、次の展開を心待ちにしていました。そのことによって、精神の成長が数年がかりで成し遂げられていったのです。

そもそも連載は、一〜二年は続きます。その間に子供たち自身が成長していくのですから、その沁み込み方自体が教育的だといえます。一日で一冊を読むのもいいのですが、時間をかけて、連載の展開に寄り添いながら数年間をともに過ごすことが、実は何か技を身につけるためには効果的なやり方です。

このときの技は、倫理観という心の技です。紅緑の連載を読むことによって、正しい生き方とはどういうものかという倫理観が毎月、しっかりと教育されていくことになりました。

紅緑が連載していた頃の『少年倶楽部』は、豪華な作家陣で占められていました。吉川英治や大佛《おさらぎ》次郎などが書いていて、『少年倶楽部』がいちばん盛り上がっていた時期です。

このあと、日本はファシズムに向かっていきますが、佐藤紅緑にとって幸運だったのは、その前に筆を断っていたことです。国粋主義的な考えが日本を覆っていく潮流に、少年小説家として加担しないですんだのです。

紅緑自身は天皇崇拝の考えを持っていましたので、その後も活躍していれば、戦争を擁護する小説を書いていたかもしれません。しかしその前に、編集者と喧嘩をしていっさいの文筆活動をやめていました。そうしたことから、明治人の衣鉢を継ぐかのように、「我々が日本をつくっていくのだ」という価値観を前面に出した少年小説の世界が、強く印象に残ることになりました。

紅緑がどのように子供たちを燃えさせたかについて、『ああ玉杯に花うけて／少年賛歌』の解説で、フランス文学者の出口裕弘さんが自身の経験を書いています。

「東北出身の熱血少年たちが、生まれ育った町で、さらには〝魔都〟東京で、悪いやつ、卑劣なやつ、権力金力を笠に着て貧者をいじめ弱い娘たちをさいなむ者らを相手に、鉄拳と正義への情熱を武器にして戦う。最後の最後まで戦う。英雄礼賛の熱弁をともなうその〝義俠〟ぶりに、少年の私は感奮した。読み終わった日は、興奮でなかなか寝つけないほど心をゆさぶられた。」

『少年倶楽部』がいかに影響力があったかについては、佐藤卓己さんも著書の中で、時代を映す貴重な証言として奥野武男の文章を引用しながら、同様の意見を述べています。
「三島由紀夫、安部公房、三浦朱門、井上光晴、北杜夫など、同じ世代の文学者が集まり、その頃〔一九三六年〕の『少年倶楽部』や講談社の単行本の話になると、つい夜を徹してしゃべってしまうくらい、みんな夢中になる。それは幼い頃の郷愁などというものではない。現在の自分を内的に決定した大きな要因として、その本質を人に語り、検討せずにはいられないという異様な気さえただようのだ。」（『『キング』の時代――国民大衆雑誌の公共性』岩波書店）

この本で佐藤さんが言っているのは、子供に対するとらえ方の違いということです。紅緑以前は、『赤い鳥』に代表されるような童謡などがつくられ、それはそれで子供たちに人気があったのですが、そこでは子供は保護されるべき対象でしかありませんでした。

ところが『少年倶楽部』のほうは、子供を一人前の国民と見なし、公共圏に参入することを認めたのです。少年としての国民というか、日本を背負って立つひとりの国民として認めたのでした。保護すべき対象として手加減して扱われるより、小さいけれど一人前なのだといわれた方が、少年たちは燃えます。この視点を貫いたことが『少年倶楽部』成功の大きな要因です。

もちろん、戦時となれば、小さい子供でもそれなりに戦争に協力しなければなりませんから、少国民教育はやがて好戦的なものになっていかざるを得ません。しかし佐藤紅緑の小説は、この弊をまぬがれていました。正しい方向に燃える気持ち、世のため人のために行動するのだという気持ちを掻き立てたという意味では、その後の日本をつくっていく原動力のひとつになりました。

歴史的な流れに沿って考えてみると、こういう「正しさに燃える」少年小説を幼い頃に読み、そこで倫理観を養われた人間たちが仕事をしたからこそ、日本は戦後、力を発揮できたのではないでしょうか。なぜなら紅緑の小説を読んだ人たちが、実際に仕事をしたのは戦後のことだからです。

昭和初期から十年頃にかけて子供時代を過ごした人たちが、高度成長を支える時期には三十代、四十代の働き盛りになっていました。ですから、日本がいちばんキツかった時期に、あのように日本を復興させたのは、少年時代の教育効果の反映もあったと思います。その意味で佐藤紅緑の小説の射程は、戦後日本の復興までつながっているのではないでしょうか。

†心が柔らかい小学生時代に倫理観を教える

小説ひとつで世の中が変わるわけではありませんが、紅緑の小説は明治時代の人々が持っていた素晴らしさを次の世代に伝えることに成功しました。世界に伍していくためには正しい生き方をしなければいけない、自分はズルをしないで、みんなのためにがんばっていこう。こんな正しく、まっすぐな気持ちを子供たちに注ぎ込むことによって、明治の精神は辛うじて命脈を保つことができたのだと思います。

しかし今日のように、いちばん心の柔らかい小学生時代にずっとゲームばかりをやっていると、まっすぐな倫理観は伝わりにくい。ゲームで生き方を学ぶのは難しいし、そもそもゲームに人格形成を求めること自体が馬鹿げています。ゲーム中心で、倫理観を養ってくれる少年小説などをあまり読まずに少年時代を過ごしてきた世代が、いまではもう二十代、三十代になっています。

この世代に、働く気持ちが薄れているように感じられるのは、たんに偶然ばかりとは思えません。もちろん、その原因を、ゲームに費やす時間が多かったからとばかりは言えないと思いますが、日本人の心の中から向上心が低下しつつあるのは否定しがたい現実です。何かを学び、それを一所懸命生かして、世のため人のために尽くしたいという気持ちが、幼い頃に定着していないのです。

だから、「なぜ働かなきゃいけないの?」「なんで子供を育てなきゃいけないの?」などと、社会を形成していくうえで当然の前提というべきことにまで疑いを持つようになる。ゲームに代表される受動的な娯楽三昧の生活を送ってきたので、働きたいとか少しでも向上したいという気持ちが、心の技として確立されていないのです。

いま日本全体を覆っているように思える漠然とした不安感は、そんな向上心のない国民ばかりになったら、これからどうなるのだという気分にも根ざしているように思います。その不安は、日本が貧しくてどうしようもない、ということから来ているのではありません。社会の中に、真面目さやひたむきさを嘲笑し、働く気持ちや向上心といった基本的な姿勢を軽く扱う傾向が強まりつつあることが不安感の根源にあるのです。

日本が経済的に苦しかった昭和二十年代後半には、こんな不安はありませんでした。「働こう」という気持ちが全体にみなぎっていて、この時代は不安感というより、何かをやらなければいけないという気持ちのほうが勝っていました。だから、現代が抱えているような未来への不安感はありませんでした。

現在は、基本になるモチベーションが落ちてしまっています。そういうときこそ、子供の頃に、世のため人のために生きる気持ちを励ます文学作品や伝記を読み、人はどのように生きるべきなのかを考えることが大切です。今日では、社会が自然な雰囲気として向上心を教えてくれるわけではありません。働く気力の原型を形作るためにも、積極的な工夫が必要なのです。

私は、人間のライフサイクルにおいて最も倫理的な時代は小学生時代だと思います。小学生のときは、いろいろな物事を素直に受け止め、素直に考えられる時代です。その頃にこそ、善とは何か、よりよく生きるとはどういうことなのかを徹底的に教えるべきでしょう。そうして、勇気を持つことが重要だとか、悪を憎む心が大切だとか、友情が大事だということを、人生の基本にまず据えるよう導くべきなのです。

これが中学生になると、そうはいきません。「世の中はそんな奇麗事ばかりではない」というふうに、少し斜に構えた見方をするようにもなります。人間の成長過程としては当然のことなのですが、斜に構えた考え方が何かの意味を持つとすれば、それは心の基礎に、すでにまっすぐな価値観がつくられている場合です。たとえフィクションであったとしても、しっかりした倫理観や善い生き方が心に入っているときに初めて、「世の中はそんな奇麗事ばかりではない」という見方が膨らみを与えてくれます。

ところが、一九八〇年代のバブル期からそれが崩壊する頃まで、まっとうな価値や倫理観を徹底的にバカにしたり、排撃することが起きました。社会全体の勢いが、「世のため人のため」にがんばったり、正義や善を大切にする価値観をすべて茶化そうとするほうへ向かっていました。その空気を、私は当時はっきり感じたのを覚えています。きっと多くの人々も同じように感じたことでしょう。

大人にとっては、そうした傾向も冷静に判断することができるでしょうから、それで構わないのかもしれません。しかし子供たちにもそれが伝染して、すべてを茶化し、相対化してしまう空気が蔓延するとなると、話は違ってきます。理想を語らず、「絶対的な価値などはないのだ」といった気分が子供たちを支配し、「快適であれば、それでいいではないか」「私が感じるものが価値感なのだ」という空気が強くなっているのです。しかもそれは、一貫した見方という意味での「観」ではなく、その時々に快適だと感じたほうに動くという「感」でしかなく、その意味で「価値観」ではなく「価値感」に変わってしまったと言ったほうがより適切でしょう。私たちは、まさに憂慮すべき事態に直面しています。

そこで、改めて道徳教育ということについて考えてみようとすると、条件反射のようにすぐに反発が起こることでしょう。その際、考慮しなければならないのは、欧米とは異なり日本には、キリスト教の日曜学校のようなものがないということです。日曜学校では毎週倫理教育を行い、神の前で「何が正しいのか」を意識する時間が設けられています。

ところが日本では、道徳教育の時間があるにはあるのですが、多くの場合、それは形骸化していて、本当の生き方とは何かについて真面目に考えることができにくくなっています。

ただ楽しく、笑っていれば、それで済むというような生活では、その後が立ちゆかなくなります。お笑い番組に打ち興じ、ゲームで時間をつぶし、寸暇を惜しんでケータイで友だちと連絡を取り合うということだけで小・中学校時代を過ごしてしまうと、善なる生き方に対して向き合う姿勢など生まれようもありません。

私は半ば真剣に考えているのですが、たとえば『プロジェクトX』のような番組を道徳の授業で毎週流し、感想を書くといったことがカリキュラム化されたらいいのでは、と提案したいとさえ思っています。

その番組の放映時、主に見ていたのは若者ではなく、その時代を生きた人たちでした。彼らのように他者への関心が心の技として自分の身についている人たちが、「そうだよな、こういう熱い時代だったよな」と改めて確認していたという印象があります。

あの番組は、有名無名にかかわらず人が困難に立ち向かい、それを乗り越え、世のため人のために何かをつくり上げるという構成になっていますから、特に偏狭な人生観を押しつけているというわけではありません。

私たちが生きている社会のあらゆるところで、このようにひたむきに生きている人がいるということを確認でき、自分の問題として身近に感じられる。あのような心の持ち方が子供の頃に沁みとおっていれば、人生が変わってくるはずです。

†立身出世主義への誤った批判

倫理的な善とは何か、どんな生き方がいいのかという議論を小学校でやらなければ、もうそういう機会は来ないのではないでしょうか。にもかかわらず、そうすることを躊躇したり、あたかも個性の制限であるかのように批判する風潮が教育界に長く続いたために、若者たちは中心の軸を持たずに社会に放り出されてしまいました。それがいまの日本の現状です。

一例を挙げると、立身出世主義に対する根強い批判があります。左翼的な立場からいえば、立身出世主義はやがて国家主義につながっていく、あるいは資本主義とは強い者が勝つ世界であって、その弱肉強食の世界を勝ち抜いていく理屈を正当化するのが立身出世主義である、という否定的な見方になるのかもしれません。

しかし少年たちにとって、立身出世の動機として自分の栄誉や利益のためにというよりも、いまよりもっと向上したいという気持ちのほうが強いはずです。がんばって向上していく物語が子供は好きです。その「向上していく」気持ちを、教育関係者が自ら批判するようになれば、もう袋小路に入ってしまうしかないのではないでしょうか。

立身出世主義への批判の背景としては、それがひとつの近代化批判として提起されたという事情があります。日本は明治維新によって近代化に成功するのですが、その一方で階級社会をつくってしまいました。前からあった士農工商の身分制社会は崩されましたが、資本主義社会の中で新たな階層がつくられました。立身出世がその原因になっているのだから、それは批判されなければならない、という理屈です。

しかしそういう批判の大きな誤りは、近代化によるマイナス面を立身出世主義のみに求め、これがなければよかったのだという議論に終始してしまった点にあります。その大きな流れの中で、「ゆとり教育」が登場しました。「ゆとり教育」では、受験競争は立身出世主義につながっているから駄目で、もっと一人ひとりの個性を大切にしなければならないという、単純な図式化が行われてしまいました。

しかし、「ゆとり教育」といったところで、本当に人間の心が育ったのか、あるいは実力が身についたのかというと、そんなことはまったくありません。むしろ悪い方向に向かっているのではないかという批判が強まり、ようやく潮目が変わりつつあります。

だから「立身出世主義」とひとことで括って、切り捨ててしまうのは間違いなのです。『ああ玉杯に花うけて』も、単純に結末だけをみれば、努力して一高に入るということですから、たしかに立身出世の物語かもしれません。けれどもていねいに読んでみると、人としてどういう態度をとるのが正しいのかという話になっています。

そもそも子供のメンタリティの中には、「いい大学を出て人の上に立ち、人を支配し、搾取して儲けたい。そして楽に暮らしたいからいろいろなことをやる」という発想は、基本的にありません。むしろ、一所懸命ズルをしないで努力し、きっちりとやりたいという気持ちのほうが強い。それが小学生を教えている私の実感です。

紅緑の小説は、こうした勧善懲悪的メッセージをはっきりと伝えようとしたものでした。もちろん文学として作品を評価する場合、人間のドロドロしたいやな面を描いてこそ人間性の本質に近づくことになるので、「悪や毒こそ文学だ」という見方もあることを否定はしません。

その観点から言うと、佐藤紅緑の作品は「文学」の枠には入らないものかもしれません。しかし、少年たちへの教育という別の視点から見れば、素晴らしく大きなものを残しました。そういう意味で、彼の小説の教育的な役割は、もっと評価されるべきだと思います。

†マンガで教えられる正しい生き方

佐藤紅緑のDNAは、『少年ジャンプ』や『少年マガジン』に受け継がれていったように思います。私は昭和三十五（一九六〇）年生まれですが、ちょうど小学校時代に『巨人の星』の漫画やアニメが全盛でした。言葉を換えれば、毎週、漫画とアニメで〝生き方教育〟がなされていたようなものです。

当時、私は少年野球チームに入っていたので、テレビ放映されていた『巨人の星』を寝ころがって見る気分にはなれませんでした。それこそ野球の練習のあと、ユニフォームを着たまま誰か友人の家に上がり込んで、みんなで正座をして画面に見入ったものです。

見終わると、また気持ちが燃え上がってきて、もう日が暮れているのにまた特訓を始めるという日々でした。野球は大してうまくなりませんでしたが、主人公の星飛雄馬の価値観に完全に同化してしまい、練習に励んだ少年時代だったと思います。

飛雄馬の父である星一徹の説教も、たとえば「ズルをするな」「投げ出すな」などと言われると、まっすぐ心に入ってきたものです。

『巨人の星』では、飛雄馬が走るランニング・コースに工事現場ができたというシーンがありました。飛雄馬はこれ幸いと、近道を抜けようとする。すると、近道のほうに一徹が立っていて、「近道をするな」「二度とやるな」と叱るのです。

いま考えるとやりすぎ親父ですが、当時の私たちはそれを見て、「うん。それはそうだ。一徹父ちゃんが正しい」と素直に思いました。数々の深く心に染み入る説教が、星一徹によってなされたのです。

正々堂々と戦うことに関しては、星飛雄馬と花形満との対決の話があります。花形は不良少年でしたが、星飛雄馬の生き方に感化され、立ち直ります。そして飛雄馬と戦うことを目標に、野球に燃えていくのです。やがて二人は、相互に「正しい生き方」をするように見守り（というか見張り）合う関係になります。

結局、『巨人の星』は野球の物語でなくてもよかったのでしょう。社会の中で生きていく姿勢や心構えについて、凝縮して表現しやすいものが〝スポーツ物〟だったために、人気のある野球がとり上げられていただけのことだったと思います。実際、原作者の梶原一騎は格闘技好きで、さして野球ファンではありませんでした。

『ああ玉杯に花うけて』も、昭和二（一九二七）年に発表された作品にもかかわらず、野球が出てきます。主人公の青木千三は貧しい豆腐屋の倅で、「豆腐屋のチビ公」と呼ばれている。その千三が、柳光一という青年と野球で対決することになります。

光一は、同じ小学校でともに首席を競い合った間柄です。裕福な家庭の息子だった千三は、進学せず豆腐屋になった千三のために、「学資を出してやろうか」と持ちかけたことがあります。つまり、二人の間には友情がありました。

その後、千三は夜学の私塾に通うことになるのですが、その私塾と、光一が進学した中学との間で野球の試合が行われます。バッターは千三、ピッチャーは光一。千三は光一に世話になっているので、彼の球を打ってはいけないのではないかと一瞬、躊躇してしまう、その場面です。

「いまかれは膺下に気をしずめ、先生のバットをさげて立ったとき、はじめて野球の意義がわかった。

私情は私情である、恩義は恩義である、だが野球は先生および全校の名誉を荷うて戦うのである、私情をはなれて公々然と戦ってこそそれが本当の野球精神である、このバットは先生を代表したものである、ぼくが打つのでない、先生が打つのだ。

こう思って光一の顔を見やると光一は微笑している、その男らしい口元、上品な目の中にはこういってるかのごとく見える。

「おたがいに全力を尽くして技術を戦わそうじゃないか、負けても勝ってもいい、敵となり味方となってもよく戦ってこそおたがいの本望だ」

（『ああ玉杯に花うけて／少年賛歌』）

一方、光一のほうも千三が気の毒なので、一本ぐらいは打たせてやろうと思うのですが、「いやいや、ぼくのお情けの球を打って喜ぶ青木ではない、そんなことはかえって青木を侮辱《ぶじょく》しかつ学校と野球道を侮辱するものだ」（前掲書）と考え直すのです。

まさに『巨人の星』の星飛雄馬 vs. 花形満、『あしたのジョー』の矢吹丈 vs. 力石徹の世界です。矢吹丈と力石徹も、身体の大きい力石がジョーと同じ階級に降りてきて、正々堂々と戦う。力石は無理な減量のために結局死んでしまうのですが、そこでも手加減することなく、お互い正々堂々と戦い合う。それが友情だという、ひとつのモデルを提示しているのです。

『巨人の星』も『あしたのジョー』も、原作は梶原一騎（後者は、高森朝雄名）です。梶原哲学の原型が、すでに佐藤紅緑の中に、まさに野球というスポーツを借りて描かれています。ちなみに、紅緑がなぜ野球という設定を選んだのかというと、どうやら正岡子規が野球好きであったために、紅緑も野球になじむようになったという単純な理由だったようです。

†紅緑、梶原一騎、井上雄彦につらなる系譜

『巨人の星』を読み直してみるとわかるのですが、野球の話より倫理的な話がやたらに多く出てきます。たとえば甲子園の準決勝で、飛雄馬が左門豊作の折れたバットを叩き落したために、爪が割れてしまうというアクシデントが起きます。ところが飛雄馬は、爪が割れたことを誰にも言いません。そして飛雄馬が打たれたあと、花形が血染めのボールを見つけて真相が明らかになるのです。

花形は飛雄馬に「こんな状態で投げていたことを、なぜみんなに言わないのか。君はプロに行きたいんだろう」と言って、大観衆にそのことを告げようとします。しかし飛雄馬は、「やめてくれ」と花形を止める。なぜかというと、飛雄馬の怪我を公表することは、第二ピッチャーの小宮先輩が、怪我の飛雄馬の代役もできないほど頼りないピッチャーだということを、世間に知らしめてしまうことになるからです。

自分の実力が過小評価されてプロに行けなくなったら、父と二人で生命を懸けた夢である「巨人の星」が遠ざかる。しかし、そんなときでも飛雄馬は先輩のことを気にかけるのです。自分のことをさておいても、人や社会のことを優先する。その気概は明治人が持っていたものでもありました。それが形を変えて脈々と受け継がれていき、少年の倫理観を強く刺激したわけです。

私自身もまた、こういう価値観に深く共感したことが、現在のような仕事をしていく契機になっています。だからこそ、のちに梶原一騎が暴力事件などいろいろな〝事件〟を起こすたびに、あんな立派な物語を書いた人がなんということだ、とガッカリしたものです。

しかしその辺りも、佐藤紅緑と似ていたと思います。ひどい放蕩をしていても、心が少年に向かったときには、その純粋な心が燃え上がるような物語をつくることができる。そういう点が似ているというのは、悲しい一致ではあるのですが。

梶原一騎の場合もまた、人格的な問題や、『あしたのジョー』という作品が最後は「真っ白に燃えつきた」り、飛雄馬の左腕が破壊されてしまう終わり方など、行きすぎだと思われるところもなくはないのですが、しかし倫理観の教育という点では基本を押さえていました。

彼も漫画界では不滅の金字塔を打ち立てた人ですが、佐藤紅緑同様、一般的な評価としてはあまり高くはありません。にもかかわらず、私自身が大きな影響を受けたということだけでなく、その教育的役割の大きさには敬意を表したいと思っています。

ちなみに、斎藤貴男さんの『梶原一騎伝　夕やけを見ていた男』（文春文庫）には、梶原一騎にマンガ原作者になるようにと説得する編集者の言葉が載っています。それは、こういう殺し文句でした。

「佐藤紅緑になりませんか?」

そのとき、実は梶原一騎は小説家になりたくて、「少年漫画の原作なんて」という気持ちが強かったそうですが、「佐藤紅緑になりませんか?」と言われて気持ちが動いた。そして『巨人の星』や『あしたのジョー』という、時代を動かしていくような巨編の原作者になったのです。

芸術家としての評価を振り捨てても、何か少年たちの心に直接訴えかけたいと思った点で二人は共通しています。梶原一騎の先人として佐藤紅緑があり、その道を自分も進むのだと梶原一騎が思ったことによって大きな潮流が生まれた。その流れの中に『少年ジャンプ』もあると思います。

『少年ジャンプ』は異常な部数を誇った雑誌です。全盛期には『スラムダンク』と『ドラゴンボール』が連載され、一九九五年には六五三万部を記録しています。「友情・努力・勝利」が『少年ジャンプ』の王道的価値観ですが、これは言わば佐藤紅緑の価値観とも一致しています。

この点では、紅緑の頃とあまり変わっていません。たとえば『スラムダンク』を見ても、ちゃんと友情があって、ズルをしないで正々堂々と戦い、自分も努力をする。その結果、勝利をつかみ取るのだという基本路線を守っています。

さらに、言葉の端々に人を見る目の優しさが垣間見える点も共通しています。佐藤紅緑、梶原一騎から『スラムダンク』の井上雄彦さんまで来ると、倫理観を直接説教するようなうっとうしさはずいぶん減っていますが、一人ひとりの登場人物が大切にされていて、それぞれがお互いを気にかけていることがわかります。

構図としては紅緑も井上さんも基本的にそれほど変わりがないのですが、意匠は現代風に脚色して、アメリカ的なスポーツであるバスケットボールの世界を舞台にするというように、より洗練されたクリーンな形で描かれているわけです。

『スラムダンク』は全巻で一億部以上も売れました。一万部も売れれば上出来という出版界で、マンガとはいえ一億部というのは驚異的な数字です。少年の心に直接語りかけ、少年の心をまっすぐ伸ばすもとになるものをつくった人たちの仕事を、私は一つの潮流として位置づけたいと考えています。

†放蕩家の父の血を受け継ぐサトウハチロー

佐藤紅緑はたいへんな放蕩家でしたが、その息子のサトウハチローもまた同じく放蕩家で、手におえない不良少年でもありました。成人してからも父親同様、何人もの愛人をつくったのですが、しかしその悪癖は詩にはほとんど出てきていません。

サトウハチローの作品では詩集『おかあさん』が有名ですし、「ちいさい秋みつけた」や「リンゴの唄」「うれしいひなまつり」など、メロディがつけられて歌われるようになった作品も多くあります。中でも「長崎の鐘」などは、まさに心が洗われるような作品といえるでしょう。

「こよなく晴れた　青空を
悲しと思う　せつなさよ
うねりの波の　人の世に
はかなく生きる　野の花よ
なぐさめ　はげまし　長崎《ながさき》の
ああ　長崎の鐘《かね》が鳴る」（『サトウハチロー詩集』ハルキ文庫　角川春樹事務所）

小さなものを大切にしたり、母親に対する想いもきめ細かく、まさかそんな放蕩生活を送っていたとはとうてい思えないような美しい詩を書いて、日本中を感動させました。彼は詩をとおして、少年少女たちの感性の教育に大きな影響を与えました。自分がくぐり抜けてきたいろいろなものが濾過され、美しいものに昇華して子供たちに伝えられています。

ハチローはかなりの不良で、「落第三回、転校八回、おやじからの勘当十七回。これがボクの記録だ」（『サトウハチロー　落第坊主』日本図書センター）と書いています。

ちなみに、佐藤紅緑の得意技は勘当ということです。

しかし「勘当十七回」ともなると、逆に言えば、いかに多く許されていたかという証《あかし》でもあります。要するに、勘当するという形で、「おまえ、もう少しよくなれよ」と励ましてもいたのでしょう。親は励まし続けるのですが、子供が必ずしもそれに応えるとは限りません。

佐藤愛子さんの『花はくれない』には、紅緑がハチローに宛てた手紙が引用されています。そこには「お前はどうしてそう卑劣なんだろう」とか「金を送らないと親の愛を忘れてしまうのだ」とか「忍耐しろ、忍耐すれば人間のまじめさがわかるようになる」と書かれています。

さらに、「卑しい考えは起さず男らしく気をしっかりと持ってくれ」「お前は余りに見栄坊だ。それを取り去らないと私は又してもお前を勘当しなければならなくなる。それが悲しい」と書き、ここでも紅緑は勘当、勘当と口走っているのです。

あまりに勘当を〝乱発〟し、娘の夫にまで「勘当だ」と叫んだので、紅緑の妻が「よその息子を勘当してもしようがない」とあきれたというエピソードが残っているほどです。四人の息子をあまりに代わる代わる勘当していたので、ついには誰を勘当して、誰を許したのかがわからなくなってしまったほどだったようです。

†はかない教育事業に大きな役割を果たす

「ああ玉杯に花うけて」が連載されるようになって、『少年倶楽部』の発行部数は三十万部から四十五万部に伸びました。当時はもちろんですが、いまでも相当な数字です。「面白い」「ためになる」「こんな小説は初めてだ」という投書が殺到しました。

紅緑が少年たちに教えようとした勇気、忍耐、友情の尊さが、日本中で熱狂をもって迎えられたのでした。紅緑は、貧乏は恥ではないこと、正直で勤勉な鈍才は英才に劣らぬこと、貧しくても世の中の悪と戦うことは、少し豊かで安穏な生活よりも勝ることをメッセージとして伝えたと、佐藤愛子は『花はくれない』に書いています。

講談社の社長・野間清治は、彼についてこう言いました。「佐藤紅緑は作家にあらず。国士である。講談社は国士として紅緑を遇すべし」。二人は互いに通じるものがあって、紅緑は野間清治との友情のために、講談社以外の雑誌の仕事はいっさい引き受けませんでした。

ところが何年か経ち、若い編集長から作品がマンネリであることを指摘され、「失礼だ！」と激怒します。「昭和十五年、少年倶楽部不遜なるをもって同誌と絶つ」と宣言し、『少年倶楽部』への執筆をやめてしまうのですが、そのあとは暮らしに困ったようです。

けれども、打ちひしがれるようなことばかりではありませんでした。あるとき兵隊服を着たひとりの青年が近づいてきて、彼に「佐藤紅緑先生ではありませんか」と聞きます。

紅緑がうなずくと、青年は目を輝かせて、「ぼくは先生の愛読者でした。『ああ玉杯に花うけて』や『英雄行進曲』など、五へんも六ぺんもくり返して読みました。辛いことがあるたびにあれを思い出して発奮しました。ぼく、一生に一度は先生にお会いして、お礼をいいたいと思っていたのです」(『花はくれない』)と告げたというのです。このような青年は、日本中にたくさんいたのではないでしょうか。

梶原一騎にお礼を言いたい、ちばてつやにお礼を言いたい、あるいは井上雄彦に会ってお礼を言いたい、そんな人が数多くいるはずです。私は、これもまた立派な教育事業だと思います。

教育とは一国の未来を左右する大事業ですが、日常の暮らしに密接したものでもあるために、その重要性が忘れられがちです。斎藤喜博《きはく》という昭和を代表する教育者は、「教育ははかない」と言いました。その意味は、教育は何か形に残るわけではない、生徒たちが感謝してくれるとは限らない、しかし一所懸命やれば、そこに何か大切なものが生まれるということです。彼は積極的な意味も込めて、「はかない」と言ったわけです。

紅緑は、いまの人々に忘れ去られているという意味で、まさに「はかない」教育に大きな役割を果たしたのだと思います。佐藤愛子さんは『血脈』の「あとがき」で、いまだに「紅緑の書く少年小説を読んで勇気と力を得たという七十代、八十代」の方から手紙をもらうことがあると書いています。またサトウハチローについても、「なんて優しい純情な方でしょう」「心が洗われて涙が出てきます」という人によく出会うそうです。彼女はそのために、自分が書いた『血脈』が、そういう人たちをどんなに失望させ、憤らせるだろうかと気になっていた、と述べているほどです。二人とも、生活者としては支離滅裂な人たちだったのでしょうが、子供の心に直接語りかける作品を残したという点で、教育者として大きな功績を残したと思います。

第四章

斎藤秀三郎・秀雄の翻訳力

斎藤秀三郎＝1866〔慶応 2〕～1929〔昭和 4〕年。斎藤秀雄＝1902〔明治 35〕～1974〔昭和 49〕年。写真は斎藤秀雄（毎日新聞社提供）

†欧米の文化を日本に根づかせた親子

この章では、日本に大きな影響を与えた人物でありながら一般の人には充分に真価を知られていない、斎藤秀三郎と斎藤秀雄という親子の教育事業について、改めて検討してみたいと思います。二人の仕事をひとことで言うと、欧米の代表的な文化を日本に根づかせるうえで大きく貢献した、ということになります。

斎藤秀三郎は日本の英語教育を語るうえで欠かせない人物です。息子の斎藤秀雄は日本にクラシック音楽を根づかせ、その後、日本から世界的な演奏家や指揮者が巣立つための基礎工事を行ったことで知られています。斎藤秀三郎・秀雄は、そういう親子でした。

この親子は、実際の日常生活ではそれほど深い関わりはありませんでした。というのは、斎藤秀三郎はたいへんな勉強家で、子供たちとの接触はほとんどなかったからです。しかし、その親の志を見て育った斎藤秀雄が別の領域で、結果として同じような教育事業を成し遂げたところが、日本にとっては幸運なことでした。

英語とクラシック音楽は、日本人の欧米コンプレックスの代表格でした。とくに、英語は母国語ではありませんので、いまに至るもなお、多くの人が自由に使いこなせるようにはなっていません。にもかかわらず、世界中の最先端の知識は、すべて一度は英語に変換されるようになっています。したがって英語が使えなければ、あらゆる面で不利になるのは避けられません。英会話ができるか否か、英文が読めるかどうかは、年々切実な課題となっています。

クラシック音楽に関しても、現在でこそ多くの日本人が世界で活躍するようになっていますが、戦前の西欧で活躍した人を数えてみると、ごくわずかです。今日のクラシック音楽界における日本人の隆盛も、もし斎藤秀雄という人物がいなかったらずいぶん変わったものになっていたと思われます。

では、クラシック音楽と英語にどれだけの共通性があるかということですが、まず、どちらもニュアンスが豊かで細やかで流れるような特質があり、その雰囲気の中で育たないと身に付けにくい要素があります。

英語は、それが話されている環境に入り込んで、子供の頃からその空気の中で育たなければ微妙な感覚は身に付けにくい。クラシック音楽も、真に理解するにはたいへんな時間がかかります。

吉田秀和は日本を代表する音楽評論家であり、斎藤秀雄とともに「子供のための音楽教室」の創設や、それを通じて桐朋学園大学の設立にも関わった人ですが、あるエッセイで次のような感想を述べています。ある時、欧米人に「ブルックナーはそれほど面白くない」と言ったところ、「日本人には、まだブルックナーは早いのか」と言われたといいます。

そのときは「ふざけるな」と思ったそうですが、しばらくするとブルックナーが面白く聞けるようになり、「あの時に言われたことは、そのとおりだったのかもしれない」と思い直したということです。

クラシック音楽は、それを理解するには一定の時間がかかるものです。その空気の中で育てば、自然な形で、ある種の感性の質として吸収されますが、そうした環境の外部にいる者にとっては、とても吸収しにくいと言ってよいでしょう。

これがビートルズの歌であれば、比較的簡単に面白いとわかるでしょう。エルビス・プレスリーなどでも、すぐに夢中になれます。ところがクラシック音楽の場合は、そのようなわかりやすさはありません。その証拠に、多くの子供はクラシック音楽を退屈だと感じます。なぜかというと、それをまず正確に味わうには、語学の学習とよく似たプロセスが必要とされるからです。

あまりにも複雑で豊かであるゆえに、微妙な表現形態を持っているものについては、それをすぐに理解することはできません。したがって、たとえば水を浴びるようにその影響の中に身を浸すというやり方が、あるいはそれだけが学習を進める確かな方法なのです。

では、英語やクラシック音楽が生活の中に根づいているわけでもない環境の中で、それをどのように身につけていったらいいでしょうか。当然のことですが、そうした課題は英語圏の人には無縁のものですし、クラシック音楽を生んだ西欧諸国の人々にとっても切実なものではありません。

そこで、斎藤秀三郎・秀雄の親子は、その課題を克服し、我がものとして本格的に習得するための体系的な方法を編み出していったのです。行き当たりばったりというのではなく、「文法」を見極め、それを型として身につけていくやり方、すなわちメソッドを開発したのです。

彼らは欧米にはない工夫を施し、それによって大きな文化的貢献を果たしました。その工夫がどのようなものだったかを検証することは、日本人の教育の独自性を考えるうえで大きな意味を持ちます。

†生涯に書いた著書の量は身長の一・五倍

まず、斎藤秀三郎の巨人ぶりから見ていきましょう。彼がどれほどすごい人物であったかは、彼が手がけた英語の辞典類や参考書の数を見るだけですぐにわかります。

斎藤秀三郎に関する唯一の信頼できる伝記と言えるものは、大村喜吉の『斎藤秀三郎伝』（吾妻書房）です。それによると「今日の前にある斎藤の全著作を畳の上に積み上げてみると、彼の身長は六尺五分として、その約一倍半に当る。ほぼ満六十三年十ケ月の生涯に放たれたこの日本人のエネルギーを想像することが出来よう」とあります。しかも、秀三郎は相当な巨漢でしたが、著書の量はその一・五倍になるというわけです。辞書については分担執筆が普通ですが、彼が携わった辞書はほとんどが彼の直筆になっています。辞書を一冊編纂するだけでも一生を費やすような大事業ですが、斎藤秀三郎の場合は一人で何冊もつくっているのですから、その能力のほどが窺えます。

大村の伝記によると、教壇に立つ斎藤秀三郎は「でっぷりと肥えて恰服《ママ》がよかった。稍《やや》早口にて舌は歯切れのよい講義ぶりからいかにも精力的な人柄に感ぜられたものだが、私のお訪ねしたときも、寸時も頭脳を休められず、話を続けながら、話の合間、合間に、毛筆で紙片に英文を書きつけては、畳の上に置く」。その紙片が、そのまま著作になっていったということです。

彼が英語を始めたのはとても早く、五、六歳の頃でした。生まれは慶応二（一八六六）年で、仙台藩の運上方を務めた斎藤永頼《えいらい》を父とし、その父にアルファベットの手ほどきを受けたといいます。秀三郎は数え年わずか六歳の時に、仙台藩の英学校に入学します。その後、十年余りにわたって外国人による英語の授業を受け続けますが、授業では英語以外は使えなかったそうですので、すでにその時点で尋常ならざるスタートを切っていたといえます。

秀三郎自身もまた、自分は本当はロンドンの真ん中に生まれるはずだったというようなことを言っているほどで、英語を母国語としている人たちより、ずっと英語について詳しいと自負していました。

　考えてみると、これだけ英語の辞典を出しているのであれば、英語を母国語としている一般の人たちよりはるかに詳しいのは不思議ではありません。私たちも、外国人の研究者が『源氏物語』を分析している文章などを読んで驚くことがあります。ですから秀三郎の英語力のすごさをあまり不思議に思うこともないのかもしれません。

　秀三郎の英語の水準はもちろん高いものでしたが、興味深いのは、練習問題に自分の経験を盛り込んでいったことです。「私が仙台ニアリシ時新ラシキ鉄橋ガ未ダ出来ナカッタ」とか、「ワザワザ（on purpose）松島へ行イタ《ママ》甲斐ガナカッタ」、「私ガ名古屋ニ行イタ《ママ》トキ未ダ開ケナンダ」など、例文の用例を自分で作るのですから、とても面白く、気が利いている文章が載っています。

　彼はまた、正則英語学校を創設しました。この学校はいまでも、正則学園として東京神田の錦町にあります。当時、彼が学校をつくった途端に大盛況になりました。会計係が銀行に一万円を預ける日があったということですが、当時の一万円は、おそらく現在の一億円ぐらいに相当するのではないでしょうか（『英語達人列伝』中公新書）。あまりの金額の多さに、警察が調べに来たという話があるほどです。

　秀三郎は明治二十九年に、第一高等学校教授の地位をなげうって正則英語学校をつくりました。夏目漱石も明治四十年に一高教授としての地位を去り、朝日新聞に入社した事情は同じですが、漱石の場合は、ことを運ぶに当たっては慎重でした。それに比べると秀三郎は、自分で一気に私立学校をつくってしまったというのですから、漱石とは対照的です。

その学校が大盛況だったというのは、当時の青年たちの英語熱がいかに高かったかを物語っています。学校だけでなく、彼の著書も大いに売れ、英語を学ぶ者で、彼の参考書を読まない者はいないというほどでした。印税収入があまりに多かったので、秀三郎は旗本屋敷を買い取ったともいいます。

†学習しやすいように工夫された斎藤文法

秀三郎の著書の特徴は、「飽くまでも文法と云う骨組みの中に慣用語句を織りこんでいること。これは斎藤文法の根本特色であり、彼の所謂 Idiomology を示すものである」（『斎藤秀三郎伝』）ということになります。また文例と練習問題がきわめて豊富で、細かな点もおろそかにしないようなものであったといいます。つまり研究書であると同時に、学習者にとって学びやすいよう書かれていたところが長所でした。

さらに彼の本の特徴として、「説明が懇切で要を尽くしていること。斎藤の説明の仕方は一つの型を残し、現在の学習参考書としての文法に大きな影響を残している。中には説明のしかたのみでなく、その文例まで同一のものを使用している場合がある」（前掲書）と指摘されています。長く日本の英語教育に影響を与え続けている、一つの「型」をつくったというわけです。

現在の英語教育の世界では、英語を母国語とする人たちと同じように会話から入るべきであって、文法中心の教育は古いという意見が有力ですが、それは浅い見方だと思います。英語を母国語としない私たちにとっては、文法から入るのは決して間違った方法ではありません。

もちろん英会話の重要性は否定できませんし、何よりも斎藤秀三郎自身、口語表現や発音などに自信をもっていました。しかし、普通の学習者が「読む、書く、話す、聞く」という英語の全領域で一定レベルに達するためには、スポーツにおける基本練習と同じで、文法を押さえていたほうがいいのです。

というのは、基礎的なスタイルに習熟していなければ、局面が異なった際に、本当の応用が利かなくなります。英語を母国語としない人にとっては文法とボキャブラリーを押さえるのが合理的だというのが、斎藤秀三郎の英語教育の考え方でした。

もっとも、文法教育が形骸化してしまって、いまではほとんど使わないレアケースのものや、仮定法のなかでも複雑なものばかりを習うとなると、あまり実践的ではありません。日本では重箱の隅をつつくような傾向があり、そのために文法に対する悪いイメージができてしまって、そこから日本人の文法嫌いが始まったという事情は否定できません。

しかし、主語と動詞があり、その目的語がどこにあるかとか、この単語は他動詞か自動詞か、それによって目的語を取るか取らないかが決まるというような、基本的な文法の知識を知らずに英文を読むのは不可能なことです。なんとなく雰囲気で英文を読んでしまうと、とんでもない誤訳をしてしまうことがあります。

その証拠に、ビジネスで日常的に英語を使う人たちは、文法中心の日本の英語教育は間違っていないと言います。文法をきちんとやっておけば、英語の契約書も読めるし手紙を書くこともできる。

それをやらずに、「コミュニケーションが大事」とばかりに文法を軽視し、日常会話程度のことしか学んでこなかった人たちは、仕事を進めていくうえで欠かせない契約書やビジネス文書が書けません。むしろ、そちらのほうを再教育するのは難しいといってよいでしょう。

いまは、斎藤秀三郎に注目する人はほとんどいません。名前さえ知らない人が多いでしょう。しかし、その巨人ぶりに注目している斎藤兆史東京大学大学院教授（英語・英米文学）は、日本の英語教育が間違っていたというよりは、せっかく秀三郎たちが苦心して編み出した教育法を、徹底して身につけられなかったことが問題なのではないかと指摘しています。会話をむやみに重視することよりも、しっかりと読み書きができるように訓練することが大切ではないかと言っています（筆者との共著『日本語力と英語力』中公新書ラクレ参照）。

私は、文法中心の教育が日本の英語教育の元凶だとする間違った見方を正す意味でも、斎藤秀三郎の偉業に注目することは意味があると思います。実際、私自身も大学受験のときに斎藤秀三郎の辞書を使っていましたが、面白い訳文で、理解するのに役立ちました。

たとえば「Pity is akin to love（同情は愛に似ている）」を、「かわいそうだってえのは、惚れたってことよ」と訳しています。それは夏目漱石の『三四郎』にも出てくる言葉で、どちらがどちらを真似したのかははっきりしませんが、面白い訳であることに間違いありません。

斎藤秀三郎の訳は達意のものです。たとえば「Must I sleep out the *livelong* night alone?」は「長々し夜を独りかも寝ん」、「Love *laughs* at distance」は「惚れて通へば千里も一里」、「*Show* one's heels—a clean pair of heels」は「三十六計の奥の手を出す（三十六計逃ぐるに如かず）」となります。たんなる直訳ではないのです。

あまりに訳がこなれているので、西脇順三郎などが「この辞典は単に英語の意味を知るに最も平易であるばかりでなく、その訳語としての日本語が実に豊富である。それがために恐らく日本語の熟語的同類語を探すために逆に英語から日本語を引く場合にも非常に便利を感ずる程である」（『斎藤秀三郎伝』）と言うほどでした。その日本語の選択は、絶妙だと言わざるを得ません。

†日本語が持つ言葉の豊かさを証明する

斎藤秀三郎自身は、自分は英語圏に生まれればよかったと言っているほど、とにかく英語漬けで生涯を終えた人でした。それも中途半端なレベルではありません。ある時、身近な人に「君、天国の言葉はなんだと思う」とたずね、聞かれた人が困っていると、「英語だよ！」と言ったというエピソードが残っています。

しかし同時に、彼ほど日本語の選択に気を遣った人もいないでしょう。斎藤秀三郎自身のものとして、ある講演で述べた次のような言葉が残っています。

「今度辞書をこしらえるに就いて、日本語をも比較研究する機会を与えられ其の間には種々なる経験を得た、日本語は不完全だとか不正確な語だと云うけれど、自分は日本語で如何なる事でも言い表わせぬ事は無いと感じた。」

日本語で言い得ることは必ず他の言語にもそれに当たるものがあるというのが、イディオモロジー（idiomology）という斎藤秀三郎の考えた新しい学問のあり方です。イディオモロジーとは彼の造語で、「極めて豊富な熟語や言い方に富む英語を、同じく単語や熟語、いい方等に非常に豊富な言語である日本語と対比させて研究して行くことが常にその中心テーマ」でした。つまり、英語の研究が日本語の研究にもなっているわけです。

彼自身は物心ついた頃から英語に触れているので、英語コンプレックスなど感じようがありませんでした。何しろ英語を母国語としている人たちがシェイクスピアを演じているとき、「てめえたちの英語はなっちゃいねえ」と英語で野次を飛ばしたというのですから。

しかしそうはいっても、日本人全体としてみると、英語に対してコンプレックスがあります。そこで斎藤秀三郎は英語の豊富な熟語表現や慣用句表現に注目し、それに当たるものは日本語でもたくさんあるのだということを示しました。そうすることで、英語と日本語とのあいだに優劣はなく、言語としてそれが同等であることを証明しようとしたのではないかと思います。

明治以来の近代化が進む過程で、日本人は日本語に対して、英語に比べると概念も少なく、不正確だというコンプレックスを感じていたと思います。たとえば、「right」（権利）などという単語も、それに適する日本語がないので、いちいち概念を理解するところから始めて訳語を考えなければなりませんでした。主に西周や福沢諭吉など明六社のグループがそのことに努め、日本語の近代的用語をどんどん増やしていったというわけです。

したがって、日本語は感情表現には適しているが論理的な思考には不向きだとか、正確さという基準では不十分な言語であるという漠然とした感じを持っている人は、いまでも多いように思います。

それに対して斎藤秀三郎は、英語の専門家として徹底的に研究した結果、微妙なニュアンスを含んだ英語表現に対しても、一つ一つ日本語であますところなく表現できることを証明し、それを辞書という形でまとめたのでした。それによって英語学習のための適切な教材ができ上がったばかりでなく、日本語の豊かさを証明することもできました。

面白いことに、人々は斎藤秀三郎がつくった辞書によって、逆に日本語の繊細さ・複雑さにも気づいたのでした。斎藤秀三郎の辞書によって、「へえ〜、日本語って面白いな」「そうか、こういう日本語表現ってあるよね」と、改めて日本語を発見したのです。

秀三郎の日本語の素養が高すぎるために、西脇順三郎が言うように、初心者が学習する辞書としては訳がこなれ過ぎているのかもしれませんが、それには日本語と英語の双方の言語に対する造詣の深さが表れていて、読み物としてもよくできています。こうして彼は、広く日本人のコンプレックス解消に大きな役割を果たしました。

†外国語と日本語を地続きにする偉業

秀三郎の英語研究のレベルの高さを示すものとしては、外国の英語雑誌の編集者が述べた中に興味深い話があります。日本の中学生の常識となっている「経験の完了形」を初めて説いたのは、斎藤秀三郎だったのではないかというのです。

もしそうだとすると、秀三郎は世界の英語学者や英語圏の人間よりも数十年先んじて、現在完了の用法を理解していたことになります。現在完了の用法だけではありません。shall と will の使い方についても、用法をきちんと守るべきだと主張しています。

「西洋人、殊に米国人は“shall”,“will”の用法が乱暴で、少しも構わずに使うから、我々日本人も斯《こ》んな些細な事に拘泥して居るのは愚である、と云うのは一応尤《もっと》もの様に聞こえるが、之《これ》には日英子も気が附かないではない、(中略)米国人が“shall”,“will”を構わず使うからと云って吾々《われわれ》日本人も構わずに使うと云う申分は立たぬ、自国語を使う人は云わゞ自分の家に居住する様なもので、我家に在りては無礼講は当然の事である、然《しか》るに外国語を使う人は余所《よそ》の家にお客に行った様なものだから、其家の家風に従う事は何よりの心掛で、小心翼々として其国の習慣を守るのは当然の事である。」（『斎藤秀三郎伝』）

日本人にとって英語は外国語だからこそ、西洋人と一緒になって、“shall”や“will”をいい加減に使ってはいけないと言っているのです。

斎藤秀三郎の研究の中でも、前置詞の研究は重要です。彼は『前置詞大完』という本を著し、前置詞に真正面から取り組みました。前置詞はあまりにもいろいろな形で使われるので、共通する原理を見出すのは困難です。

たとえば、よく使われる前置詞"at"を例にとると、"at"は方向、原因、場所、時、状態、局面を表すなど、いろいろな形で使われます。秀三郎は、なぜそこで"at"を使うのかということについて合理的な理由を見つけ出そうとしました。そして、"at"は一点を表したり、一点を狙うときに使われると定義づけています。

このように彼は、前置詞を細かく研究し、前置詞に関してだけでも十三冊に上る著作にまとめています。一つの前置詞に関して、ほとんど一冊という割合で書いていたことになります。これはたいへんなことで、普通は前置詞の説明にそれほど多く言及することはありません。そうするには膨大な準備が必要だからです。にもかかわらず、彼がそのように多くの著作をまとめることができたのは、緻密に調べ上げていたからだといえます。

なぜ前置詞や慣用表現にこだわったかというと、そこに英語的なるものの微妙な要素が凝縮されていると考えたからでした。それは、日本語における「てにをは」とよく似ています。日本語の場合、「てにをは」を間違えると、もう言語としては成り立ちません。根本的にわかっていないのでは、という疑いを持たれてしまいます。

たとえば「象は鼻が長い」と言いますが、「象が鼻は長い」という言い方はできません。私たちは「は」と「が」を微妙に使い分けていますが、そういうちょっとしたニュアンスの違いがそれぞれの言語にはあります。

前置詞や冠詞は、日本語にはない英語の微妙なニュアンスを表現しているといっていいでしょう。"a"を使うか"the"を使うかで意味が変わってきます。秀三郎は前置詞と冠詞が面白いと言っていますが、それは英語の生きた姿を、魚を生け捕りにするようにそのままつかまえて、生け簀《す》で泳がせるような感覚でした。まさに、その微妙なところを徹底的に研究して、原理を見出そうとしたのです。

英語の微妙なニュアンスをそのままにしておくと、それについては慣れるしかないということになります。しかしそうなると、英語が母国語でない人には難しい注文です。だからこそ原理を徹底に研究し、マスターしようとしたのが斎藤秀三郎の研究でした。

英語表現と日本語との対応を可能な限り明晰につかみ、それによって英語を日本人にとって手の届く存在にしようと試みたのです。「イディオモロジー」という考え方は、いわば外国語と日本語を地続きにしようとするところに狙いがあったといえます。

「英語大陸」と「日本語大陸」があるとすると、そのあいだの海を全部埋め立てて地続きにしてしまおうというのが、秀三郎のめざした地点です。辞書は海に浮かぶ島のようなものです。島があることによって、その向こうの大陸に渡って行ける。そう考えて、秀三郎は精力的に何冊もの辞書をつくりました。

辞書がいかに重要だったかは、さまざまな文献を見てもわかります。日本最初の西洋解剖学の訳本として有名な『解体新書（ターヘル・アナトミア）』をつくるにあたって、「鼻」というたった一つの言葉を、不十分な辞書を手がかりにして解読するのにどんなに苦労したかという話が出てきます。

福沢諭吉の『福翁自伝』にも、緒方洪庵の適塾において、みんなで辞書を分け合って大切に読んだという話が紹介されています。

このように、西欧文化をきわめて短い時間で摂取しなければならなかった近代日本においては、辞書は大きな役割を果たしていたわけですが、そういう大切な橋渡しとしての辞書を秀三郎は一人で何冊もつくり、さらには問題集や参考書まで著しました。私たちはその精力的な仕事ぶりに深く感謝しなければならないと思います。

斎藤兆史さんも、『英語達人列伝』（中公新書）の中で次のように記しています。

「どういうわけか、いままでの日本の英語教育は失敗から学ぼうとする傾向が強かった。文学の英語は役に立たないから時事英語をやろう、文法や訳読は駄目だったから今度はコミュニケーションだ、と試行錯誤ばかりを繰り返してきたのである。そしてその際に導入されるのは、多くの場合、日本の風土や言語文化を理解しない英米の学者が開発した学習法や評価法であった。

日本の英語達人たちの学習法がほとんど注目されなかった……」

斎藤秀三郎がつくり上げた英語の文法教育は、大きな意義を持っていました。私たちは改めて、そのことに自信と誇りを持つべきだと思っています。

†全精力を学問と教育に注いだ超人の一生

一人の教育者として、斎藤秀三郎は厳しい講義で有名だったようです。

「講義の間ノートすべき例文は明瞭に気品の高い文字で板書され、諳誦すべき語句は必ず御自身の発声に続いて全員の chorus を命ぜられる。この時少しでもダレ気味が《ママ》あると霹靂一声、真に霹靂の叱咤が下る。斯くて時限の鐘が鳴ると、どんなにお話の中途でもキッパリ講義が終る。一同名人の至芸に接した後のホッとした気持ちになる。これが在りし日の斎藤先生を教壇に仰いだスケッチである。」

(『斎藤秀三郎伝』)

少しでも不真面目な学生がいると、大きな声で叱り飛ばすという緊張感あふれる講義でしたが、それにもかかわらず彼の講義はたいへんな人気でした。教室に入りきらないほど学生が詰めかけたといいます。教室に入れなかった学生は、窓を開けて顔だけ中に入れてみたり、廊下で立ったまま聞いていました。

この時代になぜ、これほどまでに英語が人気を集めたかというと、ひとつには明治三十五(一九〇二)年に日英同盟が結ばれて、英語熱が高まったということがあります。

そのため英語を習いたい人が大講堂にあふれ、階段の手摺にまで鈴なりになるというような状態が生じたのでしょう。

明治二十年代から三十年代、さらに細かく言えば日清戦争と日露戦争までが、日本の英学のひとつの黄金時代でした。高名な英文学者である福原麟太郎によると、人々は喜んで英語を学び、英語を信頼していた、英文学は我々の精神の糧であった、この当時の人々は英語と英文学を支えにして人生の希望を見つけていた、ということになります。のちに日本が太平洋戦争に敗れ、アメリカの占領下で英学ブームが起きたときとは少し様相を異にしているように思います。明治の日本人はもっと希望にあふれ、気概をもって英語を勉強していたのでした。斎藤秀三郎の全盛期がそうした時代背景と重なっていたことは、まことに幸運だったと言わざるを得ません。

斎藤秀三郎の勉強ぶりについても、さまざまなエピソードが残されています。学校で講義をしていても、ちょっと何かを思いつくと、学生のペンを借りてメモを書く。「武士が戦場に於ける覚悟で学問をする」のだというのが口癖で、書斎には鎧を着た武士が戦う絵を置いていたそうです。自分の訳にも好んで「武士」に関わる事柄を引用し、新渡戸稲造の『武士道』にもしばしば言及しました。

最後まで教壇に立ち、講義を続けようとした様《さま》は鬼気迫るものがあります。「重い胃病」をわずらい、教室までひとりで歩けなくなっても、両肩をかつがれて教室へ行きました。教科書を広げても、もう目が見えにくくなると、「蠟燭《ろうそく》を持って来い」と叫び、蠟燭を立てても字が見えなければ、「ウィスキーを持って来い」と怒鳴ったといいます。教室にいた学生が見かねて、「先生のお身体のために、もうお休みください」と止めると、「そうですか。ではやめましょう。でも、そのように止められるのは一番辛いことです」と言って教壇を降りたそうです。

「人間は天職を成就するまでは死ぬものでない。第一、神はそんな人物を殺しはしないよ」と言い、「天国に行ってからも英語丈《だ》けは勉強するよ、人間が此世《このよ》で成し遂げる事が出来る仕事って高の知れたものさ」とつねに語っていたといいます。

『英和大辞典』を「H」の途中まで済ませて亡くなったのですが、秀三郎の最後の言葉は以下のようなものでした。

「私がこの世において幸福でなかったとしても、それが何であろう。私は生まれる前は無であったのだ。」（前掲書）

私はこの言葉が大好きで、ふと思い出してつぶやいてみると勇気が湧いてきます。自らの幸不幸を問題にしない骨太な生き方に、明治人の気骨を見ます。

私的な生活についての逸話にも事欠きません。「汽車の時間表」を思わせる「徹底した機械的生活ぶり」を物語る証言もいくつも残されています。晩年はとくに、すべてが仕事中心になってしまい、家族が口をきく場合でも、書生を通じて面会を申し込まなければならないほどでした。

おかしかったのは、子供たちの結婚式に出席するときの話です。結婚式に父が参列するかどうかは当日までわからず、式場で父親の姿を見たときは何よりもうれしく、同時に驚いたともいいます。

秀三郎は、自分には七人の子供がいるので、一生の間に七日だけ勉強時間を犠牲にしなければならぬと日ごろから言っていたそうです。何ともすごい勉強家だというほかありません。秀三郎の娘婿にあたる塚本虎二は「便所ですら時間を惜しんで本を手から離さなかった人に取っては、少なくとも半日以上を無駄にすることは決して小さな事件ではない」と書いています。

斎藤秀三郎は自分の身の丈を超える二百巻以上の著述があり、しかもそれは共同編纂ものではなく書き下ろしたものでした。四千六百頁もある和英大辞典さえ、助手一人使わずにつくったのです。秀三郎の妻が「四十年連添っているけれども、お父さんが欠伸《あくび》をなさったのを一度も見たことが無い」と言うほど、何とも想像を絶する超人ぶりでした。

†演奏家としては大成しなかった人

その超人の息子として生まれた斎藤秀雄は、もともとはチェロ奏者としてスタートしました。途中で指揮者に転向し、最終的には教育を本業とすることになった人物です。

教育事業における大きな業績としては、吉田秀和や井口基成らとともに、戦後すぐに「子供のための音楽教室」を開校し、桐朋学園の音楽科を創設したことが挙げられます。

そこで育った弟子たちの中から、世界的に活躍する音楽家が幾人も生まれました。その功績を記念して一年に一度、長野県松本市に世界中から弟子たちが集まって「サイトウ・キネン・オーケストラ」を結成し、コンサートを行っています。

世界的な指揮者となった小澤征爾もその中の一人で、「サイトウ・キネン・オーケストラ」でも彼が指揮をするのですが、恩師をしのぶあまり、涙を流しながら指揮棒を振ることがあったといいます。

それほどまでに影響力を及ぼした斎藤秀雄の教育とは、どんなものだったのでしょうか。音楽評論家の吉田秀和さんは『齋藤秀雄・音楽と生涯』（民主音楽協会）の中で、斎藤の生い立ちについて触れています。

それによれば、斎藤秀雄の父、秀三郎はいつも書斎にこもって勉強ばかりしていたので、秀雄は父と普通に話をした記憶はほとんどなかったそうです。秀三郎は、どうやら息子を学者にしたかったようですが、息子は勉強が嫌いで音楽家になってしまいます。

しかし秀雄は父に劣らぬ教育者となり、学校までつくってしまうわけです。

斎藤秀雄は演奏家としては大成しなかったのですが、その理由のひとつは、彼があがり性で、舞台に立つとほとんど身動きが取れなくなってしまったことがあります。指揮の世界に転向したあとも、まったく型どおりの指揮をしてしまうので、正しい演奏なのですが味わいがない。言ってみれば楷書のような指揮であって、ロマンティックで流れるような音楽ではないという見方もありました。

けれども秀雄が、草書的な流れるようなニュアンスの、アレンジの利いた音楽の作り方を理解していなかったわけではありません。ただ理詰めで分析的な性格のために、それができにくい性格だった、と吉田さんは指摘しています。

「これは演奏家としての彼の短所かも知れないが、その短所のすべてを、教育者としての長所に転換し得たのが、彼の偉大さだった。彼は自分に何が足りないかをよく自覚し、自分ではやらないが、弟子には、どうすればよいかを示すことができた。彼は、それまでとかくカンに頼りがちだった音楽教育に体系的方法をもちこんだ。」

その一例が、指揮法の指南書である『指揮法教程』（音楽之友社）です。秀雄はこの本の序章で、指揮の「個々のテクニックについての練習」の本があまりないので、この本をつくったと述べています。

しかし私たちがこれを見ると、思わず言葉を失ってしまうような感じに襲われてしまいます。個々のテクニックを運動や形として細かく分析していて、「これは体操の本なのか、それとも何か図形の研究をしているのか」と見まがうような不思議な本なのです。

たとえば「しやくい」（これは「すくい」の方言）の項では、「しやくいとは、一口に云えば、「加速減速を以て弧を描く運動」であり、打法との最も明瞭な相違は、その運動がすべて、曲線的な事である」と説明し、「最も表情の柔らかいしやくいは、平均運動のようにゆるやかな弧を描く運動であり、ただ平均運動とちがつて、点前の加速・点後の減速を、より多く、明確に表わすものである」と述べて、図案化しています。

とにかく指揮棒の動きを徹底して合理的に解釈しようとしていて、「これはこうしてはね上げる」とか「これをこのぐらい動かす」、「角度はこう」というように、とにかく細かく書かれているのです。指揮棒を下ろして戻す「叩き」という打法を練習する際には、腿に指揮棒が何度も当たって腫れ上がったという、武道の特訓のようなことも行われたようです。

それは音楽の本質ではないという批判もずいぶん受けましたが、秀雄は指揮棒の運動の中に、できる限りいろいろなニュアンスを込めたいという思いをもっていたのでした。英語学習にたとえるなら、文法のようなものです。

たしかに杓子定規なものかもしれませんが、クラシックが身近な環境にない人間が習うには、基本として徹底的に身につける以外にありません。そのあとでどうアレンジするかは、それぞれ自分が世界に出ていったときに工夫してほしいということだったと思います。小澤征爾もそうやって、斎藤秀雄には音楽の基礎を徹底的に教えられたそうです。

「基礎というのはただ棒の訓練をいうのではなく音楽に対する基礎的な訓練を非常に重要視されてたたき込まれた。何処《どこ》のオーケストラに行っても、最低限のアンサンブル、もしオーケストラが合わなくなっても自分の能力ですぐ合わすことができる、そうした自信があるというのが自分の武器だし、それを斎藤先生が作ってくれた、と何処でも答えていたのです。」(『斎藤秀雄・音楽と生涯』)

そして小澤征爾が「斎藤秀雄メモリアルコンサート」で昔の弟子たちと演奏した際、次のことを気づかされたといいます。「斎藤先生から基礎を教わり、伝統のことも教えられたわけですが、もしかすると本当に一番大事だったのは音楽をする精神ではなかったかということですね」。つまり秀雄から教わったのは、まさに音楽という営みの本質だったというのです。

このことについて、『指揮法教程』でいみじくも斎藤秀雄自身がこう語っています。「一つの楽曲を指揮するに当たっては、その音楽の中に含まれているさまざまな事柄を、如何なる指揮棒の運動によれば、最も適確に、演奏者に示し得るかを研究し、出来得る限りの指示を指揮棒の運動の中に含められるようにする」ことを大事にし、いろいろな表情をつける際には身体で表したりしてもいいと言っています。

あるいは、声に出して歌いながら指揮をしてはいけないが、「頭の中で歌いつつ指揮をするということは、逆に必須条件で頭の中の歌と、指揮棒の表現を通して実際に音になった音楽とが近ければ近い程、その演奏はよい演奏なのである。従つて指揮者は常に自分の欲するところの音楽を頭の中に描き且《か》つ歌いつつ指揮しなければならぬ」と言い、歌うように指揮をすることを指導しています。

†基礎を技化してこそ優れた表現ができる

最終的には音楽の生命であるニュアンスの豊かさを表現したいのですが、そのためにはまず基本を押さえることが大切だというのが、秀雄の一貫した方針でした。音楽の生命に近づくためにこそ基本を重視し、徹底して訓練したのです。

だから「子供のための音楽教室」でも、チェロを例にとると、単純な十カ条ぐらいの奏法を徹底して練習することを促しています。それは単純な訓練であると同時に厳しいものでした。また、幼い頃から耳を鍛える訓練をやらなければいけないというので、和音を聴きとる練習も繰り返し行いました。

基本を押さえ、いわば文法を徹底的に身につけることによって、最終的には音楽の最も豊かな部分に近づくようにする。その点でも、父である秀三郎の、文法を軸にした英語学習と共通したところがあります。

指揮の訓練にしても、腕の運動のようなことを徹底的に行うようにしました。細かい、いくつかの腕の運動を正確にできるようになってこそ、その組み合わせの中から初めて、自在でありながら正確さを失わない表現ができるようになる、という考えからでした。

これは嘉納治五郎にも通じることです。つまり「型」というものの教育力を信じる、日本的な伝統に則ったものでもあるのです。なぜ「型」が生まれたのかというと、人はさまざまなケースが生み出す複雑な現象を逐一、個別具体的に経験することはできませんし、したがって学習することもできないからです。

たとえば格闘をする場合、ありとあらゆるケースが考えられます。武道の素人が多少ケンカ慣れしていたとしても、それだけでは、すべての格闘に対応できるようにはなりません。現実は思いがけない偶然に満ちていて、新しい事態が次々に生まれてとどまるところを知らないからです。

そこで、背負い投げ、巴投げなど、いろいろな技を見出し、その技が型として身につくまで休むことなく練習を続けるのです。

相撲であれば、四股を踏むとか、摺り足、鉄砲といったようなものが型になります。その型をそのまま土俵で出すだけでは勝負に勝てるかどうかはわかりませんが、四股を踏んで鍛えた筋力や筋肉の使い方、感覚といったものが技化《わざか》され、自分でも意識しないうちに勝負の中で生きてくるわけです。

つまり型の訓練を通じて、基本となる技を応用が利くようになるまで身につける。身体感覚にまで刻み込むことができれば、その後の応用は利きやすくなるでしょう。いちばん大事なことは、「感覚の技化」ということです。感覚を技として身につけることができれば、必ず豊かで微妙なニュアンスを理解し、表現できるようになるはずです。

感覚を技化するまで磨くためには、内的感覚を研《と》ぎすましながら、同じことを何度も反復練習するほかありません。自分のレベルを確認しながら繰り返す以外に、その感覚が技として定着する方法はないのです。

音楽の演奏であれば、特定の曲を徹底的に練習することによって右手と左手の基本となる感覚が身につき、やがていろいろな表現もできるようになっていきます。華やかな表現や躍動感あふれる演奏を支えるのは、地味な努力の積み重ねという平凡な真実です。

ところで、基本的な「技」の重要性ということは、むしろ私たちにはなじみやすいものでもありました。というのは、日本人は昔から、型を文化の中心概念として重視していたからです。基本技の習得にあたって型を設定して、それを徹底して練習するという発想は実に身近なものだったのです。

したがって斎藤親子の場合、それが英語においては文法ということになりますし、音楽に適用すれば演奏のための型を編み出すことになるのは、唐突でも何でもありませんでした。異質なものを輸入しなければならなくなったとき、そのための工夫として「型」という伝統的な教育スタイルがおのずと機能することになったのでしょう。

最初から自国の土壌に根づいたものであれば、必ずしも型を意識しなくても身につけられるようになります。しかしそれを自分の内側に取り込むためには、意識的で合理的な学習法を導入しなければなりません。ある型が合理性を欠くとすれば、その型がすぐれたものではないということです。型や基本は本来、上達のための最も合理的な教育プログラムなのです。

敷衍《ふえん》すれば、広い意味での「文化翻訳能力」こそが日本人らしさの根幹をつくっているといえます。日本人らしさというと、すぐに偏狭な閉ざされたイメージが連想されるかもしれません。けれども歴史を虚心にながめてみれば、むしろ開放されていて、外国のものを翻訳することの上手さにおいてこそ、日本人らしさが発揮されたというのが真実に近いのではないでしょうか。

欧米に由来する英語やクラシック音楽を、日本文化の伝統を背景にして受容する——そういうシステムづくりに成功しているからこそ、いまの日本があるように思います。欧米を除いて、最も早く近代化に成功した国が日本であることは世界史的な事実です。

秀三郎と秀雄は、期せずして親子で、その事業に大きく貢献することになりました。その偶然を喜び、感謝すると同時に、欧米文化をしっかりと翻訳し、その学習法を体系的に整備したという彼らの成功体験とそこに秘められた志を、改めて確認しておきたいと思います。

†秀三郎・秀雄に流れる共通の血脈

親子ですから当然なのですが、斎藤秀雄は父親の秀三郎に似ているところがたくさんありました。どちらかといえば短気だったところも似ていますし、学校をつくることになったという点でも共通しています。秀三郎、秀雄と続いた血脈について、有名な指揮者である朝比奈隆さんはこう語っています。

「彼の頭の中には、それまでの演奏現場における実践とローゼンシュトックという指揮者との接触を通して、更に大きな展開を目指しての理想と論理とが形成され始めていた。それは教育であった。その教育は従来のそれではなく、原理から出発して綿密な方法論を持つ教育である。楽器の演奏技術も指揮のそれも一貫した理論を基本とした体系でなければならなかった。この辺り、父君秀三郎教授の英語教育で残された輝かしい業績の血脈が感じられて、まことに興味深いものがある。」

（『斎藤秀雄・音楽と生涯』）

原理を徹底的に分析し、体系的な方法論を編み出してメソッド化していった教育法は、秀三郎、秀雄に共通して流れているものです。チェロ奏法の徹底訓練に関しても、前置詞などを極めようとした秀三郎のやり方を彷彿させます。音楽評論家の寺西春雄さんも、斎藤秀雄の教育はチェロの初歩から条件反射的反応を目指して奏法を教え込み、幼い頃から癖にしていこうとするものだったと、次のように述べています。

「チェロにおける斎藤秀雄のメトーデ（メソッド――引用者）も、きわめて単純なものであった。彼自身の表現を借りると、箇条書にしてみると、十行ほどで終ってしまうほど、その原則はまことに簡単なものであった。」（前掲書）

しかし単純であればあるほど、訓練はキツいものになりました。その結果、たしかに技術は条件反射の域に達し、身についていくのですが、そうした斎藤秀雄の方法については、「技術偏重で音楽を忘れている」という批判も根強くありました。

「彼はしかし、そんなことは百も承知であった。しかし、正確で豊かな音がなくて、音楽本来の楽しみが生きてくるはずがない、という信念のもと、生徒たちが成長し、ひとりだちしたときに、そして自分の音楽が彼らの中にかたちをととのえたとき、それが生きて表現できるもとを、身につけさせる一念が、そこにあったわけである。」（前掲書）

寺西さんによると、斎藤秀雄は「勘に甘えた表現をすることを心底から嫌っていた」と言います。秀雄は、正確な音を条件反射的に捉えることを要求しました。そこに「文法」があった、と寺西さんは指摘しています。

早期教育といっても、天才教育や英才教育をしていたわけではありません。秀雄自身は、むしろ最低条件の教育を行っているつもりでした。彼がつくった「子供のための音楽教室」にはいろいろな人が集まって来ましたが、ほとんどお金を取らずにレッスンをやっていました。

戦後の混乱の中で、優れた先生が毎週やって来ては、日本の明日をつくるために安い月謝で子供たちを教えたのです。そこから、やがて素晴らしいオーケストラが編成できるほどの演奏家が育ち、世界に旅立っていきました。

†良き師なくして良き弟子は育たず

小澤征爾さんは、音楽とは積極的に命を懸けてやるものなのだということを、斎藤秀雄から教わったと述べています。そして彼は、日本に本格的な西洋音楽を持ち込んだ人として、山田耕筰、近衛秀磨、斎藤秀雄の三人の名前を挙げています。

「洋楽の夜明けを開いたのが山田耕筰、オーケストラの基礎を築いたのが近衛秀磨、そして日本の演奏家のレベルを世界的に引き上げたのは斎藤秀雄先生です。斎藤先生がいなかったら、ボクも秋山（和慶）も、そして多分、岩城（宏之）さんも若杉（弘）さんも出なかっただろうと思います。」（前掲書、（ ）は引用者）

型のもつ威力を用いるのは日本人の得意なところでしたが、それだけに終始してしまうと微妙な表現ができなくなります。斎藤親子に共通の苦労があったとすれば、その隘《あい》路《ろ》を乗り越えなければならないことでした。

教育とは、持って生まれた才能や能力に依拠しながら、それぞれの方向に向かって質的に飛躍するのを助けるためにあります。努力の方向は、教育者が指し示さなければなりません。

「彼の指導を受けた指揮者、チェリストその他で、優秀なキャリアを持つ者は数えきれないほどだ。木はその実を見て、良否を知る。良い弟子を多く育てた師こそ、正に良師なのだし、斎藤こそ偉大な師と呼ばれるにふさわしい存在だった」(前掲書)と吉田さんが語っているように、教育という媒介を経なければ、原石はただ原石のままです。しかしたぶん小澤さんにしても、もともと優れた才能を秘めていたのだと思います。しかし斎藤秀雄というきっかけがなければ、ここまで大きな存在になれたかどうかはわかりません。だからこそ、優れた弟子たちがそのためだけに世界中から集まり、「サイトウ・キネン・オーケストラ」を編成して、偉大な師に感謝の気持ちを表すようになったのです。

このような類いのオーケストラは、世界でもあまり例を見ないものです。亡き師を中心にして結ばれた熱い心の集団が、一年に一度集まってオーケストラを組む。教育という営みが生んだ最も美しい出来事を、私たちは目の前にしているのです。

斎藤秀雄は暮らしに困るという心配がまったくなく、特に働く必要もありませんでした。そのために、周りのことに気兼ねして自分の意を曲げるというようなことはありませんでした。それに生来の気短かな性質が加わって、いろいろと衝突してしまうことが多かったようです。

しかし弟子たちは、そうしたこともすべて理解したうえで、師としての斎藤秀雄に敬愛の念を持ち続けたのです。斎藤秀雄は、音楽演奏家としてはそれほどの実績を残さなかったのかもしれませんが、その教育者としての偉業は、「サイトウ・キネン・オーケストラ」という形となって、今もなお私たちに影響を与え続けています。秀雄自身は『斎藤秀雄講義録』（白水社）の中で、次のようなことを話しています。

「今はいわゆる小学校の詰込み教育というのがあるでしょ。詰込み教育の弊害というのはそこにあって、僕は詰込み教育するみたいだけど、実際は詰込み教育をしているわけじゃない。どうやったら応用が効くかということを教えている。」

基本を徹底的に教えたら、そのあとでは、考えることを重視しています。つまり型を盲信するのではなく、その意味を理解し吟味したうえで、方法として用いているわけです。そういう意味で、斎藤秀雄の教育には日本人の文化的伝統が活かされていたのですが、しかしその徹底した姿勢の背後には、「自分たちは遅れている」という意識がありました。

そして、どうすれば追いつけるのかを考えることが激しい研究意欲につながり、思いがけないスタイルを生み出すことになったといえるでしょう。彼が残した『指揮法教程』について、吉田秀和は「世界的にみても珍書といえよう」とも評しています。

斎藤秀雄は自分が成し得なかったことを未来に託そうと考え、ともかくもその思いは実を結びました。では、すでに彼のいない世界を生きている私たちは、次にどうすればよいのでしょうか。そのことについての答えもまた、秀雄が生涯を懸けた教育事業の中に、豊かな可能性とともに潜んでいるように思います。

「詰め込み」か「ゆとり」かなどというレベルの低い二者択一的議論から抜け出せずに、方向性も確信もない教育を続けてきた、この二十年あまりの日本に対して、斎藤親子は明白なる別解答を示しています。

合理的な型（基本）を徹底的に訓練し、技にすることによって微妙なニュアンスまで理解し表現できるようになる。つまり応用力を身にたたきこむのです。

これ以上、日本が迷走を続けないためには、秀三郎と秀雄の仕事に学ぶことが必要なのです。

第五章

岡田虎二郎の静坐力

岡田虎二郎＝1872〔明治5〕〜1920〔大正9〕年（田原市博物館保管
春堂文庫蔵）

†輸入思想に行き詰まった人々に浸透した

岡田虎二郎という人物の名前をご存知の方は、あまりいないのではないでしょうか。したがって彼と、これまた現在ではあまり有名ではない芦田恵之助《えのすけ》を貫く教育の潮流といっても、ますます混乱するばかりでしょう。このように彼らの教育上の貢献は、近代日本史の地中深く埋もれてしまっているのですが、彼らの事業を改めて思い起こしてみることは、現在の教育の混乱を正すうえで有益な視点を提供してくれるはずです。

この二人をつなぐのは、一見するとささやかなものにしか思えない「静坐」という身体技法です。「せいざ」と聞くと、普通は「正しく坐る」という文字しか思い浮かばないかもしれませんが、そうではなく「静坐（あるいは静座）」と書きます。これは一つの身体技法として、岡田虎二郎が世に広めたものです。

どのようなやり方かというと、ごく簡単に言えば、普通に正坐をしたうえで、腰をしっかり立てるような感じ、ということになるでしょうか。ちょうど、深くお辞儀をすると、腰が前に倒れます。その状態からスッと身を起こそうとすると、腰が入ったまま、上半身が硬くなっています。

そこで、そのままみぞおちの辺りの力を抜き、肩の力も、中心はまっすぐにしているが、力は抜くというように形を整えていくわけです。すると、体が三つ折り、五つ折りぐらいに折れていく感じがしてきます。その結果、腰は入っているのですが、みぞおちの力は抜け、肩の力も抜けて、堂々としつつも、スッとした爽やかな坐り姿になっているはずです。

こうして姿勢を整えたうえで、短く吸って、緩く、長く吐いていくという呼吸を行います。これは普通「丹田呼吸法」といわれているものです。臍下丹田といわれる部分に気を沈めて、息を緩く長く吐くことによって、心身ともに落ち着いた状態をつくり出すという一種の身体技法なのですが、精神の修養法ともなっています。

この静坐は、岡田虎二郎がアメリカに渡り、帰ってきてから始めた方法です。もちろん、それ以前から、東洋には禅の坐法が長年の伝統としてあったのですが、岡田の静坐は新しい流行として明治三十〜四十年代に社会に広まり、影響を与えることになりました。

岡田が開いた静坐の会には、いろいろな人が参加していました。それについては『現代日本の思想』（久野収・鶴見俊輔著、岩波新書）という本にも、「この岡田という人は、日本の近代思想史の上で独自の思想運動をおこした人」と紹介されており、「この人に接した人々には、田中正造、木下尚江、石川三四郎のような社会主義者、相馬愛蔵および黒光のような実業家兼文学者があり、さらに芦田恵之助のような教師」がいたことが指摘されています。

岡田はそれぞれの人が持ち寄ってくる問題について話しながら、言わばノンディレクティブカウンセリング――押しつけをしないやり方で相談事に応じていました。岡田のこの静坐運動は、明治末期のインテリたちの心に入り込みました。というのは、彼らは近代化を進めるために、やむを得ず輸入に輸入を重ねて、自分の上に借り物の思想を積み上げていくほかありませんでした。けれども、その急激な近代化は旧来の生活習慣との間で、すぐには修復できない亀裂を生み出さざるを得ませんでした。

『現代日本の思想』によれば、岡田の静坐は、自然のスタイルに根ざした生活美学のようなものだと言います。それが「虚無主義の思想運動として最初から最後まで一貫したコースを歩みきったのは、日本の思想史上に特筆大書されてよい」出来事だという評価をしています。

岡田はさまざまな領域の人たちに影響を与えたのですが、それは、思想上の右翼とか左翼の違いにかかわらず、身体をとおして人としての自然本然の姿に戻ろうという運動だったからです。そこで見出される課題は人それぞれに異なっていましたが、基本のスタイルとしては、「まずは坐れ」という考え方でした。

八木重吉の「草に　すわる」という詩に、「わたしの　まちがひだつた／わたしのまちがひだつた」という表現が出てきます。それは、「こうして　草にすわれば　それがよくわかる」と続いていきます。

坐ることが特に反省や自省につながるというわけではありませんが、草に坐り、ゆったり呼吸することによって、自分を取り戻したり、振り返りやすくなるのはまちがいありません。

これはお釈迦様も自ら行った、「坐」という身体技法です。お釈迦様は菩提樹の下に坐り、アナパーナ・サチという息を長く緩く吐く呼吸法によって悟りを開いたと言われています。

村木弘昌さんの『釈尊の呼吸法』（春秋社）にも詳しく書かれていますが、それまで苦行を続けてきたお釈迦様は、苦行では悟ることができないと感じて、呼吸法を変えます。つまり息を止めるといった苦行ではなく、吸う息を短く、吐く息を長くする呼吸法によって精神の安定を得ることができたというのです。

日本にも坐と呼吸法は伝統として受け継がれてきたのですが、明治時代は欧化政策により、欧米のものを取り入れようとする激しい動きがありました。それは、日本の独立が懸かっているという強い緊張感に支えられていたために、東洋の身体技法について積極的な評価をしにくい風潮があったのです。

ところが、西洋のいろいろな理論や思想がどんどん輸入され、借り物の言葉で考えたり感じたりすることへの不安感が高まったときに、「静坐」への関心が生まれたわけです。岡田の静坐運動はこうして、もう一度自分に戻ろうという心の動きに連動して、一種の思想運動になったのです。

思想運動といっても、何か特別な思想を持て、と岡田虎二郎が指導したわけではありません。その意味では、いわゆる新興宗教とは一線を画しています。中心的な教義になるものが明確だったわけではありませんし、お金を集めて全国的に信者を広げようとしたのでもありません。

むしろ、興味を持つ人が自然発生的に増えていったというのが実情です。夏目漱石の日記にも、妻である鏡子夫人が「また静坐の会へ行ったようだ」と、漱石自身の釈然としない気分をこめて述べられています。ですから、当時はかなり多くの人々の関心を惹いていたのは事実でしょう。

岡田式静坐法は、岡田虎二郎の死とともに社会的隆盛を終え、一部の人に受け継がれはしましたが、表舞台からスーッと消えていきました。そういう不思議な運動でしたので、いまとなっては知る人もほとんどいなくなっているわけです。

†心身一如の方法として「静坐」を取り上げる

岡田虎二郎はアメリカで暮らしたことがありました。その経験から、日本のこの先を見据えたとき、まずは心身の充実が先決だと考えました。気力に満ちあふれ、身体も強壮で、同時に冷静な判断力も有するという心身のあり方をつくる方法を、日本人に広めたいと考えたのです。

その方法は、誰でもできるような簡単なものでなければなりません。複雑な方法では、多くの人に受け入れてもらえません。「坐る」というのは日本人の生活のなかに根づいたものだから、それを使おうと思ったのだと言っています。

『岡田虎二郎先生語録』（静坐社）によれば、自分は日本人だったから静坐を選んだのであって、西欧の人間だったらダンスを取り上げたかもしれないと言っています。当時の日本人のほとんどは畳の生活しか知りません。そのために、静かに坐るという形が日本の土壌にはふさわしいし、心身一如の状態をつくりやすいと判断したのです。

この言葉からも、日本人の日常的な身体技法を選ぶという判断が、冷静な分析の結果だったことがわかります。彼はけっして狭い考えの持主ではなく、非常に柔軟な感覚を備えた人物でした。

心身一如とは、体と心が一体となった状態を指します。そのときの解放感、充実感が、人間にとってとても幸せな状態だといえます。自分が自然にかえったという感じがするときとは、心と体が一つのものになり、一如になって、溶け合っている感じを持ったときです。

心と体がバラバラなままだと、気ばかりが焦って身体がいうことをきかないといった状態になります。その意味で、いまは心身のいろいろなズレが社会全体の問題になっています。たとえば鬱病や自律神経失調症がそうです。背景には、心と身体のバランスが崩れてきている状態、不安に押し潰されそうな状態があります。

そういう人は、いま急に増えたというのではなく、もちろん明治時代にもいました。そうした心の不安を抱えた状態のとき、静坐法によって不安が一呼吸ごとに抜け、自分の心身が、臍下丹田を中心にして充実していくという経験を共有しようとしたわけです。そして、その経験をすることで元気を取り戻し、それぞれの場において活躍を続ける。そのためのエネルギーを取り戻す場を形成していたのが、岡田の静坐運動だったということになります。

ですから、特定の教義に縛られることもなく、思想的にはまったくバラバラの人たちが一堂に集まって、ただ仲よく坐っているだけでした。もっとも人によっては、静坐している間に飛び跳ねたりするなど、ちょっと変わったことも起こっていたようですが。

当時、岡田の静坐法は書籍の形でも流行していました。『岡田式静坐法』（実業之日本社編）という本や『静坐三年』という本がベストセラーになっています。たとえば『岡田式静坐法』には、次のように記されています。

「人が外物《ぐわいぶつ》に当《あた》る時《とき》は、吸気《きふき》即《すなはち》息《いき》を引《ひ》く時《とき》に於てせずして、呼気《こき》即《すなはち》息《いき》を吐《は》く時《とき》に於て、臍下《さいか》に精力《せいりよく》を充実《じうじつ》せしめつ、力《ちから》を発揮《はつき》する。例《たと》へば剣客《けんかく》が打込《うちこ》む時《とき》でも、力士《りきし》が押倒《おしたふ》す時《とき》でも、兵士《へいし》が突貫《とつくわん》する時《とき》でも、鍛冶《かぢ》が槌《つち》を打《う》つ時《とき》でも、画工《ぐわこう》が筆《ふで》を落《おろ》す時《とき》でも、皆《みな》さうである。音楽家《おんがくか》が美音《びおん》を張上《はりあ》げる時《とき》、奏楽家《さうがくか》が楽器《がくき》を吹奏《すいさう》する時、雄弁家《ゆうべんか》が雄弁《ゆうべん》を揮《ふる》ふ時《とき》は無論《むろん》の事《こと》である。外物《ぐわいぶつ》に当《あた》る時《とき》は力《ちから》を要《えう》する時《とき》である。最《もつと》も力を要《えう》する時《とき》は、臍下丹田《さいかたんでん》に精力《せいりよく》の最《もつと》も充実《じうじつ》を要《えう》する場合《ばあひ》である。此場合《このばあひ》には呼気《こき》を以《もつ》てイキムのである。此《こ》ゝに於《おい》てか健全《けんぜん》なる呼吸法《こきふはふ》は息《いき》を吐《は》きつゝ、臍下《さいか》に腹《ふく》力《りよく》を充実《じうじつ》せしむるに在《あ》りといふ事が益々《ますく〵》明白《めいはく》になる。」

臍下丹田への意識について、人が外物に当たるときは、吸うときではなくゆっくり吐くときにおいて、臍下に精力を充実させて力を発揮するものだ、と書かれています。それは剣道でも、鍛冶屋や力士でも、画家、音楽家の場合でも同じです。臍下丹田に精力を充実させることが、静坐法の重要な技法です。

ボストン・レッドソックスに入団した松坂大輔選手も、臍下丹田に力を入れるとほかの力は抜けるので役に立っているということを、コメントしていたことがあります。力みそうなときには臍下丹田だけは力を多少入れても大丈夫で、ここに力が入っていても全身の運動にとって滞りはありません。肩や肘などいろいろなところに力みがあると、身体がしなやかに運動を伝えないので、身体はリラックスしていなければなりません。

かといって、全身の力がすべて抜けてしまっていると、今度は球に力が入らなくなります。力の原動力を得るには腰と腹には力が入っているが、身体のほかの部分は力が抜けているという状態が最適だということになります。

松坂大輔のピッチングと岡田虎二郎の静坐法は、原理的につながるところがあります。心身の力を最も合理的に発揮できるようなあり方をつくるための技法として、静坐という方法があったということです。

†精神の不安な状態を、身体技法をとおして回復する

呼吸の練習法としては、まず息を短くすべし、ということが『岡田式静坐法』（前掲書）に書いてあります。

「㈠正《たゞ》しき呼吸《こきふ》は、息《いき》を吐《は》く時下腹部《ときしたはら》（臍下《さいか》）に気《き》を張《は》り自然《しぜん》に力《ちから》の籠《こも》るやうならざるべからず。

㈡其結果《そのけつくわ》として息《いき》を吐《は》く時下腹膨《ときかふくふく》れ、堅《かた》くなり、力満《ちからみ》ちて張《は》り切《き》るやうにならざるべからず。

㈢臍下《さいか》に気《き》の満《み》つる時《とき》、胸《むね》は虚《きよ》となる。

㈣吐《は》く息《いき》は緩《ゆる》くして且長《かつなが》し。

㈤息《いき》を吸《す》ふ時《とき》は、空気《くうき》胸《むね》に満《み》ち来《きた》りて胸《むね》は自然《しぜん》に膨脹《ばうちやう》す、胸《むね》の膨《ふく》るゝ時《とき》、臍下《さいか》の脹《はり》は自然《しぜん》に軽微の収弛《しうひ》を見《み》る。

㈥胸《むね》の膨《ふく》る、時も腹《はら》は虚《きょ》となるにあらず、呼気《こき》吸気《きふき》に拘《か》はらず、重心臍下《ぢうしんさいか》に安定《あんてい》して其処《そこ》に気力《きりよく》の不断《ふだん》の充実《じうじつ》なかるべからず。
㈦正《たゞ》しき呼吸《こきふ》の吸《す》う息《いき》は短《みじか》し。
㈧健全《けんぜん》なる呼吸《こきふ》は他人《たにん》が見《み》て分らぬ位に平静《へいせい》なるべし。」

とにかく息を荒くしてはいけない。息を吸うときは胸を張らないように注意すべし。みぞおちのところを張ってはいけない。みぞおちを落として呼吸をすることが大切だというわけです。

よく軍隊などで、「胸を張って、腹を引いて」という姿勢で整列していることがあります。胸を張り、肩肘を張って、おなかをキュッと引く「気をつけ！」の姿勢と、岡田の静坐は正反対です。むしろ肩の力を落として、みぞおちは緩めて落とし、ゆったりと呼吸をする。胸は張りません。

呼吸も、いわゆる深呼吸ではありません。ゆっくり吐く息は、緩く、細く、静かに、長く吐き出すべしとなっていて、長さの程度は、一呼吸一分間ぐらいを費やしても苦しみを感じないように練習せよ、と言っています。

そして、息を吐き出しながら、徐々に下腹に力を入れる。下腹を膨らますというよりは、力を入れると自然に膨らんでいくような感じです。臍下に力を充実して、重心を安定せしめるのが目的であるのです。呼気が進むに従って、臍下にこめた力はだんだん強くなります。その呼吸の最中は、決して息を止めてはいけないとも言っています。

また岡田は、みぞおちに落とす理由についてこのように述べています。

「胸《むね》を落《おと》して修養《しうやう》する人《ひと》は平和《へいわ》円満《えんまん》の人《ひと》となり、胸《むね》を張《は》る人《ひと》は瘦我《やせが》慢《まん》の人《ひと》となる。
厘毫《りんがう》の差実《さじつ》に千里《せんり》の相違《さうゐ》を生《しやう》ず。」（前掲書）

みぞおちを落として修養する人は、平和円満の人となり、胸を張る人はやせ我慢の人となる。このちょっとした差が、実に千里の違いになる、と言っているのです。

私自身の体験に照らしてみても、みぞおちの力を抜くのは大事なことです。人と接していて、緊張しているときや、相手がイヤだなと思うときは、みぞおちが硬くなっていることに気づきます。イヤな人と会わなければならないときに、試しに自分のみぞおちをそっと触ってみてください。硬くなっているはずです。いちばんまずいケースは、みぞおちの辺りが硬くなって、腰や下腹部の力が抜けている状態です。ストレスが大きくて力が出ない状態になっています。こうならないように、腹の上部と下部への力の入れ加減を逆にしなければなりません。

現代の人たちの身体性を眺めていると、臍下丹田の感覚が技として身についていないことに気づきます。かつては、先に引用した佐藤紅緑の文章にも、「いまかれは臍下に気をしずめ」（本書311頁）という表現がありますし、戦前では臍下丹田を知らない人はほとんどいなかったと言ってよいでしょう。当時は、それが当然の技として、社会全体に共有されていました。

下腹に帯を締めることや和式便所の使用は、腰や下腹の感覚を日常的に鍛えました。日本人は臍下丹田を必ず意識せざるを得ない生活を送っていたのです。また、子供を背中におぶったり荷物を背負うときも、下腹に力を入れるのは当然のことでした。子供たちが遊びで相撲を取るときも、下腹部にギュッと力を入れるのは、ごく自然に得られる感覚でもありました。

それが昭和三十五、六年頃から、「臍下丹田」という言葉は、常識とは言えなくなってきたようです。プロ野球の大打者であった榎本喜八さんが、若い選手に「臍下丹田を軸にしてバットを振るのだ」とアドバイスしたところ、新しく入団してきた若い人たちはそれがわからなかったといいます。

†みぞおちが硬くなった現代人が失ったもの

日本人の共通遺産である腰腹の感覚を、私は「腰腹《こしはら》（もしくは腰肚）文化」と言っているのですが、現代ではそれが常識どころか、消え去ってしまっているのではないでしょうか。心身の成熟を表す「肚《はら》」という文字自体を読めない人も多いのが現状です。

現代人はみぞおちが硬くなり、腹の力が抜けている――岡田虎二郎は日本人の身体が、やがては軸を失って崩れていくであろうことを、たぶん見通していたに違いありません。

明治三十〜四十年代は、生活全体が急速に西欧化されていくのがはっきりしていた時代でしたから、身体が崩れていくことによって、精神がどのように不安な状態に陥っていくのか、岡田にとっておおよその予測はついていたものと思われます。だからこそ精神の不安な状態を、身体技法を通して回復していく道筋をつけておくことが必要だろうと考えたのでしょう。

心が不安定になっているとき、心そのものに直接アプローチして変えていくことも可能ですが、いきなりそうするのはたいへん難しいことです。落ち込んでいる心は、自分の力ではどうにもならないからそうなっているのであって、コントロールして励ましていくのは困難です。しかし身体のほうからアプローチしてみると、案外うまくいくものです。

たとえばお風呂に入るとリラックスして、曇っていた気持ちが少しは晴れます。あるいはお酒を飲んだり、マッサージに行ったり、釣りに行って自然の空気を吸ったり、犬と散歩して心が和らぐこともよくあることです。これらは、身体感覚をとおして心の状態をリラックスさせようと試みているわけです。

心で心を治そうとするのではなく、身体の感覚をとおして心をコントロールすることで、むしろ不安は解消できます。日常で使える不安解消と気力充実の技法として、静坐法は世に広まったのです。

慣れてくると、静坐を少ししただけで、自分の身体がいわばひとつの静かな寺院になっていくような思いがしてきます。静謐《せいひつ》な寺などに行くと、「チーン」というお鈴《りん》の音が余韻を残して堂内に響くことがあります。そのとき、音を聴いているだけで心が休まる気がしてきます。そういう状態を、静坐した瞬間に感じることができるように習練するのです。

どんなに心がザワザワして不安に襲われていても、いったん坐って呼吸法をやれば、お鈴が「チーン」と響き続けるような、または除夜の鐘を聴いているときのような、静かな落ち着いた状態をつくり出すことができるようになる。これが感覚の技化ということです。

そのためには、最初は形から入ったほうが早いので、坐り方から入り、呼吸の仕方をセットで取り入れていくわけです。みぞおちが硬かったら、呼吸法で力を抜く。野口晴《はる》哉《ちか》が創始した野口整体でも、みぞおちの力を抜くのは重要な要素になっています。

実際に、両手の指をみぞおちに当てて体を前に倒すことによって、息を吐きながら邪気を吐き出すということをします。一回これをやると、たしかにみぞおちの辺りの硬さが取れて、自然な動きが出てきやすくなります。

†静坐から生まれた芦田恵之助の国語教育

この静坐法が人々に不思議な影響を与えたことは、すでに触れたとおりです。その代表例が、芦田恵之助への静坐の影響です。芦田恵之助は明治、大正、戦前の昭和を通じて、日本で最も有名な初等教育者の一人でした。大部の全集も出ています。芦田恵之助の行った国語教育は「芦田式」と言われて全国に広まり、いまの国語教育にも影響を与えています。

その一例が作文です。私たちは作文といったとき、すぐに自由なテーマをイメージします。運動会のことを書こうとか誕生日会について書いてみようとか、私たちは自由に作文してみることになんの違和感もありません。しかし当初、作文はそのようなものではなく、お手本の文をなぞることに主眼がありました。芦田恵之助が「随意選題」、つまり自分の自由な意思に従って題を選ぶという方法を始めたのです。

作文のテーマを生徒が自分で決めるのは、当時の教育では画期的なことでした。芦田は『綴り方教授』という本で、自分でつくることが綴り方の根幹であると主張しました。先に引いた『現代日本の思想』は、芦田の主張についてこう分析しています。

「明治の教育界を長く支配した教師のおしつけによる紋切型教育、すなわち「花見」という題をあたえられれば、六、七歳の子供までが「腰に一ピョーたずさえて」と書くことを要求される、教育勅語とマッチした国語教育から、子供たちをときはなつ運動の口火がきられたのである。」

芦田のこのやり方は、明治の専制主義的国語教育を自由主義的なものに転換したと受け取られ、攻撃の的にもなりました。しかし彼によってまかれた種は、後年の無着成恭の山びこ学校や、東北地方で起きた生活綴り方運動となって全国に広がっていきます。それに参加した評論家の国分一太郎や寒川道夫らは、貧しさの中で、その貧困を受け止めながら生き抜こうとしている子供たちに作文を書かせました。その方法を開発したのが芦田恵之助だったのです。

こうした生活綴り方運動の多くは社会主義思想を背景としており、芦田とは思想を異にしますが、方法は受け継がれたのです。読み方や書き方についても、「芦田式七変化」と呼ばれる方法を編み出し、総合的に教育方法を開発した大教育者なのですが、これもあまり一般には知られていません。

芦田の仕事は、私の研究テーマでもありました。その芦田の仕事をひとことで言うなら、芦田恵之助は岡田虎二郎の静坐に出会って、開眼したのです。芦田は「教師における自己の確立」（『芦田恵之助国語教育全集12』明治図書出版）で、次のように述べています。

「私の教育に対する考えは、悉くこの静坐を核としてまとまつてゐるやうに思ひます。」

「私は静坐にはげんで、多少とも真の自己が見え、真の教育が見えて来ました。」

静坐をしてなぜ教育が見えてくるのかということですが、芦田恵之助の場合、読むとは自己を読むことであり、書くとは自己を書くことなのです。したがって、読む・書くという国語の課題とは、自分と向き合うことにほかならないというのが芦田の考えでした。

しかし、そこにたどり着くまでに、いくつかの紆余曲折があったのは事実です。そもそも本当の自分というものは、なかなかわかるものではありません。それまで芦田は、明治以降にあふれるように輸入された思想の氾濫に混乱し、四十歳を前にして神経衰弱に陥っていました。

教育理論において、いったい何を基本に考えたらよいのかが、まったくわからなくなっていました。そのとき出会ったのが静坐でした。自分に向き合う態度を、静坐をとおして自らの体験として学び、「これだ！」と思ったのです。

芦田が目ざめたのは、自己に向き合うことをとおして自己を見出すというやり方でした。静坐的自己というのは、たんに静坐のときだけに限定されるわけではありません。静坐をして得られたときのような感覚で日常を過ごすことによって、自分と向き合う生き方ができるようになるはずです。彼はまず、自分自身を静坐法によって治療したのでした。

この頃のことについて、芦田は次のように記しています。この箇所は、私も以前、自分の論文の中に引用したことがありますが、芦田の出発点を的確に物語っている印象深い一文です（『芦田恵之助国語教育全集25』明治図書出版）。

「この頃のことでした。私が内省をつづけた結果、自分の体験から捉えている確実なものの、甚《はなは》だ少いのに気附いたのは。我が物顔して語つていることの多くは、書物で読んだり、人から聞いたりしたものでした。よし、それはそれでよいとしても、人を指導し、人に説くものとしては、頗《すこぶ》る力がよわいことを感じました。」

そして芦田は岡田に助言を求めるのですが、それに対して岡田はこう答えています。

「無いものが無いと信ずる程たしかなことはない。真に求められる心は、その無に徹しなければ、出てくるものではない。他人のものをつぎはぎして、世を渡ろうなどとはずるい考えだ。無から有の生ずる義をよくよく悟らなければならない。」

教育者として教えを説く立場にあるものは、自らの言葉に確信を持たなければなりません。その確信は自分の内から出てくるものでなければならない、と気付いたのです。

†教育の神髄は自己を書くことにある

そのあと芦田は、教師の心構え・身構えとして静坐をして教壇に立つことを、教師の訓練に取りいれます。この活動は恵雨会（「恵雨」は芦田恵之助の号）というグループの結成に発展していき、教師集団の中で広く支持され、実践されることになりました。

生徒に直接静坐をさせるということはありませんでしたが、その考えを国語教育に生かしたものが、自己を読み、自己を書くということでした。すなわち、これが私の「真の自己」なのだと叫びたくなるほどに充実した自分に出会おうではないか！　ということを国語教育の目標に掲げたのです。

「読む」ことは他者に出会う行為です。読むことによって、自分以外の人の見方を学び、人間や事物について多面的に理解するようになります。また、ほかの人の人生に共感し、他者との出会いの中で自分を広げていくことができるようになります。多くのすぐれた他者を自分の中に住まわすこと、これが読むということだと私は考えています。

しかしそのとき、自分をまったく関わらせずにいていいかというと、そうではありません。いい読み方をするためには、書かれていることを自分の問題に関わらせて、当事者意識をもって共感しながら読むのでなければ、その内容を充分に吸収することはできないでしょう。

もちろん、たんに情報をまとめる場合や、仕事の資料を読むときのように、むしろ自分をまったく関わらせない形で読むほうが適切な場合もないわけではありません。しかしそういう読み方では、自分の生き方に根本的に関わるものや、自分の研究に深く関わってくるような読書になりにくいのは言うまでもありません。

読書は、読み進むにつれて著者に同化し、やがて著者と読み手である自分との対話になっていくのが本来の姿です。著者もしゃべっている＝書いているが、それに対して問いかけをしていくような形で読んでいくのが、本当の読書のあり方だと思います。

読書は他者の書いたものを読むという受身の営みなのではなく、他者の言葉の中に自分を見出す能動的な行為だとも言えます。その結果、見出される自分は、もはやそれまでの自分と同じではありません。読んでいて、「ああ、そういう考え方もあるのか」と思った瞬間、新しい自分に出会っているのです。

そういうことも含めて考えれば、読むということは、同時に自己を読むことだという言葉も、自然なものとして理解できます。したがって読書するときには、できるだけ自分を関わらせて読むように努め、その作品に記された言葉と感応し合いながら変化した自分を味わうこと、「ああ、そうなのか、そんなこともあるのか」と気付いた自分の心を結晶化させ、しっかりと受け止めることが大切です。

芦田は書き方や綴り方について、型どおりのことを写すのではなく、自分の本当の感覚や考えていることを確かめながら記していくことだ、と考えていました。そのようにして言葉に表していくことを、深く井戸に釣瓶《つるべ》を落とし、ゆっくりと水を汲み上げていく作業にたとえています。芦田にとって自己を書くとは、そのようなイメージで捉えられるものでした。

深い井戸に釣瓶を静かに下ろしていくのは、精神の丹念な作業を要します。ですから綴り方は、緻密さや忍耐の訓練にもなります。作文の練習は、いま自分は心の奥底で何を感じているのかを確かめ、見極めることにつながるというわけです。

こうして書く行為は、自分に向き合おうとする構えの修練の場となっているのですが、それを強調し過ぎれば、修養主義の精神を鍛えるための作文になりかねません。けれども、ここで示唆しているのは、反省文を書くといったようなことではないのです。

言葉を紡ぎ出していくときに、本当の自分の感覚とその言葉がフィットしているのかどうかをチェックしながら、一語一語迷いながら確かめ、選んでいく。それが自分を表現することであり、自己を書くことであるという認識が、岡田式静坐法の体験をとおして芦田が見出したものでした。

†身体の構えによって心をコントロールする

人間が一生を通じて求めなければならないのは、生の充実感を得ることだと芦田はさとりました。芦田にとって「生きている」という充実感を与えられた、ただ一つのものは静坐でした。ノイローゼから回復するきっかけをつくってくれただけに、よけいにその実感は強かったのです。

ノイローゼになると、心身がバラバラに分離した感じになります。ですから、静坐をすることによって心身が一如であるという実感を得ることができれば、回復する可能性が高くなります。芦田はこうして、静坐によって腹の底から充実感を感じることができたのです。彼は「静坐と教育」（『芦田恵之助国語教育全集12』）の冒頭で、「一呼一吸は彫刻家の鑿である。これによつて身心を育成するのだ」という岡田虎二郎の言葉を引いています。

つまり、吐く息とともに余分なものを捨て去り、腹の底に本当の自分が練り上げられていくような感覚です。これは一つのイメージです。実際には、息を吐いたからといって、自分の中の邪気が霊魂のように出ていくというわけではありません。また臍下丹田に、すべての善いものが溜まっていくわけでもありません。

仮に、それが真実だと主張すれば、およそ非科学的な見解ということになってしまうでしょう。しかし、物理的な事実ではなくイメージにすぎないからといって、必ずしも人間の真実から遠いということにはなりません。というのは人間の心は、科学的か否かとか合理的かどうかといった次元とは、まったく別の世界にあるものだからです。

私たちが心に浮かんだイメージに影響されやすい存在だというのは、さまざまな体験を通じて理解しているところでしょう。私たちはどういうイメージを持つかによって、心のあり方を左右されてしまいます。それどころか、実際の行動の結果まで支配されるかねません。

たとえば、何か悪いイメージが頭に浮かんでしまうと、それに囚われてしまい、取り組んでいたことに失敗してしまうことがあります。その反対の例として、臨済宗の僧侶・白隠《はくいん》禅師の有名な試みもよく知られています。

つまり頭の上にチーズのような美味しいものが載っているイメージを思い浮かべ、それが少しずつ溶けて全身をゆっくり浸していく様子を想像したところ、白隠禅師の心身の状態がきわめて良好なものになったというのです。

自律訓練法も、その一種だと言えるでしょう。手が重くなる、あるいは温かくなる、あるいは額が涼しくなるといったことを自分に言い聞かせる。すると、そのイメージによって、実際に重く感じられたり、温かくなってきます。そして自律神経系の機能が回復されてくるのです。

つまり人間の心は、身体のあり方にアプローチすることによって、意図した状態をつくり出すことができます。イメージを絡み合わせることを通じて、心の状態をつくり上げていけるのです。

イメージをとおして自己に向き合ったり、自己をコントロールする方法は、効果があることが知られています。スポーツ心理学でも、スポーツの上達法として頭の中で理想のイメージを思い浮かべてみるシミュレーション技術や、イメージ・トレーニングが発達しています。

先日もあるテレビの番組で、ロサンゼルス・オリンピックの体操個人総合で金メダリストだった具志堅幸司さんが、興味深い話をしていました。彼は現役のときに大怪我をしてしまい、治療のために長期間、練習を休まなければならなかったそうです。けれどもそのとき、頭の中で徹底的に新しい技のイメージ・トレーニングをしました。そして怪我から回復したあと、その技を試してみたところ、初めて挑戦した難しい技だったのですが、いきなり成功してしまったそうです。

また、緊張する癖を直すために、排尿時に、尿とともに「不安や緊張が出ていく」と声に出してイメージし、効果を得たそうです。心の中にあるイメージという説明しがたいものが、いかに人間の身体や心を引っ張っていく強力な力があるかが示されているように思います。

✝姿勢を保てない子供たち

心理学者のユングも、人々を突き動かすヴィジョンの力強さということを強調しています。ユング自身も、自分の脳裏に浮かんだヴィジョンに導かれるようにして仕事を進めていった人物でした。そのヴィジョンは一枚の絵にもたとえられるようなもので、そこに描かれた印象的な場面や状況は、象徴的な意味を持っているというわけです。そしてそれが、自分の人生を引っ張っていくというのが彼の考えでした。

そのようにイメージや身体感覚を手がかりにして、自分自身という厄介なものをコントロールしていく方法は、実は日本においては伝統的にいろいろな形で根づいていました。ところが、明治維新を境に始まった急激な生活の西欧化は、そうしたものを一挙に押し流してしまいかねない勢いを持っていました。

日本人が長い歴史の中で形作ってきた身体技法や培ってきた身体文化が、短期間に根こそぎ奪い去られてしまう危機が、突然、目の前に出現したわけです。だからこそひとつの技法という型にして、意識的に生活の中の習慣として残していく努力をしなければ、日本的な心身の型はもはや回復不能になってしまうということを、岡田虎二郎も芦田恵之助もともに感じたのです。

彼らが感じた不安感は、現代においてはよりいっそう進んでいると言わざるを得ません。正坐ですら、日本ではもうほとんど廃れてしまっています。私は自分が主宰している塾では、まず子供たちに正坐させ、腰を立てて肩の力を抜き、息を吸ったらゆっくり吐くという静坐法から始めています。

すると、子供たちの心がスーッと静まっていくのがわかります。そのときに話せば、子供たちは素直に聴いてくれます。そうしなければザワザワしたままで、声もとおらない状態が続くことになります。

もちろん子供ですから、静かでいるばかりがいいわけではありません。合間には鬼ごっこなどの運動をして、発散させるのも工夫のひとつです。身体を動かして発散する場面と、静かに坐って人の話を聴くことを、交互に繰り返すようにしています。

こうした訓練を繰り返していくうちに、おのずとけじめのつけ方を学ぶことになるようです。いつでも発散できて、したがって解放もできる。しかしいったん坐ると、スッと静かになり、人の話が聴けるようになる。このメリハリを学ぶことができれば、学習の構えができたことになります。

湧き立つような生命力は、それはそれとして保持しながら、静かにきちんとしなければならないときには、そのように自分をコントロールできるようになる。自分に向き合うような静かな空気をつくりたいときには、いつでもスッとつくれるようになるというわけです。

声に出して読むということも生きる力をつけ、構えをつくることにつながっています。『平家物語』を読むことは、『平家物語』の精神に自分を身体ごと同化していくことを意味します。そのためには黙読より音読のほうが、その世界に自分の身体や感覚を同化させやすいのは明らかでしょう。

しかし、身体ごと何かに関わっていく学習のあり方を、私たちは緩やかに減らしてしまいました。ＩＴばやりの現在、あらゆる教科の勉強は、情報処理の巧拙を競うことに終始しています。情報処理さえできれば、ほとんどの勉強はこなせてしまうのが、いまの教育の現実です。そうなると、人間にとって最も肝心な「心に届く教育」ができなくなってしまいます。

「心に届く教育」とは、生きていく原型になる「自分を動かしていく学習の仕方」を教えることを意味します。その原型を、静坐という型で示したのが岡田虎二郎であり、それを受け取った芦田恵之助が教育方法として定式化し、日本人全体の教育に生かしていったのです。日本の再生を唱えるのでしたら、まず明治の先人たちの、そうした歴史を改めて考えてみることが大切です。

†日本の教育力の起源

いま、学校で問題とされているのは、子供たちが同じ姿勢を保てないということです。グニャリとした姿勢しかできない――つまり腰骨が立たないということです。学級の崩壊は、子供たちがじっと坐っていられないことから始まります。姿勢を保てないから静かにできない、静かにできないから先生の話も聴けないという、悪循環の中に入り込んでしまうのです。

私はよく講演を頼まれることがあるのですが、中学校、高校などの場合は、話を聴こうとする姿勢をつくるところから始める必要があります。私はまず坐り方を直してもらい、呼吸法をやって、聴く（学ぶ）構えを整えます。

成人式をとってみても、人の話が聴けずに騒ぐ若者が見られるということは、もはや珍しい話題ではなくなりました。たしかに話の内容にも問題があることは事実なのでしょうが、やはり他人の話を聴くという基本的な構えが身についていないのも現実です。

明治維新以降の日本の発展は、その多くを歴史的に培われた教育力に負っています。したがって学ぶ構えの衰退は、まさに日本人の美点が失われつつあることを示しています。だからこそ岡田、芦田と続くこの潮流は再評価されるべきだと思います。

同様の視点から、ほかにも森信三さんという人が立腰《りつよう》教育ということを言っています。森さんの主張は、腰を立てることが教育の基本だと考え、小学校一年生から、とにかく腰骨を立てることを徹底して練習する点にあります。それができれば、精神の構えもおのずと仕上がってくるというのが、森さんの言う立腰教育です。そういう潮流もあることを忘れてはなりません。

さらに肥田春充という人は、聖中心道という説を提唱しました。肥田さんは、腰と腹を鍛えて力を心身に充実させるというやり方を主張しました。腰と腹を中心にして気を巡らせ、充実した状態をつくることが健康法であり、精神の保ち方でもあり、学習の構えであるという考えです。

日本はこの二十年ばかり、そうした伝統的な価値から目を背け、実体の定かでない

「個性尊重」の掛け声に振り回されてきました。なお続いている教育現場の混乱は、私には歴史からの復讐であると思えてなりません。

この混乱は教育現場だけでなく、家庭や日本社会のすみずみにまで浸透してしまっています。混乱して途方にくれたときには、まず身近な祖型に立ち戻ってみるのが為すべきことでしょう。先人たちの努力に改めて思いを馳せ、彼らの仕事を見直してみることこそ、一人ひとりの日本人に希望と指針を与えることになると私は考えています。

参考文献一覧

第I部

第一章

吉田松陰『講孟箚記』全二巻(近藤啓吾全訳注、講談社学術文庫)
『吉田松陰 留魂録』(古川薫全訳注、講談社学術文庫)
池田諭『松下村塾——教育の原点をさぐる』(現代教養文庫、社会思想社)
『吉田松陰書簡集』(広瀬豊編、岩波文庫)
司馬遼太郎『世に棲む日日』(文春文庫)
奈良本辰也『吉田松陰』(岩波新書)
田中彰『吉田松陰』(中公新書)
古川薫『松下村塾』(新潮選書)

第二章

福沢諭吉『新訂福翁自伝』(富田正文校訂、岩波文庫)
福沢諭吉『文明論之概略』(松沢弘陽校注、岩波文庫)
福沢諭吉『学問のすゝめ』(岩波文庫)

『福沢諭吉の手紙』（慶應義塾編、岩波文庫）
『福沢諭吉家族論集』（中村敏子編、岩波文庫）
福沢諭吉『女大学評論・新女大学』（林望監修、講談社学術文庫）
『福沢諭吉』（小泉信三、岩波新書）
『ふだん着の福澤諭吉』（西川俊作・西澤直子編、慶應義塾大学出版会）
松崎欣一『語り手としての福澤諭吉』（慶應義塾大学出版会）
羽仁五郎『白石・諭吉』（岩波書店）

第三章

夏目鏡子述『漱石の思い出』（松岡譲筆録、文春文庫）
『夏目漱石全集10』（ちくま文庫）
内田百閒『私の「漱石」と「龍之介」』（ちくま文庫）
『和辻哲郎随筆集』（坂部恵編、岩波文庫）
高浜虚子『回想 子規・漱石』（岩波文庫）
『漱石日記』（平岡敏夫編、岩波文庫）
『漱石書簡集』（三好行雄編、ワイド版岩波文庫）

第四章

司馬遼太郎『歴史と小説』(集英社文庫)
『司馬遼太郎の世界』(文藝春秋編、文春文庫)
『歴史を動かす力　司馬遼太郎対話選集3』(関川夏央監修、文春文庫)
司馬遼太郎『「明治」という国家』[上]・[下](NHKブックス)
『司馬遼太郎の幕末・明治『竜馬がゆく』と『坂の上の雲』を読む』(成田龍一、朝日選書)
『レクイエム司馬遼太郎』(三浦浩編、講談社)
「KAWADE夢ムック　文藝別冊　司馬遼太郎」(河出書房新社)

第Ⅱ部

第一章

赤塚行雄『決定版　与謝野晶子研究――明治、大正そして昭和へ』(学藝書林)
入江春行『晶子の周辺』(洋々社)
尾崎佐永子・他『群像日本の作家6　与謝野晶子』(小学館)
上田博・富村俊造編『与謝野晶子を学ぶ人のために』(世界思想社)
福田清人編・浜名弘子著『与謝野晶子　人と作品　21』(清水書院)
鹿野政直・香内信子編『与謝野晶子評論集』(岩波文庫)
与謝野晶子『みだれ髪』(新潮文庫)

『全訳 源氏物語』与謝野晶子訳(角川文庫)
『谷崎潤一郎全集　第25巻』(中央公論社)

第二章

松原隆一郎『日本の〈現代〉17　武道を生きる』(NTT出版)
嘉納治五郎『嘉納治五郎　私の生涯と柔道』(人間の記録2　日本図書センター)
村田直樹『嘉納治五郎師範に學ぶ』(財団法人日本武道館)
『嘉納治五郎著作集　第一巻』(五月書房)
『嘉納治五郎著作集　第三巻』(五月書房)

第三章

佐藤愛子『花はくれない　小説佐藤紅緑』(講談社文庫)
佐藤愛子『血脈』(上・中・下、文春文庫)
サトウハチロー『サトウハチロー詩集』(ハルキ文庫　角川春樹事務所)
サトウハチロー『サトウハチロー　落第坊主』(人間の記録91　日本図書センター)
佐藤紅緑『ああ玉杯に花うけて／少年賛歌』(講談社)
長田暁二・星野哲郎他『サトウハチローのこころ』(佼成出版社)
玉川しんめい『ぼくは浅草の不良少年──実録サトウ・ハチロー伝』(作品社)

佐藤卓己『「キング」の時代――国民大衆雑誌の公共性』（岩波書店）

第四章
大村喜吉『斎藤秀三郎伝：その生涯と業績』（吾妻書房）
斎藤兆史『英語達人列伝――あっぱれ、日本人の英語』（中公新書）
斎藤秀雄『指揮法教程』（音楽之友社）
小澤征爾・堤剛他編『齋藤秀雄講義録』（白水社）
『齋藤秀雄・音楽と生涯』（財団法人民主音楽協会）
中丸美繪『嬉遊曲、鳴りやまず――斎藤秀雄の生涯』（新潮社）
斎藤兆史・齋藤孝『日本語力と英語力』（中公新書ラクレ）

第五章
久野収・鶴見俊輔『現代日本の思想――その五つの渦』（岩波新書）
実業之日本社編『岡田式静坐法』（実業之日本社）
『岡田虎二郎先生語録』（静坐社）
村木弘昌『釈尊の呼吸法』（柏樹社）
『芦田恵之助国語教育全集12』（明治図書出版）
『芦田恵之助国語教育全集25』（明治図書出版）

実践社編『回想の芦田恵之助』（実践社）
齋藤孝「スタイル間コミュニケーション論2」（『明治大学人文科学研究所紀要』）
「教師における自己の確立――芦田恵之助における岡田式呼吸静坐法体験を主題として」（『東京大学教育学部紀要』）

文庫版あとがき

いまの時代の日本人は、能力的には非常に高くなっていると思います。コミュニケーション能力があり、情報処理能力もあります。しかし惜しむらくは、心のぶれが大きくなってしまっていることです。だからこそ、先人たちの生き方から精神の軸を学ぶ意味があるのです。

そのとき、意識していただきたいのが背骨です。私の専門は身体技法で、とくに呼吸法が専門です。背骨を意識し、背骨で呼吸する感覚でいると、背骨が通る感じがします。整体の指導者で野口整体の創始者でもある野口晴哉さん（一九一一―一九七六）は、著書で次のようなことを言っています。

自分は疲れたとき、ひとつのことしかやらない。それは背骨で呼吸することである。背骨で呼吸することで自分自身の気を整え、元気を取り戻す。

背骨で呼吸しようとすると、背骨が意識されます。すると外形的に背筋を伸ばすだけでなく、内側からの感覚としても背骨を意識できます。すると肩の力が抜けた状態ですごすことができます。

私は近代日本の背骨を意識して、この本を書きました。みなさんも息を吸いながら、背筋が立った状態で、この本を読んでください。そしていろいろなものに柔軟に対応していくのです。日々の生活の中でプレッシャーがかかったときも、肩に力を入れるのではなく、むしろ力を抜いてください。そして、いますべきことは何なのかということを明確に意識し、自覚して言葉にして行動していくのです。

夏目漱石は作家として生きたのですが、「幕末の志士のように書きたい」と言いました。すごい言葉です。私たちも志士ではありませんが、お臍の下のあたり、臍下丹田に志の力を感じ、背筋を伸ばして、ゆったりと呼吸してみましょう。そして肩の力を抜いたとき、プレッシャーに対して飄々とした気持ちで対応できるようになっているのが感じられるのではないでしょうか。

やる前からつぶれてしまうのが、一番まずい力みというものです。この本の中ではひとり一人の身体感覚や感情面を意識し、そこに降りながら、この人たちの偉業を理解しようと努めました。

この本を読む皆さんも、スマホをカバンの中にしまい、ぜひゆったり息をしてみましょう。少なくともこの本を読んでいる間は、そうしてください。そしてスマホもない時代に生きた人たちの清冽かつ感情豊かな生き方にふれ、自分自身の生きる力の泉にしていただければと思います。

＊本書はちくま新書として刊行された『日本を教育した人々』と『代表的日本人』を一冊にまとめ、加筆訂正した。

田中清玄自伝　田中清玄　大須賀瑞夫

戦前は武装共産党の指導者、戦後は国際石油戦争に関わるなど、激動の昭和を侍の末裔として多彩な人脈を操りながら駆け抜けた男の「夢と真実」。

増補 転落の歴史に何を見るか　齋藤健

奉天会戦からノモンハン事件に至る34年間、日本は内発的改革を試みたが失敗し、敗戦に至った。近代史を様々な角度から見直し、その原因を追究する。

学問の力　佐伯啓思

学問には普遍性と同時に「故郷」が必要だ。経済用語に支配され現実離れしてゆく学問の本質を問い直し、体験を交えながら再生への道を探る。（猪木武徳）

ヒトラーのウィーン　中島義道

最も美しいものと最も醜いものが同居する都市ウィーンで、二十世紀最大の「怪物」はどのような青春を送り、そして挫折したのか。（加藤尚武）

現代語訳 文明論之概略　福澤諭吉　齋藤孝訳

「文明」の本質と時代の課題を、鋭い知性で捉え、巧みな文体で説く。福澤諭吉の最高傑作にして近代日本を代表する重要著作が現代語でよみがえる。

現人神の創作者たち（上）　山本七平

日本を破滅の戦争に引きずり込んだ呪縛の正体とは何か。幕府の正統性を証明しようとして、逆に「尊皇思想」が成立する過程を描く。（山本良樹）

現人神の創作者たち（下）　山本七平

将軍から天皇への権力の平和的移行を可能にしたのは、水戸学の視点からの歴史の見直しだった。その過程を問題史的に検討する。（高澤秀次）

独学のすすめ　加藤秀俊

教育の混迷と意欲の喪失には出口が見えないが、IT技術は「独学」の可能性を広げている。「やる気」という視点から教育の原点に迫る。（竹内洋）

〈狐〉が選んだ入門書　山村修

〈狐〉のペンネームで知られた著者が、言葉・古典文芸・歴史・思想史・美術の各分野から五点ずつ選び、意外性に満ちた世界を解き明かす。（加藤弘一）

文化防衛論　三島由紀夫

「最後に護るべき日本」とは何か。戦後文化が爛熟した一九六九年に刊行され、各界の論議を呼んだ三島由紀夫の論理と行動の書。（福田和也）

ちくま文庫

「日《に》本人《ほんじん》」力《りょく》　九《ここの》つの型《かた》

二〇一九年三月十日　第一刷発行

著　者　齋藤孝（さいとう・たかし）

発行者　喜入冬子
発行所　株式会社　筑摩書房
東京都台東区蔵前二―五―三　〒一一一―八七五五
電話番号　〇三―五六八七―二六〇一（代表）
装幀者　安野光雅
印刷所　株式会社精興社
製本所　株式会社積信堂

ISBN978-4-480-43589-7　C0137